Radeln und Wandern rund um München

W0061907

Armin Scheider

Radeln & Wandern
— rund um —
München

RV Verlag

Autor und Verlag danken dem Fremdenverkehrsverband München-Oberbayern e. V. und dem Münchner Verkehrs- und Tarifverbund GmbH für die freundliche Unterstützung sowie Herrn Stefan Scheider für die Anfertigung der Tourenskizzen.

Redaktion und Koordination: Karl-Heinz Schuster, Prisma Verlag GmbH, München
Kartographie: RV Reise- und Verkehrsverlag GmbH, Berlin, Gütersloh, Leipzig, München, Potsdam/Werder, Stuttgart
Kartenskizzen: Stefan Scheider, Ottobrunn
Fotos: Armin Scheider, Taufkirchen
Umschlagfoto: Hans März, Münsing (Motiv: Ansicht von Holzhausen)
Buchgestaltung: Hubertus Hepfinger, Freising

Satz: Buchmacher Bär, Freising
Lithographie: Repro Ludwig, Zell am See
Druck, Verarbeitung: Pinsker Verlag GmbH, Mainburg
Printed in Germany
ISBN 3-575-11092-1
   2 3 4 5 96

Inhalt

Vorwort

Das Münchner Umland braucht keineswegs den Vergleich mit dem Alpenvorland zu scheuen. Es ist ebenfalls reich an schönen Landschaften: Im Norden das hügelige Bauernland, einfach und ohne Schnörkel, unverfälscht und von wohltuender Stille, nach Süden anschließend die großen Moosgebiete um Dachau, Freising und Erding mit ihren reizvollen Bildern und Stimmungen, im Osten und am Südrand Münchens die ausgedehnten Waldflächen und schließlich die Landschaft zwischen Stadt und dem Tölzer sowie Tegernseer Land, die bereits den barocken und parkartigen Charakter des Alpenvorlandes widerspiegelt, aber auch schon deutliche Spuren des Massentourismus und regen Münchner Ausflugsverkehrs zeigt.

Bemerkenswert sind auch die Sehenswürdigkeiten des Münchner Umlandes. Dazu gehören prächtige Kirchenräume, wie in Dießen und Fürstenfeldbruck, bekannte Klöster wie Andechs und Scheyern, oder besondere Anziehungspunkte in der Natur, wie die Ilkahöhe oder der Poinger Wildpark. Nicht zu vergessen die vielen gemütlichen Gasthöfe und Biergärten, die zu einer Rast einladen.

In diese attraktive Region sind die 85 Touren dieses Buches »hineinkomponiert«. Die Routen beziehen wichtige Sehenswürdigkeiten und empfehlenswerte Gasthäuser ebenso ein wie besonders ansprechende Landschaftsabschnitte. So verlaufen die Touren in romantischen Flußtälern, durch stimmungsvolle Filze, vorbei an malerischen Seen und stattlichen Dörfern. Die Wege ermöglichen vielfach weite Ausblicke auf das Gebirge. Da die Touren »alternativ« angelegt sind, kann man je nach Lust und Laune wählen zwischen etwas anspruchsvolleren Radtouren oder kürzeren Wanderungen zu Fuß.

Damit enthält dieses Buch nicht nur Anregungen für eine aktive Freizeitgestaltung, sondern stellt auch eine umfangreiche Sammlung landschaftlicher und kunstgeschichtlicher Höhepunkte sowie bayerisch-gastronomischer Empfehlungen im Münchner Umland dar.

Die einzelnen Tourenräume liegen zum Großteil zwischen zwanzig und fünfzig Kilometer vom Stadtzentrum entfernt. Die Ausgangspunkte sind also in relativ kurzer Zeit und ohne großen Aufwand erreichbar. Hinzu kommt, daß alle Radtouren und ein Teil der Wanderungen an S-Bahnhöfen beginnen, so daß man auch dann Touren unternehmen kann, wenn kein Auto oder keine Vorrichtung für den Radltransport auf dem Auto zur Verfügung steht.

In welche Ecke des Münchner Umlandes Sie auch fahren, ob Sie radeln oder wandern, ich wünsche Ihnen viel Freude und Erholung!

Armin Scheider

Einführende Hinweise

Die nachstehenden Hinweise enthalten Hintergrundinformationen und sollen den Umgang mit dem Buch erleichtern.

Übersichten

Im Anschluß an diese einführenden Hinweise finden sich zwei tabellarische Übersichten (Seite 14/15 und Seite 16/17), die einen schnellen Einblick und eine gezielte Auswahl von Touren ermöglichen sollen. In diesen Übersichten sind die Touren nach besonderen Merkmalen, wie Streckenlänge oder Steigungsanteil, aufgelistet. So kann man rasch bestimmte Touren auswählen, die den eigenen Fähigkeiten und Wünschen entsprechen.
Die Karten-Übersichten (Seite 18/19 und Seite 20/21) zeigen den Tourenraum um München als Ganzes und die Lage der einzelnen Touren; die Zahlen beziehen sich auf die jeweilige Tourennummer.

Fahr- und Gehzeiten

Die in den Einzeltouren angegebenen Zeiten sind reine Fahr- und Gehzeiten und dienen als Anhaltswert; sie basieren bei Radtouren auf einer Durchschnittsgeschwindigkeit von 12 km/h und bei Wanderungen von 4 km/h. Die Zeiten enthalten Zuschläge für Steigungen (ca. 5 Minuten je Steigungs-Kilometer), so daß bei ein und derselben Streckenlänge durchaus unterschiedliche Zeiten genannt sein können. Nicht einbezogen sind die Anfahrt zum Ausgangspunkt, Pausen jeglicher Art während der Tour und die Rückfahrt nach Hause.

Anforderungen

Um die Touren untereinander besser vergleichen zu können, wird ihnen jeweils eine der drei Anforderungsgrade »gering«, »mittel« oder »hoch« zugeordnet. Sie wurden über Punktzahlen wie folgt ermittelt:

	Radtouren	Wanderungen
Streckenlänge	1 bis 15 km: je 1 Punkt 16 bis 30 km: je 2 Punkte 31 bis 45 km: je 3 Punkte über 46 km: je 4 Punkte	1 bis 5 km: je 3 Punkte 6 bis 10 km: je 5 Punkte 11 bis 15 km: je 10 Punkte über 16 km: je 20 Punkte
Steigungen	1 bis 3 km: je 20 Punkte 4 bis 6 km: je 30 Punkte	leicht: je 10 Punkte stärker: je 20 Punkte
Anforderung	gering: bis 80 Punkte mittel: bis 150 Punkte hoch: über 150 Punkte	gering: bis 50 Punkte mittel: bis 100 Punkte hoch: über 100 Punkte

Diese Wertungen sind nur ein Vergleichsmaßstab zwischen den Touren. Sie sollen und können nicht die individuelle körperliche Leistung wiedergeben, die bei einer Tour abverlangt wird.

Ausgangspunkte
Alle Radtouren und fast die Hälfte der Wanderungen beginnen an S-Bahnhöfen. So kann man auch dann hinausfahren, wenn man kein Auto oder keine Transportvorrichtung für Fahrräder am Auto hat. Die Touren sind so angelegt, daß sie in jedem Fall wieder zum Ausgangspunkt zurückführen; demnach kann man alle Ausgangspunkte auch mit dem Auto anfahren.

Streckenbeschreibungen
Die Strecken sind zur Platzersparnis und Beschränkung auf das Wesentliche nur kurz und zum Teil nur stichwortartig beschrieben. In den meisten Fällen sind sie in Abschnitte unterteilt, um die Orientierung zu erleichtern.
Die Tourenskizze soll die Beschreibung ergänzen. Sie zeigt den Tourenraum mit seinen wichtigsten Merkmalen und gibt einen Eindruck vom Verlauf der Route. Obwohl man sich bei einfacheren Touren durchaus nach dieser Skizze richten kann, ist die Mitnahme der empfohlenen Karte grundsätzlich anzuraten. Gerade bei schwierigen Ortsdurchfahrten oder bei Mehrfachabzweigungen auf kleinem Raum reicht die Skizze nicht mehr aus. Zudem kann man sich auch einmal verfahren oder verlaufen, dann ist die Karte auf jeden Fall von Nutzen.

Steigungen
Angegeben ist die ungefähre Länge der ansteigenden Teilstrecken einer Tour. Dabei wird unterschieden zwischen leichten und stärkeren Steigungen. Leicht ist sie im hier zugrunde gelegten Sinne, wenn sie nur sanft ansteigt und bei normaler Kondition mit dem Radl noch fahrend bewältigt werden kann. Als stärker gilt sie dann, wenn sie deutlich oder steil ansteigt und man in der Regel absteigen muß. Im übertragenen Sinne gilt das auch für Wanderungen. Diese Unterscheidung ist aber wirklich nur ein grober Anhalt, um sich in etwa Länge und Art der Steigungen vorstellen zu können.

Sonneneinstrahlung
Um dem »Sonnenhunger« vieler Menschen Rechnung zu tragen, wird bei jeder Tour der sonnige Streckenanteil mit einer überschlägigen Prozentzahl angegeben. Auch hier muß betont werden, daß diese Daten nicht mit dem Bandmaß, sondern in einer groben Abschätzung ermittelt wurden. Als Schattenanteile sind nur solche Abschnitte berücksichtigt, die bei jeder Tageszeit und unabhängig vom Sonnenstand im Schatten liegen.

Einkehrmöglichkeiten

Die aufgeführten Gasthöfe und Biergärten liegen zum größten Teil direkt an den Tourenstrecken, in einigen Fällen aber auch etwas abgesetzt. Bieten sich mehrere Einkehrmöglichkeiten an der Strecke oder in einem bestimmten Abschnitt, wurden solche Häuser vorgezogen, die sich durch schöne Lage, weite Aussicht, Ursprünglichkeit, gemütlichen Biergarten u. a. auszeichnen. Da nicht immer eine Auswahl möglich war, werden auch mal einfachere Gasthöfe empfohlen. Die in Klammern gesetzten Wochentage bedeuten immer die Ruhetage.

Besondere Anziehungspunkte

Angesprochen werden in erster Linie landschaftliche Höhepunkte, Natursehenswürdigkeiten, kulturelle und technische Sehenswürdigkeiten sowie Bademöglichkeiten und Brauchtumsveranstaltungen. Daten und kunstgeschichtliche Wertungen über Kirchen, Klöster, Schlösser u. ä. sind in den meisten Fällen dem Kunstführer »München und Oberbayern« von Georg Dehio (Ausgabe 1964 sowie einer Neuauflage 1990) entnommen. Die Kurzbeschreibungen sind als erste Information für den Nutzer des Buches gedacht. Bei weitergehendem Interesse sollte man einen geeigneten Führer mitnehmen.

Radltransport in der S- und U-Bahn

Klappräder in geklapptem Zustand dürfen - sofern Platz ist - jederzeit kostenlos in der S- oder U-Bahn mitgeführt werden. Normale Fahrräder im Sinne der nachfolgenden Bestimmungen sind einsitzige und zweirädrige Fahrräder ohne Motor-Ausrüstung, die nicht zusammengeklappt sind. Ihre Mitnahme in S- und U-Bahn unterliegt besonderen »Spielregeln«. Die wichtigsten sind:

Fahrräder können an Samstagen sowie an Sonn- und Feiertagen ganztägig mitgenommen werden; dies ist nicht erlaubt an Werktagen während der Hauptverkehrszeit zwischen 6.00 und 8.30 Uhr morgens und am Nachmittag zwischen 15.00 und 18.30 Uhr. Während der Schulferien gilt nur das morgendliche Verbot.

Jeder Fahrgast darf nur ein Fahrrad mitnehmen, Kinder bis einschließlich 11 Jahren nur in Begleitung einer Person ab 15 Jahren. Voraussetzung für die Mitnahme ist, daß ausreichend Stellplatz vorhanden ist und andere Fahrgäste nicht gefährdet oder belästigt werden. Fahrräder dürfen nicht in Einstiegsräumen untergebracht werden, die mit dem Symbol eines durchgestrichenen Fahrrads gekennzeichnet sind. In freigegebenen Einstiegsräumen sind bis zu zwei Fahrräder zugelassen. Wichtig ist auch, daß die Räder nicht einfach abgestellt werden dürfen, sondern während der ganzen Fahrt festzuhalten sind. Beim Zugang zu Bahnsteigen ist das Mitführen von Rädern auf Fahrtreppen nicht gestattet.

Nicht vergessen werden darf der Radl-Fahrpreis. Jugendliche ab 15 Jahren und Erwachsene entwerten zusätzlich zum eigenen Fahrpreis für das Fahrrad eine Einzelfahrkarte für eine Bartarifzone oder zwei Streifen der blauen Streifenkarte. Kinder bis 14 Jahre entwerten eine Kindereinzelfahrkarte ab drei Zonen oder zwei Streifen der roten Kinderstreifenkarte. Inhaber eines zur Fahrt gültigen Jugendpasses entwerten einen Streifen der blauen Streifenkarte. Stand: April 1996.

Tourenausrüstung

Eine spezielle Tourenausrüstung ist nicht erforderlich, insbesondere nicht bei den Kurzwanderungen. Ein paar Dinge sollte man aber vor allem auf Radltouren dennoch mitnehmen. Dazu gehören eine geeignete Karte, auf die in den Touren hingewiesen ist, Sonnenschutz jeder Art, bei unsicherem Wetter ein leichter Regenumhang, ein Radltacho, der die Orientierung wesentlich erleichtert, ein Kunstführer und natürlich gute Laune, die das Ganze ja erst wirklich zum Erlebnis werden läßt.

Gewährleistung

Trotz aller Sorgfalt bei Streckenerkundung, Datenerhebung und der Zusammenstellung des Buches können Fehler und Fehlinformationen nicht ganz ausgeschlossen werden. In der heutigen schnellebigen Zeit ändern sich Dinge oft sehr kurzfristig. Auch menschliche Irrtümer lassen sich bekanntlich nicht völlig ausschließen. Eine Gewähr für Daten und Fakten kann deshalb leider nicht übernommen werden.

Es ist in jedem Fall sinnvoll, sich durch Telefonanruf von der Richtigkeit einer Angabe zu überzeugen, wenn diese Angabe während der Tour eine wichtige Rolle spielt. Wenn man also unterwegs unbedingt in einem bestimmten Gasthaus essen oder ein bestimmtes Museum besuchen möchte, ist es empfehlenswert, sich die Öffnungszeiten vorher bestätigen zu lassen. Die Telefonnummern sind über die Auskunft leicht zu ermitteln.

Übersichten

Tabellarische Übersicht – Radtouren

Nr.	Titel der Tour	Strecke (in km)	Fahrzeit (in St.)	Anforde-rung	Steigung (in km)	Sonne (in %)
1	Rund um den Freisinger Forst	36	3 $\frac{1}{4}$	mittel	3,0	90
2	Zwischen Freising und Moosburg	35	3	mittel	2,0	85
3	Durch das Freisinger Moos	35	3	mittel	1,3	75
4	Im Erdinger Moos	34	3	gering	1,0	100
5	Zur Wallfahrts-kirche nach Thalheim	41	3 $\frac{1}{2}$	mittel	0,8	100
6	Radwanderung entlang der Sempt	39	3 $\frac{1}{4}$	gering	wenig	90
7	Von Ottenhofen nach Isen	37	3 $\frac{1}{4}$	mittel	2,0	100
8	Umrundung des Speichersees	33	2 $\frac{3}{4}$	gering	wenig	100
9	Besuch im Wildpark von Poing	37	3 $\frac{1}{4}$	mittel	1,0	95
10	In den Wäldern um Ebersberg	43	4	hoch	3,5	70
11	Rokokopracht in Rott am Inn	42	3 $\frac{3}{4}$	hoch	4,0	95
12	Wallfahrt nach Tuntenhausen	41	4	hoch	6,0	90
13	Im Ayinger Hinterland	36	3 $\frac{1}{2}$	hoch	6,0	90
14	Spritztour nach Glonn	33	3	mittel	3,5	90
15	Badefreuden am Steinsee	28	2 $\frac{1}{2}$	gering	1,7	70
16	Ausflug nach Aying	31	2 $\frac{1}{2}$	gering	wenig	80
17	Entlang der Mang-fall und Leitzach	35	3 $\frac{1}{4}$	hoch	3,5	90
18	Über den Tauben-berg	37	3 $\frac{1}{2}$	hoch	4,0	80
19	Eine Radlpartie nach Bad Tölz	50	4 $\frac{1}{2}$	hoch	4,0	90
20	Streifzug durchs Dietramszeller Land	39	3 $\frac{1}{2}$	hoch	4,5	90
21	Fahrt zum Deinin-ger Weiher	29	2 $\frac{1}{2}$	gering	1,3	85
22	An der Isar im Süden Münchens	37	3 $\frac{1}{2}$	hoch	4,5	50

Nr.	Titel der Tour	Strecke (in km)	Fahrzeit (in St.)	Anforde- rung	Steigung (in km)	Sonne (in %)
23	Durch die Pupplinger Au	36	3 $\frac{1}{4}$	hoch	4,0	85
24	Im Hügelland um Egling	39	3 $\frac{1}{2}$	hoch	4,0	90
25	Über Geretsried nach Königsdorf	32	2 $\frac{3}{4}$	gering	wenig	80
26	Radlvergnügen an der Loisach	37	3 $\frac{1}{4}$	mittel	2,5	90
27	Zur Erdfunkstelle in Raisting	38	3 $\frac{1}{2}$	hoch	4,5	85
28	Um den Starn- berger See	50	4 $\frac{1}{2}$	hoch	3,0	70
29	Badeausflug nach Starnberg	38	3 $\frac{1}{2}$	mittel	3,0	70
30	Im Würmtal bei Leutstetten	35	3 $\frac{1}{4}$	mittel	3,0	70
31	Zwischen Maisinger See und Ilkahöhe	31	3	mittel	3,5	85
32	Andechser Rundweg	31	3	hoch	4,5	75
33	Im Fünfseenland	37	3 $\frac{1}{2}$	hoch	6,0	85
34	An den Ufern des Ammersees	30	2 $\frac{3}{4}$	mittel	2,5	85
35	Über dem Westufer des Ammersees	35	3 $\frac{1}{4}$	hoch	3,5	90
36	Westlich von Fürstenfeldbruck	34	3	mittel	1,7	95
37	Im Tal der Amper zum Ammersee	39	3 $\frac{1}{2}$	mittel	2,5	80
38	Besichtigung der Fürstenfelder Kirche	32	2 $\frac{3}{4}$	mittel	2,0	90
39	Zwischen Mammen- dorf und Odelzhausen	35	3 $\frac{1}{4}$	mittel	3,0	90
40	Von Dachau ins Ampertal	34	3	mittel	2,5	90
41	Markt Indersdorf – Petersberg – Alto- münster	42	4	hoch	5,0	100
42	Beschauliche Reise nach Pfaffenhofen	36	3 $\frac{1}{4}$	hoch	4,0	95
43	Im Dachauer Hinterland	35	3 $\frac{1}{4}$	hoch	4,0	95
44	Schlösser im Norden Münchens	36	3	gering	0,5	95
45	An der Isar durch München	25	2	gering	wenig	50

Tabellarische Übersicht – Wanderungen

Nr.	Titel der Tour	Strecke (in km)	Gehzeit (in St.)	Anforderung	Steigung (in km)	Sonne (in %)
46	Entlang der Moosach nach Weihenstephan	5,5	1 $^1/_2$	gering	1,0	70
47	An der Sempt in Erding	7	1 $^3/_4$	gering	wenig	70
48	Zum Poinger Wildpark	12	3	mittel	wenig	80
49	Ebersberger Attraktionen	10	2 $^1/_2$	mittel	1,5	70
50	Spaziergang am Steinsee	8,5	2 $^1/_4$	gering	1,0	50
51	Durch das reizvolle Glonntal	6	1 $^1/_2$	gering	1,0	90
52	Alpenblick in Antholing	8	2	gering	1,5	90
53	Ayinger Wanderung	11	3	mittel	1,7	90
54	Am Mangfallknie	9	2 $^1/_4$	mittel	2,0	70
55	Zwischen Mangfall und Leitzach	9	2 $^1/_4$	mittel	2,5	80
56	Im Mangfalltal bei Gotzing	9	2 $^1/_4$	gering	wenig	65
57	Parkspaziergang	6	1 $^1/_2$	gering	0,8	80
58	Vor den Toren von Bad Tölz	8,5	2	gering	0,5	80
59	Von Dietramszell nach Hechenberg	9	2 $^1/_2$	mittel	2,0	90
60	Zum romantischen Hackensee	8,5	2 $^1/_4$	mittel	2,0	80
61	Besuch auf Gut Schlickenried	10	2 $^1/_2$	mittel	1,0	85
62	Auf der Peretshofer Höhe	10	2 $^3/_4$	mittel	2,0	80
63	In den Filzen um Moosham	9,5	2 $^1/_2$	mittel	1,0	80
64	Nach Neufahrn ins preisgekrönte Dorf	8,5	2 $^1/_4$	mittel	1,3	70
65	Deininger Weiher und Ludwigshöhe	7,5	2	gering	0,5	80
66	Im Villenviertel von Grünwald	9	2 $^1/_4$	gering	wenig	65
67	Durch Forst Kasten zur Würm	8	2	gering	wenig	50

Nr.	Titel der Tour	Strecke (in km)	Gehzeit (in St.)	Anforderung	Steigung (in km)	Sonne (in %)
68	Auf den Spuren Karls des Großen	8,5	2	gering	0,5	30
69	Im Naturschutzgebiet Murnau	9	$2\frac{1}{4}$	gering	1,0	40
70	Durch die Maisinger Schlucht	12	3	mittel	1,0	80
71	Hoch über dem Starnberger See	8	2	mittel	1,5	70
72	In der Pupplinger Au	11	$2\frac{3}{4}$	gering	wenig	65
73	An der Loisach bei Gelting	6,5	$1\frac{1}{2}$	gering	wenig	90
74	Eine Golfrunde in Beuerberg	7	$1\frac{3}{4}$	gering	1,0	80
75	An den Osterseen	12	3	mittel	1,0	60
76	Im Bernrieder Park	8	2	gering	0,5	50
77	Von Tutzing zur Ilkahöhe	11	3	mittel	2,0	75
78	Wallfahrt nach Andechs	9	$2\frac{1}{2}$	mittel	2,0	70
79	Rund um den Weßlinger See	8	2	gering	1,0	60
80	Amperwanderung nach Schöngeising	11,5	3	mittel	0,5	65
81	Durch die Amperauen von Olching	8	2	gering	wenig	50
82	Von Dachau entlang der Amper	11	$2\frac{3}{4}$	mittel	wenig	60
83	An der Würm in Obermenzing	8	2	gering	wenig	90
84	An der Olympia-Regattastrecke	7,5	2	gering	wenig	80
85	Besuch der Schlösser in Oberschleißheim	5,5	$1\frac{1}{2}$	gering	wenig	70

Karten-Übersicht – Radtouren

Karten-Übersicht – Wanderungen

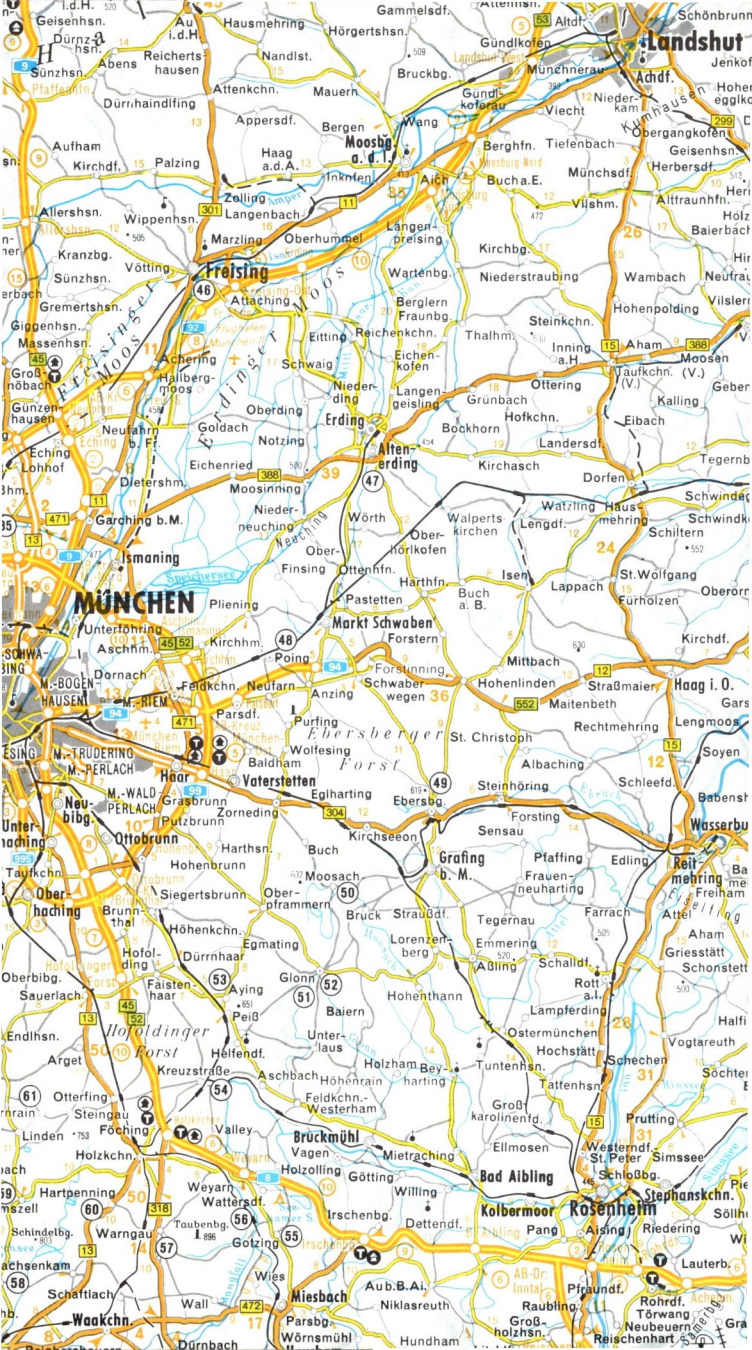

Schnellbahnen im Münchner Verkehrs- und Tarifverbund

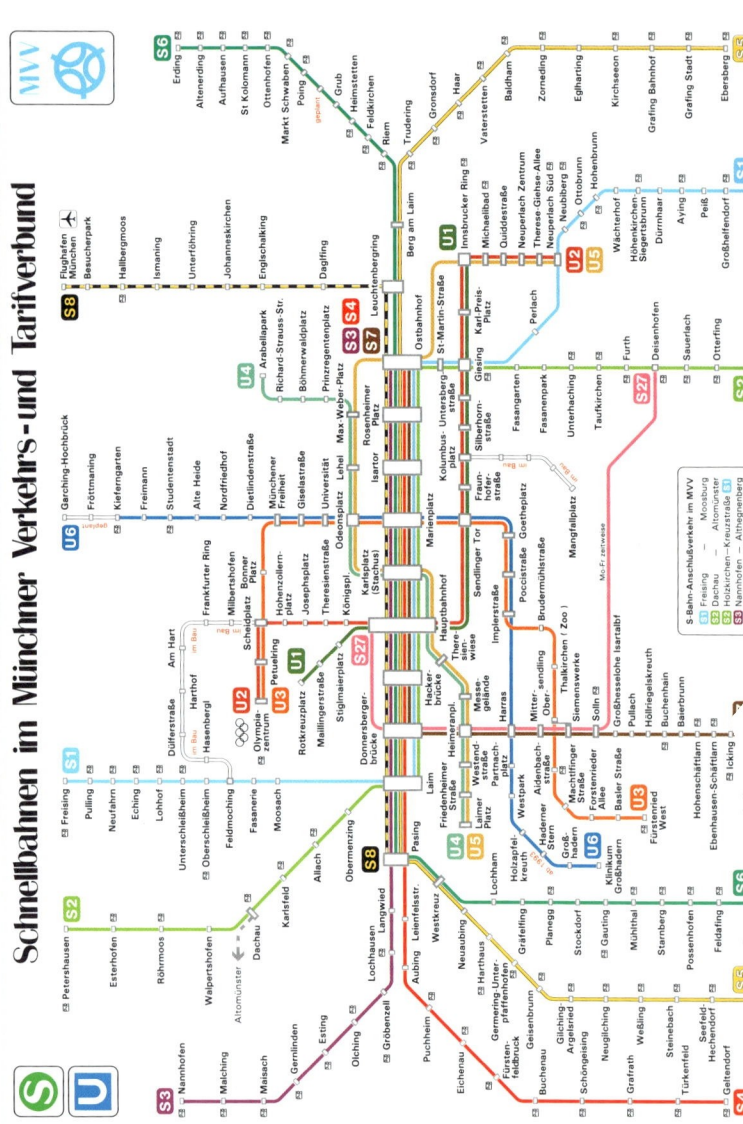

Zur Einstimmung

Bilder aus dem Münchner Umland

Parklandschaft am Westrand von München

Schloß Blutenburg in Obermenzing

In Wolfratshausen

Am Starnberger See

Im Stadtpark von Erding

Der Domberg in Freising

Spätgotische Madonna im Freisinger Dom

Naturschutzgebiet Maisinger See

Der Eggelburger See bei Ebersberg

Schloß in Possenhofen

Holzhaus in Bernried

An den Deixlfurter Seen

Alte Eichenallee in Delling

Schloß in Haimhausen

Wallfahrtskirche in Tuntenhausen

Biergarten in Kirchbichl

Rathaus in Ebersberg

Weßling am gleichnamigen See

Legende

▬▬▬	stark befahrene Verkehrsstraße
───	Nebenstraße, Fahrweg, Fußweg (wenig Verkehr oder verkehrsfrei)
▬■▬■▬	Eisenbahn
Ⓢ	S-Bahnhof
Ⓗ	Haltestelle Straßenbahn/Bus
⬭	Ort, Stadt, eingegrenzter Bereich
⬭	See
∿∿∿	Fluß, Bach
= = =	Moorgebiet
⋏ ⋏ ⋏	Wald
◢	markante Höhe
✷	Aussichtspunkt
▶	längere oder stärkere Steigung
➜	Richtungsempfehlung
───	Routenführung

Einführung zu den Radtouren

Was gibt es Schöneres, als an einem Frühsommertag hinauszuradeln in die auflebende Natur. Überall sattes Grün und blühende Wiesen, Vogelgezwitscher, in der Luft der Geruch erwärmter Erde und frischer Blüten und am Himmel weiße Schönwetterwolken. Wir sehen am Wege noch die einzelne Blume und die davonhuschende Eidechse, und doch sind wir in einer Stunde schon am Kloster, das jetzt noch in weiter Ferne auf der Anhöhe liegt.

Die enge Verbindung zur Natur bei gleichzeitig großem Aktionsradius ist also ein wichtiger Vorteil des Radelns. Es gibt aber noch mehr. Denken wir nur an unsere Gesundheit. Wir sind ja aktiv tätig und erreichen beim Radeln eine mehrfache Wirkung: Die Muskulatur wird gestrafft, die Haut besser durchblutet, Herz und Lungen werden gestärkt, und doch schont man Wirbelsäule und Knochen. Aber auch Seele und Gemüt profitieren: Man gewinnt Abstand von seinen Problemen und vergißt sie vielleicht für Stunden ganz: Wir werden unwillkürlich von einer positiven Grundstimmung erfaßt.

Bemerkenswert ist auch die Tatsache, daß Radeln energieunabhängig und damit nicht nur besonders kostengünstig, sondern auch umweltfreundlich ist, ein Aspekt, der in der heutigen Zeit zunehmend an Bedeutung gewinnt. An dieser Stelle sei jedoch auch ein Appell erlaubt. Wenn schon umweltfreundlich, dann konsequent: Also auf den Wegen und Straßen bleiben, nicht durch freies Gelände fahren, Schutzzonen achten.

Die nachfolgenden Radltouren sind Gelegenheiten, diese Vorzüge des Radelns auszuprobieren und zu genießen. Die Routen verlaufen in besonders ansprechenden Regionen des Münchner Umlandes. In der Regel weist jede Tour einen besonderen Höhepunkt auf, der landschaftlicher oder kunstgeschichtlicher Art sein kann. Man erlebt ja beim Radeln solche Höhepunkte viel intensiver als beim Autofahren. Und man spürt erfahrungsgemäß auch eine größere Befriedigung, wenn eine Tour nicht nur unter sportlichen Gesichtspunkten abgelaufen ist. Daß zu einer richtigen Radltour auch die Einkehr in einen zünftigen Biergarten oder Gasthof gehört, versteht sich von selbst.

Bleibt noch der Hinweis, genügend Zeit auf die Tour mitzunehmen. Mit An- und Rückfahrt, Einkehr und Besichtigung sowie dem Radeln selbst ist normalerweise ein ganzer Tag ausgefüllt. Zeitdruck jedenfalls wäre ein schlechter Begleiter.

Rund um den Freisinger Forst

Diese Radtour führt zunächst durch den Kranzberger Forst nach Kranzberg und dann im lieblichen Tal der Amper über Kirchdorf und Haindlfing nach Freising zurück. Es ist eine stille und erholsame Fahrt ohne Prunk und Hektik in einer unverfälschten und bäuerlich gebliebenen Landschaft.

▶ Strecke ca. 36 km ▶ Fahrzeit ca. 3¼ St. ▶ Anforderung mittel

Ausgangspunkt: S-Bahnhof Freising (S 1)

Die Strecke in Stichworten

Abschnitt S-Bahnhof Freising – Kranzberg (ca. 11 km)
Fahrt auf der Bahnhofstraße zum Zentrum und dort auf der Oberen Hauptstraße bis zur Johannisstraße; gegenüber halblinks in den Veitsmüllerweg und über den Weihenstephaner Fußweg (Treppe auf der rechten Seite) hochschieben nach Weihenstephan; 200 m nach dem Bräustüberl rechts hinunter zur Vöttinger Straße, drüben in die Hohenbachernstraße und nun weiter in freundlicher Gegend mit Ausblicken und einigen Anstiegen über Hohenbachern und durch den Kranzberger Forst bis Kranzberg; dort eventuell Abstecher entlang der Amper zum Kranzberger See (1,3 km einfach).

Abschnitt Kranzberg – Kirchdorf (ca. 12 km)
Ausfahrt an der Ostseite der Amperbrücke nach Norden (kurze, schlechte Wegstücke) bis zu den Baggerseen und weiter nach Norden bis zur Verkehrsstraße, dort geradeaus nach Tünzhausen; am Ortseingang halblinks weiter und an der nächsten Gabelung links Richtung Aiterbach; nun in schöner Mooslandschaft über die Amper bis Nörting und dort rechts ab nach Kirchdorf.

Abschnitt Kirchdorf – Freising (ca. 13 km)
500 m nach der Kirche rechts ab Richtung Freising bis auf Höhe Burghausen (2 km), vor der Rechtskurve links in den Schotterweg, der in gleichfalls reizvoller Gegend über das Gehöft Unterberg (ab dort als Teerweg) direkt nach Haindlfing führt; an der Hauptstraße nach Freising rechts abbiegen und nach 200 m dem Schild »Fuß- und Radweg nach Freising« über den Alten Berg folgen. Einmündung oben in die Haupt-

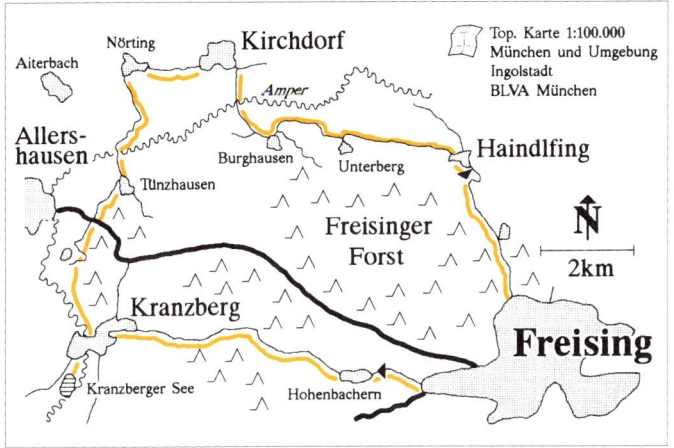

verkehrsstraße und Rückfahrt auf dem Radweg nach Freising zum S-Bahnhof.

Steigungen	Knapp 2 km leichte und gut 1 km stärkere Anstiege
Wege	Gut 10 km Schotterwege, sonst Teerstraßen
Verkehr	In Freising stärker, sonst überwiegend gering
Sonne	Sonneneinstrahlung auf knapp 90 % der Strecke
Einkehr	Freising: Café Central (Mo), Terrasse
	Weihenstephan: Bräustüberl (ohne Ruhetag); Garten
	Kranzberg: Metzgerwirt (Mo)
	Kirchdorf: Oberwirt (Di)

Besondere Anziehungspunkte

Freising: Älteste Stadt an der Isar. Sehenswert sind vor allem: Auf dem Domberg der Dom St. Maria und St. Korbinian, romanische Basilika mit Barockschmuck der Asam-Brüder; die Krypta mit der berühmten »Bestiensäule«; die Maximilianskapelle (Deckenfresko und Stuck von H. G. Asam); die ehem. Fürstbischöfliche Residenz, erster Bau der Frührenaissance in Altbayern, sowie das Diözesanmuseum (Di-So 10-17). In der Stadt lohnen das Prämonstratenserkloster Neustift St. Peter und Paul und das Heimatmuseum (So 11-12) einen Besuch (siehe Tour 2).
Weihenstephan: Beschreibungen siehe Touren 3 und 46.
Tünzhausen: Kirche St. Petrus und Paulus, im Innern eine bunte, reichgeschmückte bäuerliche Barockkirche (Stuck, Altäre u. a.).
Kirchdorf: Pfarrkirche St. Martin, stattlicher Bau mit sehenswerter Inneneinrichtung (u. a. Vesperbild und Figuren).

35

R₂ Zwischen Freising und Moosburg

Auf dieser erholsamen Fahrt in streckenweise reizvoller Flußland-schaft werden Isar und Amper miteinander verbunden. Man radelt zunächst am Isarufer durch die Marzlinger Au hinaus, wechselt kurz vor Moosburg ins Ampertal und kommt über Langenbach und Jaib-ling nach Freising zurück.

▶ Strecke ca. 35 km ▶ Fahrzeit ca. 3 St. ▶ Anforderung mittel

Ausgangspunkt: S-Bahnhof Freising (S 1)

Kurzbeschreibung der Strecke

Abschnitt Freising – Oberhummel (ca. 12 km)
Fahrt vom Bahnhofsplatz über Otto- und Erdinger Straße zur Korbini-anbrücke (ca. 700 m), diesseits der Brücke links auf den schmalen Ufer-weg und immer auf diesem Weg Richtung Nordosten bleiben; nach 10 km reizvoller Uferfahrt mit hübschen Ausblicken dem Schild Oberhum-mel folgen (geradeaus Sackgasse!) und nach 1 km an der Teerstraße links in den Ort und zu dessen Nordausgang.

Abschnitt Oberhummel – Langenbach (ca. 11 km)
200 m nach Ortsende rechts ab bis Niederhummel, dort an der Kirche in die Angerstraße und über die Dorfstraße hinweg; nach 200 m an der Gabel links und mit weiter Sicht nach Thonstetten; dort über die B 11, dann gleich links und 200 m danach rechts hinunter zur Bahn; nun 400 m an der Bahn entlang nach Westen, durch die Unterführung und in parkartiger Landschaft bis zur Amperbrücke vor Inkofen; jetzt links ab und nach 2 km am Bahnübergang wieder links bis zum Ortseingang Langenbach (hier eventuell nach Rast zur Wallfahrtskirche, 1 km).

Abschnitt Langenbach – Freising (ca. 12 km)
Am Ortsrand in das spitzwinklig nach Westen abgehende Sträßchen einbiegen und in stiller Auenlandschaft (das Kraftwerk sollte man über-sehen) weiter über Amperhof nach Oftlfing; 500 m nach der Gehöfte-gruppe in steilem Anstieg links nach Unterberghausen und oben wie-der rechts Richtung Freising; die aussichtsreiche Strecke bleibt steigungsbetont, biegt am Ortsrand von Jaibling rechts ab und führt über Altenhausen geradewegs nach Freising zurück.

Steigungen	500 m leichte und gut 1,5 km stärkere Steigungen
Wege	Schotter und Teer im Verhältnis 50 : 50
Verkehr	Sehr gering, nur in Freising verstärkt
Sonne	Sonneneinstrahlung auf ca. 85 % der Strecke
Einkehr	Freising: Café Central (Mo), Terrasse
	Langenbach: Gasthof Alter Wirt (Fr)

Besondere Anziehungspunkte

Freising: Kirchen, Residenz und Museum auf dem Domberg siehe Tour 1; im unteren Stadtbereich sind u. a. sehenswert: Prämonstratenserkloster Neustift St. Peter und Paul: 1141 Gründung, 1756 von J. M. Fischer nach einem Brand wiedererrichtet; elegante Innenausstattung von J. B. Zimmermann und F. X. Feichtmayr, der prachtvolle Hochaltar stammt von Ignaz Günther. Heimatmuseum im Asamsaal mit sehenswerten Exponaten (So 11-12).

Rast: Wallfahrtskirche St. Maria, deren Bau der Sage nach von Ludwig dem Bayern 1313 vor einer Schlacht gelobt wurde; heutiger Bau Ende 15. Jh. Beachtenswert sind u. a. Figuren (z. B. Thronende Muttergottes um 1480) und Tafelbilder der 12 Apostel.

Altenhausen: Kirche St. Valentin, Neubau von 1717; hervorragender Stuck und reichhaltige Innenausstattung lohnen einen Besuch.

Isarauen östlich von Freising: Angenehme und schattige Uferwege entlang dem Nordufer der Isar mit reizvollen Ausblicken; Länge des Uferweges insgesamt ca. 10 km.

Durch das Freisinger Moos

Die Hauptabschnitte dieser Rundreise sind eine stimmungsvolle Fahrt entlang der Isar, ein Besuch im geschichtsträchtigen Freising und der Rückweg durch das liebliche Freisinger Moos mit seinen weiten Ausblicken.

▶ Strecke ca. 35 km ▶ Fahrzeit ca. 3 St. ▶ Anforderung mittel

Ausgangspunkt: S-Bahnhof Neufahrn (S 1)

Kurzbeschreibung der Strecke

Abschnitt Neufahrn – Freising (ca. 15 km)
Fahrt vom Bahnhof zunächst knapp 200 m auf der Bahnhofstraße nach Süden, dann links in den Galgenbachweg und bei weiten Ausblicken geradewegs nach Mintraching; dort kurz nach der Kirche links und gleich wieder rechts abbiegen, über die B 11 und auf dem Isarweg weiter nach Osten in die Isarauen; an der Gabelung in den Auen links halten und nach Einmündung in den Uferweg Weiterfahrt direkt am Ufer in reizvoller Flußlandschaft für gut 10 km bis zur Luitpoldbrücke in Freising; hier links abbiegen und Einfahrt in das Stadtzentrum von Freising, der ältesten Stadt an der Isar.

Abschnitt Freising – Neufahrn (ca. 20 km)
Ausfahrt auf der Oberen Hauptstraße; jenseits der Johannisstraße links in den Veitsmüllerweg und gleich rechts über die Treppe auf dem Weihenstephaner Fußweg hoch bis Weihenstephan; 200 m nach dem Bräustüberl an der Querstraße links und an der nächsten Querstraße rechts hinunter auf dem Weihenstephaner Steig nach Vötting; dort Ausfahrt auf der Giggenhauser Straße; nach ca. 1,3 km links abbiegen und in anmutiger Mooslandschaft weiter nach Pulling. 300 m nach der Kirche rechts und am Ende dieser Straße wieder rechts in die Theodor-Scherg-Straße; nun Weiterfahrt für ca. 1,5 km in anhaltend reizvoller Gegend bis zu einer Querstraße; dort rechts ab und nach weiteren 2,2 km links Richtung »Fischzucht Moosmühle«; es folgt nach 700 m eine Gabelung, wo man rechts nach Massenhausen gelangt. Von dort weiter nach Fürholzen, im Ort am Maibaum links in die Lecherbergstraße und auf diesem Sträßchen über die Autobahn hinweg, zu unserem Ausgangspunkt, nach Neufahrn zurück.

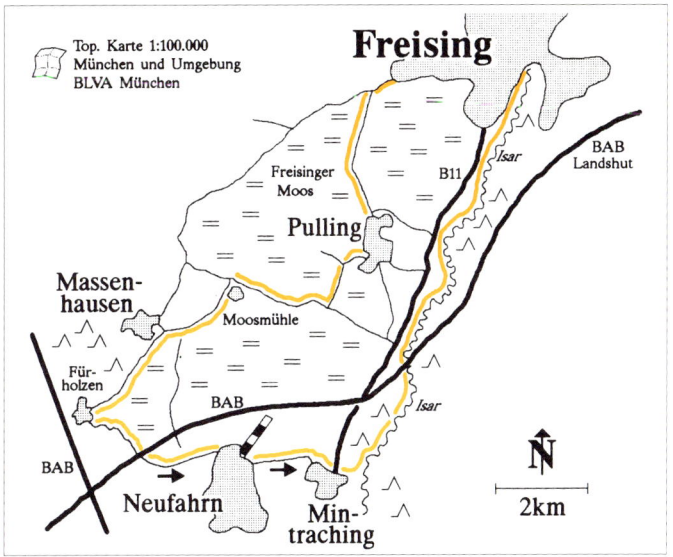

Steigungen	Ca. 300 m leichte und knapp 1 km stärkere Anstiege
Wege	30 % der Strecke sind geschottert, sonst Teer
Verkehr	In Freising verstärkt, sonst überwiegend gering
Sonne	Sonneneinstrahlung auf ca. ³/₄ der Strecke
Einkehr	Neufahrn: Bahnwirt am S-Bahnhof (Mo)
	Freising: Café Central (Mo), Terrasse
	Weihenstephan: Bräustüberl (kein Ruhetag); Garten

Besondere Anziehungspunkte

Freising: Sehenswürdigkeiten siehe Touren 1 und 2.

Weihenstephan: Ehemalige Benediktinerabtei, jetzt Hochschule für Brauerei, Landwirtschaft und Gartenbau mit der ältesten noch betriebenen Brauerei der Welt (Gründung 1146); siehe auch Tour 46.

Neufahrn: Pfarrkirche Hl. Geist und St. Wilgefortis, beachtenswert u. a. Hochaltar, geschnitztes Kruzifix, Gemälde und Figuren.

Massenhausen: Kirche St. Mariä Heimsuchung, sehenswerte Inneneinrichtung, an der Außenseite gotisches Wandgemälde (1951 entdeckt).

Fürholzen: Pfarrkirche St. Stephan,»eine der reizvollsten Kirchen der Gegend mit gut erhaltener einheitlicher Ausstattung«.

Im Erdinger Moos

Man startet in Altenerding und dreht eine beschauliche Runde über Eichenried, Hallbergmoos und Aufkirchen. Der Kurs ist flach, sonnig und nicht anstrengend. Wer diese weite und stimmungsvolle Mooslandschaft mag, wird den Ausflug nicht bereuen.

▶ Strecke ca. 34 km ▶ Fahrzeit knapp 3 St.
▶ Anforderung gering

Ausgangspunkt: S-Bahnhof Altenerding (S 6)

Die Strecke in Stichworten

Abschnitt Altenerding – Eichenried (ca. 11 km)
Fahrt an der Westseite der Bahnlinie auf dem Chr.-Seidl-Weg nach Norden bis zur Parkstraße, dort links; an der Münchener Straße wieder links und gleich rechts bis zum Ende der Bajuwarenstraße, dann links vor zur großen Verkehrsstraße; jetzt rechts auf den Radlweg, nach 800 m wieder rechts ab Richtung Aufkirchen und weiter über Stammham bis Kempfing; dort dem Schild »Notzing« folgen, an der nächsten Querstraße links und 400 m danach rechts ab Richtung Schnabelmoos; nun weiter durch stellenweise reizvolle Mooslandschaft; an der Gabelung 2 km nach Schnabelmoos rechts ab bis Eichenried.

Abschnitt Eichenried – Oberding (ca. 15 km)
Am Sportplatz vor dem Ortseingang rechts in die Zengerstraße und mit schönen Weitblicken zur nächsten Querstraße, dort rechts ab bis zur Kirche an der Verkehrsstraße in Goldach; hier wieder rechts ab, nach 1 km links in den Birkenweg und nach 100 m erneut links in den Notzinger Weg, der ein Badegelände passiert und nach 1,5 km auf eine Querstraße trifft; dort nach Osten abbiegen und Weiterfahrt für ca. 6,5 km bis Oberding.

Abschnitt Oberding – Altenerding (ca. 8 km)
In der Ortsmitte rechts abbiegen nach Notzing und dort am Gasthof Kandler links bis Aufkirchen; gleich am Ortsrand führt rechts der Notburgaweg hoch zur Kirche. Nach Besichtigung Ausfahrt auf der Zehentstraße nach Süden und an der gleich folgenden Gabel links mit weiter Aussicht nach Stammham und zurück nach Altenerding.

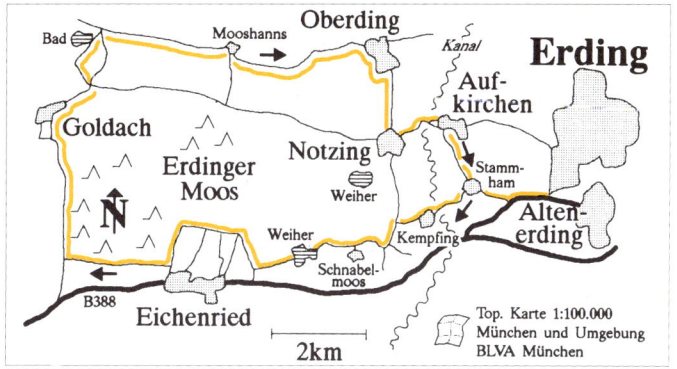

Steigungen	Je 500 m leichte und stärkere Steigungen
Wege	Die Strecke ist durchgehend geteert
Verkehr	Auf gesamter Strecke nur geringer Verkehr
Sonne	Sonneneinstrahlung auf ganzer Strecke
Einkehr	Erding: Mayr-Wirt (Sa); Erdinger Weißbräu (Mi)
	Notzing: Gasthof Kandler (Mo)
	Altenerding: Park-Café (Di, Mi bis 16), Garten

Besondere Anziehungspunkte

Altenerding: Pfarrkirche Mariä Verkündung von 1724; »gute, einheitliche Rokoko-Ausstattung um 1767«; sehenswert u. a. die drei Altäre mit Bildwerken und schönen Skulpturen sowie eine originale Schiffskanzel von 1799. Wallfahrtskirche Hl. Blut von 1675; üppige Stuckdekoration mit eingefügten Deckengemälden, Altäre aus Stuckmarmor mit kunstvollen Bildern, schöne Marmorkanzel.

Aufkirchen: Pfarrkirche St. Johannes d. T. von 1730 in weithin sichtbarer Lage; im hellen, großen Innenraum Hochaltar mit erstrangigen Figuren, sehenswerte Seitenaltäre, eine rechteckige Kanzel um 1700 und weitere beachtliche Ausstattung.

Erdinger Moos: Großes Moosgebiet zwischen Erding und dem Isartal; reizvolle Landschaft mit weiten Ausblicken und zahlreichen Wander- und Radwegen; charakteristische Pflanzen- und Vogelwelt; im Nordteil liegt der neue Münchner Großflughafen mit künftig ca. 500 Flugbewegungen je Tag. Er verfügt über zwei parallele Start- und Landebahnen mit je 4000 m Länge und 60 m Breite, auf denen auch im Blindflug gelandet werden kann. Im Terminal sollen einmal bis zu 6000 Passagiere pro Stunde abgefertigt werden.

Zur Wallfahrtskirche nach Thalheim

Der Ausflug führt uns in das Hügelland nordöstlich von Erding und in die anmutige Mooslandschaft zwischen Sempt und Strogen. Unbestrittener Höhepunkt ist die Wallfahrtskirche in Thalheim, eine der prächtigsten kleinen Landkirchen im weiten Umkreis von München.

▶ Strecke ca. 41 km ▶ Fahrzeit ca. 3½ St.
▶ Anforderung mittel

Ausgangspunkt: S-Bahnhof Erding (S 6)

Die Strecke in Stichworten

Abschnitt Erding – Thalheim (ca. 15 km)
Zunächst Fahrt vom Bahnhof zum Schrannenplatz (Zentrum), dann in die Lange Zeile, nach 400 m links in die Freisinger und nach der Fehlbach-Brücke rechts in die F.-X.-Stahl-Straße; jetzt immer entlang dem Fehlbach nach Norden, an den Badeweihern vorbei und in Langengeisling (Mitte) an die Hauptstraße; nun weiter Richtung Tittenkofen/Reichenkirchen, knapp 1 km danach rechts in den Weg, der nach einer S-Kurve bei schöner Aussicht nach Grucking führt; im Ort an der Querstraße links und nach 400 m wieder rechts über Grafing, Helling und Singlding im reizenden Strogen-Tal zum Ortseingang von Fraunberg; dort rechts abbiegen und auf etwas ansteigender Strecke über Bachham und Kleinthalheim zur Wallfahrtskirche in Thalheim.

Abschnitt Thalheim – Wartenberg (ca. 8 km)
Ausfahrt in nördlicher Richtung, nach 500 m an der Querstraße links und nach weiteren 250 m rechts hinunter bis Vorderbaumberg; dort gelangt man links über Hainthal nach Riding; an der Hauptstraße rechts und nach 200 m wieder links in die Pesenlerner Straße abbiegen; 1 km weiter führt rechter Hand ein Weg hinüber nach Wartenberg.

Abschnitt Wartenberg – Erding (ca. 18 km)
Zunächst Fahrt nach Westen bis Thenn mit Abstecher zum Thenner See, dann Rückfahrt über Thenn, Pesenlern bis Reichertskirchen und weiter nach Tittenkofen; 100 m nach Ende des Ortes führt eine Straße rechts nach Eichenkofen bis zur Querstraße im Dorf; dort links ab, an der Sempt entlang nach Langengeisling und von dort zurück nach Erding.

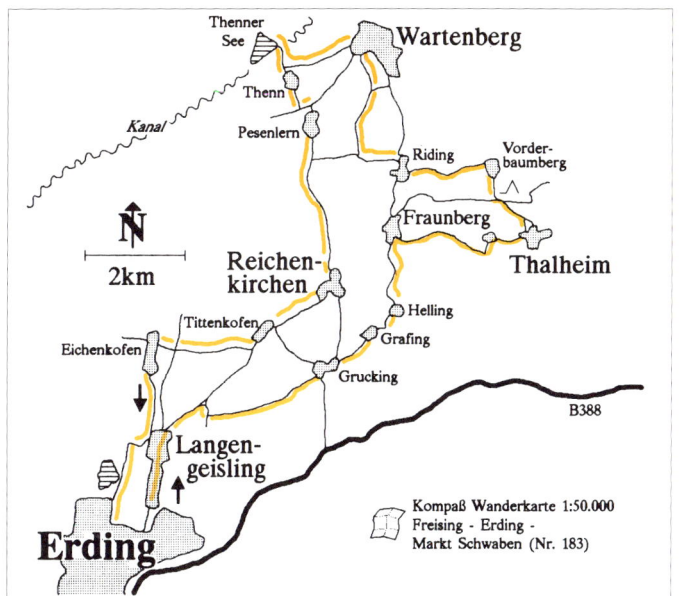

Steigungen	Ca. 200 m leichte und 600 m stärkere Steigungen
Wege	Nur etwa 1,3 km Schotter, sonst Teerstraßen
Verkehr	Stärkerer Verkehr nur bei der Ausfahrt aus Erding
Sonne	Sonneneinstrahlung praktisch auf ganzer Strecke
Einkehr	Erding: Erdinger Weißbräu (Mi); Mayr-Wirt (Sa)
	Wartenberg: Café Härtl (Mo)

Besondere Anziehungspunkte

Erding: Sehenswürdigkeiten siehe Tour Nr. 6.

Thalheim: Wallfahrtskirche St. Mariä Himmelfahrt mit Bauteilen aus dem 14. und 15. Jh. Prunkvolle Ausstattung des ausklingenden Rokoko, Mitwirkung namhafter Künstler; hervorzuheben sind besonders die prächtige Altaranlage sowie die Deckenbilder, die Figuren und das Gnadenbild, eine Muttergottesfigur um 1475.

Reichenkirchen: Pfarrkirche St. Michael, Neubau 1759; im Innern beachtenswert u. a. die Altaranlage, die Kanzel und Skulpturen.

Radwanderung entlang der Sempt

Wandergebiet ist das landschaftlich anmutige Tal der Sempt zwischen Markt Schwaben und Erding. Es bieten sich schöne Naturbilder und weite Ausblicke. Und Erding präsentiert sich als lohnendes Wanderziel: Auf altem Kulturboden wartet dort eine Reihe interessanter Sehenswürdigkeiten.

▶ Strecke ca. 39 km ▶ Fahrzeit ca. 3¼ St. ▶ Anforderung gering

Ausgangspunkt: S-Bahnhof Markt Schwaben (S 6)

Die Strecke in Stichworten

Abschnitt Markt Schwaben – Erding (ca. 20 km)
Zuerst Fahrt in die Ortsmitte zur Erdinger Straße, auf Höhe der Kirche rechts in den Pfarrer-Hueber-Weg und gleich links in die Loderergasse; nun 1,5 km genau nach Osten bis zum Semptsteg, direkt danach links auf dem Feldweg zur Fichtenstraße und vor zur Isener Straße, die wir geradewegs überqueren; 200 m danach rechts ab (Am Erlbach) zur Römerstraße und dort links Richtung Ottenhofen; es folgt eine Bahnunterführung, nach der wir gleich rechts zu einem Gehöft und da geradeaus weiter bis zur Kirche Unterschwillach radeln; jetzt der Ausschilderung Dürnberg folgen, unter der Bahn durch und dann weiter Richtung Wörth/Erding bis zur Kreuzung auf Höhe Breitötting; dort links ab Richtung Wifling, nach 400 m wieder rechts und an einem hübschen Badesee vorbei bis zur nächsten Querstraße; man überquert nun links die Sempt und biegt nach 150 m rechts in einen Feldweg ab. Er führt, z. T. in schlechtem Zustand, entlang der Sempt nach 2 km zu einem Querweg, wo wir links und nach 400 m wieder rechts abbiegen; auf diesem Straßenzug erreicht man geradewegs die Bahnhofstraße in Altenerding und fährt nun durch den Stadtpark zur Ortsmitte von Erding.

Abschnitt Erding – Markt Schwaben (ca. 19 km)
Ausfahrt auf der Fischer- und Haager Straße, vor der Bahnlinie rechts ab und durch den Stadtpark zur Kirche in Altenerding; nun gegenüber in die Landgerichtsstraße, nach 600 m links über die Sempt und gleich wieder rechts (Radweg) nach Pretzen; die dortige Tannenstraße mündet in die Singldinger Straße, auf der man bis Wörth und Breitötting fährt und dann auf bereits bekannter Strekke nach Markt Schwaben zurückkehrt.

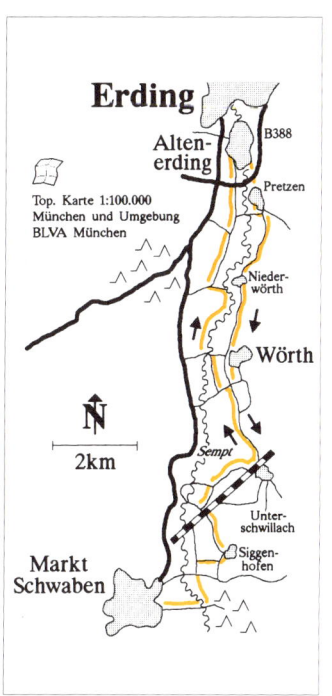

Steigungen	Die Strecke weist keine nennenswerten Steigungen auf
Wege	Gut 20 % der Strecke sind Schotterwege, sonst Teerstraßen
Verkehr	Sehr gering, nur in Markt Schwaben und Erding verstärkt
Sonne	Sonneneinstrahlung auf ca. 90 % der Strecke
Einkehr	Markt Schwaben: Marktcafé (ohne Ruhetag), Terrasse Erding: Weißbräu (Mi), Mayr-Wirt (Sa) Altenerding: Park-Café (Di, Mi bis 16), Garten

Besondere Anziehungspunkte

Markt Schwaben: 1100 erstmals in einer Urkunde erwähnt, seit 1340 Markt. Pfarrkirche St. Margaret von 1671; gute Ausstattung, u. a. reicher Stuck, Kanzel und Altäre um 1680, 15 Tafelbilder der Margaretenlegende, eine Mater dolorosa und Zunftstangen. Ehem. Schloß von 1650, stark verändert, heute Teil des Rathauses.

Erding: 788 erstmals urkundlich erwähnt, 1228 zur Stadt erhoben; Über 100 Jahre Glockengießerstadt. Zur Besichtigung empfehlen sich: Kirche St. Johann, got. Hallenkirche aus dem 15. Jh., heutiger Raumeindruck durch Regotisierung von 1882 geprägt; sehenswert u. a. Triumphbogenkruzifix von Hans Leinberger (1525) und Holzfiguren aus dem 16. Jh. Wallfahrtskirche Hl. Blut, jetziger Bau von 1675; üppige Stuckdekoration mit eingefügten Deckengemälden, Altäre aus Stuckmarmor mit kunstvollen Bildern, schöne Marmorkanzel. Städtisches Heimatmuseum (So 14-17). Stadtpark, »Englischer Garten« Erdings, Bürgerhäuser, das Landshuter Tor, einer der schönsten Tortürme Südbayerns, Freilichtmuseum (Sa und So 10-17).

Von Ottenhofen nach Isen

Der Isengau gehört zu den attraktivsten Wandergebieten im Osten Münchens. Auf dieser Fahrt zeigt er sich von seiner schönsten Seite: Weite Buckellandschaft, bezaubernde Täler, freundliche Farben. Das kulturelle i-Tüpfelchen ist die Isener Kirche.

▶ Strecke ca. 37 km ▶ Fahrzeit ca. 3¼ St. ▶ Anforderung mittel

Ausgangspunkt: S-Bahnhof Ottenhofen (S 6)

Die Strecke in Stichworten

Abschnitt Ottenhofen – Isen (ca. 19 km)

Fahrt vom Bahnhof zur Ortsmitte, nach 400 m links ab Richtung Dürnberg und weiter in streckenweise parkartiger Landschaft bis Unterschwillach; vor der dortigen Kirche links abbiegen; jetzt führt die Tour über Oberschwillach und Poigenberg bis zu einer Querstraße, dort links und gleich wieder rechts ab und in anmutiger Gegend über Ötz zu einer weiteren Querstraße; dort nach Osten abbiegen und auf etwas verkehrsreicherer Straße nach Buch und geradewegs durch den Ort, dann 1 km nach dem Ortsschild links ab ins Kaltenbachtal nach Innerbittlbach; im Ort die Richtung Isen einschlagen und über Penzing (am Ortsrand rechts ab) sowie durch das reizvolle Isental nach Isen.

Abschnitt Isen – Ottenhofen (ca. 18 km)

Ausfahrt auf der Münchner Straße nach Süden, 300 m nach dem Ortszentrum rechts ab in den Urtlmühlweg (Schotterweg) und an der gleich folgenden Gabelung rechts dem Radlschild nach; wenig später Ankunft in Urtlmühle, dort über den Isen und an der Querstraße links weiter über Zellershub nach Loipfing; 2 km weiter folgt eine Querstraße, hier rechts und nach 150 m links in den Schotterweg, der bei überwältigender Aussicht hinunter nach Tading führt; dort rechts an der Kirche vorbei und in friedlicher altbayerischer Landschaft nach Reithofen; vor dem Gasthaus Stanner links ab bis Pastetten, durch den Ort und am Ende nach der kleinen Brücke rechts hinüber bis Zeilern; dort hält man sich wieder rechts, biegt nach 1 km an der Gabel links ab und kommt nach Taing; nun an der Querstraße links und Rückfahrt auf kurzer Strecke über Wimpasing nach Ottenhofen.

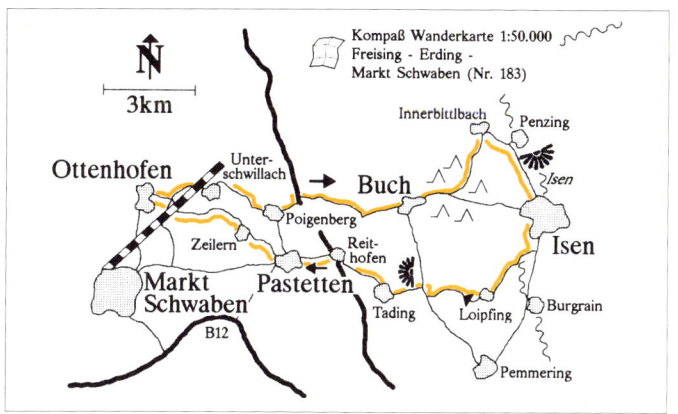

Steigungen	Ca. 1 km leichte und gut 1 km stärkere Steigungen
Wege	Gut 4 km Schotterwege, sonst Teerstraßen
Verkehr	In den Räumen Buch und Isen verstärkt, sonst gering
Sonne	Sonneneinstrahlung so gut wie auf ganzer Strecke
Einkehr	Buch: Gasthaus Brenninger (Mo und Mi)
	Isen: Gasthof Klement (Sa), Isentaler Stubn (Mi, Do bis abends), Garten
	Pastetten: Zum Neuwirt (Di)

Besondere Anziehungspunkte

Isen: Erste urkundliche Erwähnung 748, das Marktrecht wurde 1434 zuerkannt; besondere Beachtung verdient die Pfarrkirche St. Zeno; in Bauteilen zurückgehend bis gegen 1200, ähnelt die Kirche in ihrer Architektur dem Freisinger Mariendom; gotische Vorhalle mit Fresken und romanischem Portal; festlich barocker Innenraum, in dem vor allem die üppige Stuckdekoration und die Altaranlage auffallen; gegenüber der Kanzel Kruzifix um 1530, im nördlichen Seitenschiff Taufstein von 1520; zahlreiche Grabdenkmäler aus dem 15.-17. Jh. Unter dem Chor eine dreischiffige romanische Krypta. Im Heimatmuseum (erster Sa im Monat 10-12, 13-15) heimatkundliche Ausstellungen zur Ortsgeschichte.
Burgrain (ca. 2 km südlich von Isen, empfehlenswerter Abstecher): Burg, um 800 gegründet, 1802 stark verändert, weit sichtbar über dem Isental gelegen; ältester Teil ist der gut erhaltene Bergfried; sehenswert auch die Schloßkapelle St. Georg.

Umrundung des Speichersees

Bei dieser Tour radelt man in stadtnaher Mooslandschaft rund um den großen Speichersee mit Vogelschutzgebiet und Fischteichen. Der Kurs ermöglicht weite Ausblicke, passiert eine Reihe kleiner Weiher, führt jedoch mangels geeigneter Wege nur einmal direkt an das Seebecken heran.

▶ Strecke ca. 33 km ▶ Fahrzeit ca. 2 ³/4 St.
▶ Anforderung gering

Ausgangspunkt: S-Bahnhof Unterföhring (S 8)

Die Strecke in Stichworten

Abschnitt Unterföhring – Landsham (ca. 22 km)
Ausfahrt auf der Bahnhofsstraße bis zum Etzweg, dort links und am folgenden Rechtsknick geradeaus Richtung Ismaning zum Aschheimer Weg; dort links und gleich wieder rechts hinüber zur Autobahnbrücke; jetzt über den Isarkanal, drüben weiter nach Nordost und am Speichersee entlang bis zur Bundesstraße 471; hier links, nach 600 m die B 471 überqueren und wieder nach Süden abdrehen; diese aussichtsreiche Strecke führt nach Linksknick am BMW-Versuchsgelände vorbei; nach weiteren 4 km in ansprechender Radlgegend links ab in die Landshamer Straße; es folgt ein landschaftlich reizvoller Abstecher: 2 km nach Norden, am Querweg rechts, an der nächsten Teerstraße wieder rechts; dann 1,5 km nach Süden bis zur Vorderen Moosstraße; nun links, am Reit- und Golfclub vorbei, zur nächsten Querstraße; dort rechts, nach 100 m wieder rechts und nach gut 1 km links zum Seedamm, über den Speichersee und weiter nach Landsham.

Abschnitt Landsham – Unterföhring (ca. 11 km)
300 m nach dem Ortsschild rechts über den Abfanggraben und danach links. Dieser Weg führt am Graben entlang, schneidet mehrere Teersträßchen und die Autobahn und trifft auf die B 471; nun geradeaus weiter, nach 100 m rechts in den Feldweg und dem Schild »Feringasee« folgen. Nach einigen Zick-Zack-Bewegungen schwenkt der Weg nach Westen ab und führt bei schöner Aussicht zum Feringasee. Von dort sind es noch ca. 2 km zum S-Bahnhof.

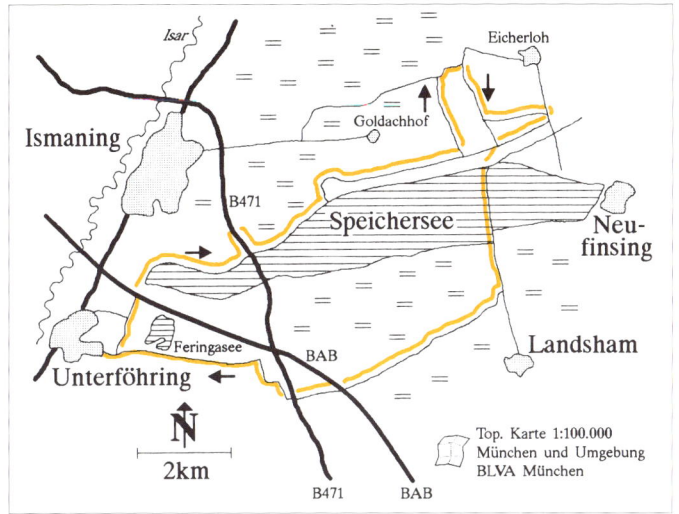

Steigungen	Die Strecke weist keine nennenswerten Anstiege auf
Wege	Gut 12 km Schotterwege, sonst Teerstraßen
Verkehr	Sehr wenig Verkehr, z. T. verkehrsfrei
Sonne	Ein »Sonnenkurs« ohne Schatten
Einkehr	Eicherloh: Gasthaus des Reitclubs Eicherloh (Mo)
	Unterföhring: Zum Gockl (ohne Ruhetag), Garten
	Zur Post (So ab 14.30 und Mo), Garten
	Ismaning: Zur Mühle (ohne Ruhetag), Garten

Besondere Anziehungspunkte

Unterföhring: Kirche St. Valentin von 1718; wohlgelungene ländliche Barockkirche mit guter Stuckierung und stattlichem Hochaltar.
Feringasee: Beliebtes Bade- und Freizeitgebiet im Norden.
Speichersee: 7 km lang und über 6 km^2 Fläche; von hohen Dämmen umgebenes Wasserreservoir, das von der Isar gespeist wird; die an der Südseite gelegenen Fischteiche dienen der biologischen Nachreinigung der Münchner Abwässer. Der Speichersee ist ein Vogelschutzgebiet von europäischer Geltung; beim Teichgut Birkenhof nahe der B 471 liegt das Naturschutzgebiet »Vogelfreistätte«. Auf dem Norddamm verläuft ein Pfad, der auf eigene Gefahr begangen werden kann und schöne Ausblicke bietet. Dahinter wurde das BMW-Versuchsgelände mit Teststrecke angelegt. Seit fast 30 Jahren sind in Unterföhring die Fernsehstudios des Bayerischen Rundfunks und des ZDF.

Besuch im Wildpark von Poing

Wir machen zunächst einen Abstecher nach Möschenfeld und radeln dann am Westrand des Ebersberger Forstes über Zorneding und Anzing nach Poing. Der dortige Wildpark ist seit über 20 Jahren Anziehungspunkt für viele Tierfreunde.

▶ Strecke ca. 37 km ▶ Fahrzeit ca. 3¼ St. ▶ Anforderung mittel

Ausgangspunkt: S-Bahnhof Vaterstetten (S 5)

Die Strecke in Stichworten

Abschnitt Vaterstetten – Zorneding (ca. 9 km)
Ausfahrt auf der Zugspitz- und Möschenfelder Straße nach Süden, über die B 304, dann links in den Ostring und gleich rechts in die Harthausener Straße; nach 400 m folgt eine Gabelung, dort links und dann geradeaus auf dem Schotterweg nach Möschenfeld; das Gut durchfahren, nach 300 m links in die Schotterstraße bis zur nächsten Teerstraße und dann links ab nach Zorneding.

Abschnitt Zorneding – Wildpark Poing (ca. 15 km)
Dort auf Bahnhof- und (nach Unterquerung S-Bahn) auf Anzinger Straße nach Norden bis zur Baldhamer Straße, hier eine Links-/Rechtswendung (Kreuzstraße) und über Ingelsberg bis Wolfesing; nun geradeaus weiter nach Purfing, dort nach rechts auf die Anzinger Straße bis Frotzhofen, wo wir dem Kirchenweg folgen und nach Anzing radeln; in der Ortsmitte über die B 12, geradewegs durch den Ort und direkt nach der Autobahnbrücke links bis Lindach; am Ortsrand links und gleich wieder rechts halten und weiter nach Poing zum Wildpark.

Abschnitt Poing – Vaterstetten (ca. 13 km)
Zunächst Fahrt ins Zentrum und dann nach Süden über Neufarn bis Purfing; dort an der Kirche vorbei in den Ort, dann rechts über den Stürzerweg bis zur Parsdorfer Straße und hier rechts ab; man gelangt nach Baldham, biegt an der Parsdorfer Straße links und 100 m danach rechts in die Vaterstettener Straße und kommt geradeaus nach Vaterstetten; dort rechts am Sportplatz vorbei und dann rechts der Baldhamer Straße bis zur Marschnerstraße folgen; nun wieder rechts und dann links in die Dorfstraße; 300 m weiter führt rechts die Bahnhofstraße zurück.

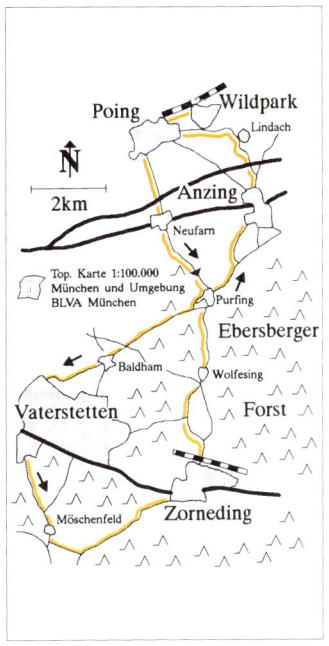

Steigungen	Insgesamt knapp 1 km vorwiegend leichte Steigungen
Wege	Gut 5 km Feld- und Waldwege, sonst Teerstraßen
Verkehr	Überwiegend gering, nur vereinzelt auflebend
Sonne	Sonneneinstrahlung auf ca. 95 % der Strecke
Einkehr	Zorneding: Neuwirt (ohne Ruhetag), Terrasse, Gasthof Schlammerl (Mi, Do) Anzing: Zum Kirchenwirt (Mo), Garten Neufarn: Stangl (Sa), Garten

Besondere Anziehungspunkte

Möschenfeld: Wallfahrtskirche St. Ottilie von 1640; reiche Stuckierung, stattliche Altaranlage, 8 Tafeln der Ottilienlegende u. a. Offen nur bei Gottesdienst.

Anzing: Pfarr- und Wallfahrtskirche St. Maria von 1681; gut erhaltener frühbarocker Wandpfeilerbau; beachtenswert u. a. Miesbacher Stuck, 7 Altäre in Gold-Schwarz (unter dem Einfluß der Theatinerkirche) und eine hölzerne Doppelempore; außen ein Wappengrabstein von 1472.

Wildpark Poing: Gilt als der wildreichste Park Deutschlands; Größe ca. 57 ha mit ungefähr 4 km Wanderwegen; man sieht u. a. Dam- und Rothirsche, Mufflons, Rehe und Wildschweine; weiter gibt es einen Ponyzuchthof, Fischschaubecken, ein großes Taubenhaus, eine ungarische Zacklschafzucht, eine Zuchtanlage für Hängebauch- und Zwergziegen sowie Tierbehausungen mit Füchsen, Mardern, Iltissen, Sumpfbibern, Wasch- und Nasenbären, Wasserwild, Greifvögeln, Eichhörnchen und Meerschweinchen. Der Park ist ganzjährig geöffnet (Sommer 9-17, Winter 12-16). Näheres unter Tel. (0 81 21) 83 00 oder 8 06 17; Wegeskizze siehe Tour 48.

In den Wäldern um Ebersberg

Neben freien Strecken in gefälliger und aussichtsreicher Landschaft werden der Großhaager und der Ebersberger Forst durchfahren; dort umgibt uns wohltuende Ruhe und Einsamkeit. Der Gegenpol dazu ist die Stadt Ebersberg, wo auch der Kunstfreund ein reiches Betätigungsfeld vorfindet.

▶ Strecke ca. 43 km ▶ Fahrzeit ca. 4 St. ▶ Anforderung hoch

Ausgangspunkt: S-Bahnhof Ebersberg (S 5)

Die Strecke in Stichworten

Abschnitt Ebersberg – Maitenbeth (ca. 16 km)

Fahrt auf der Bahnhofsstraße zum Marienplatz, dort über Ignaz-Berner- und Benediktinerstraße ausfahren; am Ende auf dem Wiesenweg hoch zur Abt-Häfele-Straße und rechts hinab zur B 304; kurz davor links hochschieben (700 m) und nun über Mailing und Sigersdorf auf schöner, aussichtsreicher Strecke nach Berg; hier links und in Abersdorf nochmals links nach Rupertsdorf; kurz nach dem Ort rechts ab bis Wall, dort links in Richtung Maitenbeth und mit weiter Aussicht hoch zum Mayrhof; wenn man links weiterradelt, kommt man durch den Großhaager Forst – über eine Kreisstraße hinweg – nach Maitenbeth (Ausschilderung!).

Abschnitt Maitenbeth – Hohenlindener Sauschütt (ca. 13 km)

Auf der Haager Straße hinunter zur B 12 und drüben weiter in angenehmer Gegend über Oed bis Weiher; 300 m danach links und nach 1,5 km rechts ab und zur Bushaltestelle Fleck; dort links in den Feldweg, an der nächsten Gabelung rechts und durch den Wald nach Birkach; nun die B 12 überqueren und weiter bis Kreith, wo am Südrand ein Sträßchen in schöner Landschaft nach Westen zur Hauptstraße führt; gegenüber beginnt der Kapellenweg (Radschild), der uns zur Sauschütt bringt.

Abschnitt Sauschütt – Ebersberg (ca. 14 km)

Vom Gasthof aus knapp 2 km nach Westen radeln, dann links ins Kapellengeräumt; 1,5 km danach an der Hauptstraße rechts und nach 400 m wieder links in den Wildpark (Gatter); man erreicht St. Hubertus, bleibt noch 1,5 km auf Südkurs und gelangt dann halblinks Richtung

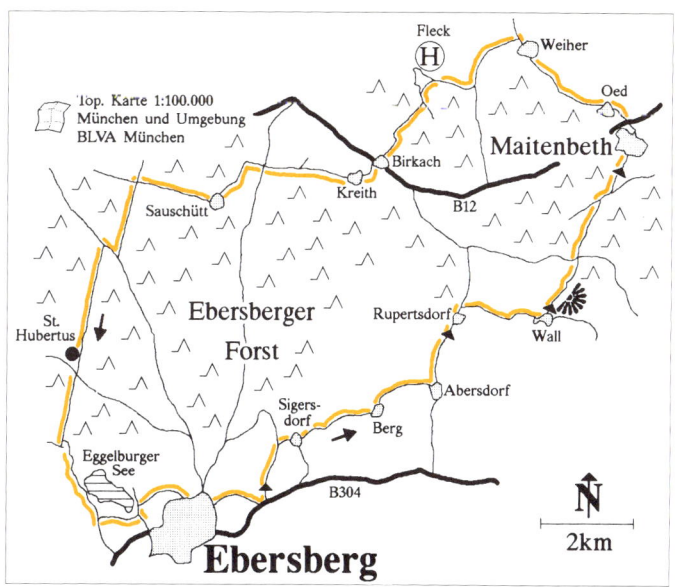

Ebersberg zu einer Lichtung mit sternförmig abgehenden Wegen und einer Informationstafel; jetzt links durch die kleine Tür und gleich wieder rechts auf dem Schotterweg zum Eggelburger See; weiter geht es nun über Hinter- nach Vordereggelburg und dort vor dem ersten Haus links hinüber nach Egglsee; jetzt links, nach 200 m rechts ab und nach weiteren 200 m im Gehöft halbrechts hinunter in den Wiesenweg, der an den Weihern vorbei nach Ebersberg zurückführt.

Steigungen	Knapp 1,5 km leichte und gut 2 km stärkere Anstiege
Wege	Knapp 40 % Schotterwege, sonst Teerstraßen
Verkehr	Sehr gering, nur in Ebersberg verstärkt
Sonne	Zwei größere Walddurchfahrten von insgesamt ca. 13 km (nicht alles Schatten), sonst sonnig
Einkehr	Maitenbeth: Gasthaus Boschner (Di)
	Ebersberger Forst: Waldwirtschaft Sauschütt (Mo, Di), Forsthaus St. Hubertus (Mo, Di), beide Häuser mit Garten
	Ebersberg: Ebersberger Alm (Mo), Garten

Besondere Anziehungspunkte

Ebersberg und **Ebersberger Forst**: Siehe Tour 49.

Rokokopracht in Rott am Inn

Diese Radltour ist von zwei Abschnitten gekennzeichnet: Der Hinfahrt über Tegernau und Schalldorf mit ihren großartigen Ausblicken und schönen Landschaftsbildern und der Rückreise, die zumeist im reizvollen Atteltal verläuft. Rott am Inn ist lohnendes Ziel und Wendepunkt der Tour.

▶ Strecke ca. 42 km ▶ Fahrzeit ca. 3¾ St.
▶ Anforderung hoch

Ausgangspunkt: S-Bahnhof Grafing Stadt (S 5)

Die Strecke in Stichworten

Abschnitt Grafing – Rott (ca. 20 km)
Fahrt zum Marktplatz und weiter auf der Rotter Straße; nach 200 m rechts in die Mühlenstraße bis zur Kläranlage, dort an der Gabelung links und nach 200 m wieder rechts bis zur Baumgartenmühle; hier führt rechter Hand eine Straße über Aiterndorf nach Straußdorf hoch; jenseits der Hauptstraße bringt uns ein Sträßchen mit Bergsicht hoch nach Katzenreuth; wir folgen am Ortsrand rechts dem Feldweg, halten uns an der nächsten Gabel links und an einer weiteren Gabel rechts und kommen hinunter zur Teerstraße; jetzt rechts ab, nach 400 m Rechtsknick und nach weiteren 400 m nochmals rechts bis nach Tegernau (Aussicht!); weiter geht es auf der Gersdorfer Straße nach Gersdorf; am Ortsende links ab (Aussicht!) und über Heimgarten bis Hirschbichl; wir biegen dort links und nach 300 m rechts ab und treffen auf eine Querstraße in Mühlbichl; hier rechts ab und nach 100 m links in den Feldweg, der über zwei Stege in einem Linksbogen zu einer Häusergruppe führt; von dort geht ein Teerweg nach Schalldorf; die nächsten 3,5 km radelt man auf der etwas stärker befahrenen Straße Richtung Rott, biegt 500 m nach Wurzach rechts in den Schotterweg ein und gelangt über einen Linksknick nach Rott.

Abschnitt Rott – Grafing (ca. 22 km)
Ausfahrt Richtung Lampferding bis nach Dettendorf; am Ortsende rechts ab Richtung Kronau, über die Querstraße nach 500 m hinweg und an der nächsten Querstraße rechts ab; nun folgen wir vor der Attelbrücke links dem Uferweg und treffen nach Uferwechsel auf einen

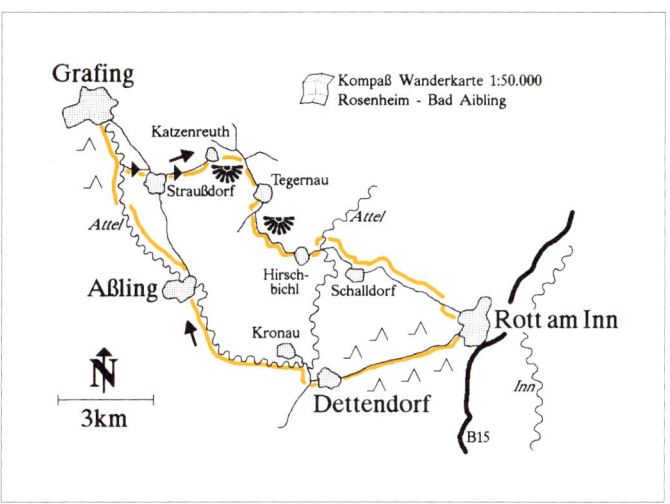

Querweg; hier links über die Brücke, an der nächsten Gabel rechts und Weiterfahrt in Nordrichtung bis Aßling; kurz vor dem Ort überquert man zweimal die Attel. Ausfahrt in Nähe der Kirche auf dem Fischerweg, über die Attel und gleich links auf den Uferweg; nach gut 2 km folgen wir dem Schild nach Grafing, überqueren nochmals die Attel und nutzen rechts den Uferweg, der nach 1,2 km in das Sträßchen vor Aiterndorf mündet; von dort zurück auf bekannter Strecke nach Grafing.

Steigungen	Jeweils knapp 2 km leichte und stärkere Steigungen
Wege	Gut 30 % Schotterwege, sonst Teerstraßen
Verkehr	Nur in Grafing sowie in und um Rott etwas stärker
Sonne	Sonneneinstrahlung auf ca. 95 % der Strecke
Einkehr	Grafing: Gasthaus Heckerkeller (Mi), Garten
	Rott: Gasthaus zur Post (Mo), Garten
	Aßling: Gasthaus zur Post (Mi)

Besondere Anziehungspunkte

Grafing: Sehenswürdigkeiten siehe Tour 12.
Rott am Inn: Pfarrkirche St. Marinus und Anianus (ehem. Abteikirche), errichtet 1763 von J. M. Fischer; gilt als eine der schönsten Rokokokirchen Bayerns; sehenswert u. a. die prächtige Stuckierung, die reichgeschmückten Altäre und vor allem die berühmten Standfiguren von Ignaz Günther (Notburga, Isidor, Damian).

Wallfahrt nach Tuntenhausen

R 12

Bei 41 km Streckenlänge und 6 km Steigungen eine würdige Wallfahrt! Sie führt über Beyharting zu einem der ältesten Wallfahrtsorte Bayerns und von dort über Aßling nach Grafing zurück. Man bewegt sich in stiller altbayerischer Buckellandschaft, die faszinierende Weitblicke gewährt.

▶ Strecke ca. 41 km ▶ Fahrzeit ca. 4 St. ▶ Anforderung hoch

Ausgangspunkt: S-Bahnhof Grafing Stadt (S 5)

Die Strecke in Stichworten

Abschnitt Grafing – Tuntenhausen (ca. 21 km)

Fahrt zum Marktplatz, dort gleich rechts in die Griesstraße und nach gut 200 m rechts in die Schloßstraße bis Unterelkofen; nach der Schloßgaststätte rechts halten und an der Gabel nach 500 m erneut rechts; man unterquert die Bahn, durchfährt Oberelkofen und biegt am Ortsende rechts Richtung Eichhofen ab; in Obereichhofen rechts und nach 100 m links bei schönen Ausblicken nach Loitersdorf; an dessen Ortsrand rechts in den Schotterweg und nach 100 m wieder rechts den Teerweg hinunter; nach 300 m in der Rechtskurve geradeaus und auf diesem Feldweg in reizvoller Landschaft mit Weitblicken hinüber zum Nordhof; dort am Quersträßchen rechts bis zur Hauptstraße und schräg gegenüber weiter auf aussichtsreicher Strecke den Schildern nach über Hopfen, Weng, Söhl und Biberg nach Schönau; dort ab Ortsmitte Richtung »Sportplatz« ausfahren und 2 km weiter an der Querstraße links nach Beyharting abbiegen; im Ort links ab nach Tuntenhausen.

Abschnitt Tuntenhausen – Grafing (ca. 20 km)

Es geht zurück an die große Kreuzung am Westrand des Ortes und dann rechts ab bis Sindlhausen; dort an der Kirche links Richtung Schönau, durch Guperding und 500 m danach rechts bis Oed; danach folgt Höglhaus; an dessen Ende rechts halten und hinunter bis Thal; 50 m nach dem Ortsschild rechts in das Holzwerk, nach gut 100 m links über die Steinbrücke und den Schotterweg hoch zur Teerstraße; rechts kommt man nach Niclasreuth hoch (Ausblicke!) und fährt weiter ins Ortszentrum von Aßling; an der Kirche links in den Fischerweg, über die Attelbrücke und gleich links in den Uferweg entlang der Attel nach Norden;

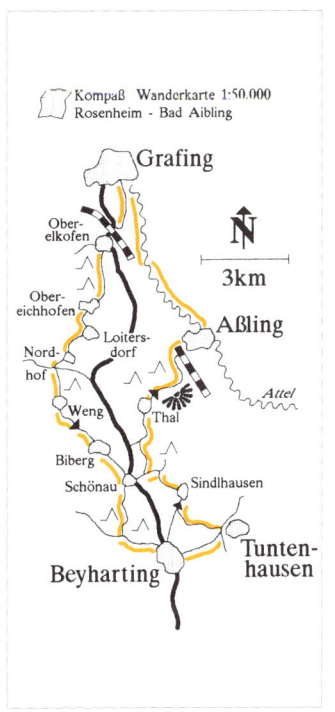

Kompaß Wanderkarte 1:50.000
Rosenheim - Bad Aibling

3km

nach ca. 2 km folgt ein Rechts-knick, 300 m danach links bis zu einem Querweg; dort links und di-rekt nach der Attelbrücke wieder rechts; dieser Weg tritt nach gut 1 km auf das Sträßchen vor Ai-terndorf; jetzt links ab, 100 m nach der Baumgartenmühle rechts in den Waldweg, der zur Mühlenstraße führt; auf ihr kommt man nach Grafing zurück.

Steigungen	Gut 3 km leichte und knapp 3 km stärkere
Wege	Ca. 20 % Schotter, sonst Teer
Verkehr	Gering, nur in Gra-fing und vor Tun-tenhausen stärker
Sonne	90 % der Strecke
Einkehr	Grafing: Hecker-bräu (Mo), Garten Schönau: Land-gasthof Kaspar (Mo, Mi ab 14), Garten Aßling: Zur Post (Mi)

Besondere Anziehungspunkte

Grafing: Pfarrkirche St. Ägidius von 1692; im weiten Innenraum schö-ner Hochaltar mit vier Figuren sowie reichvergoldete Rokoko-Seitenal-täre; Dreifaltigkeitskirche, 1672 erbaut; gute Stuckierung und Decken-gemälde (J. B. Zimmermann) von 1748; Rokokoaltar mit Straub-Figuren; Heimatmuseum (offen erster So im Monat, 14-16).
Unterelkofen: Älteste noch bewohnte Burg Oberbayerns (11. Jh.).
Beyharting: Stiftskirche des ehem. Augustiner-Chorherrenstifts; Um-bau 1670; hell und festlich stuckiert (J. B. Zimmermann), gute Ausstat-tung, wie Figuren, Chorgitter, Grabsteine und Gestühl.
Tuntenhausen: Wallfahrtskirche Mariä Himmelfahrt, 1630 Neubau im Renaissancestil; seit 500 Jahren eine der wichtigsten Wallfahrten Bay-erns; reicher Stuck, stattlicher Hochaltar mit Muttergottes (1550), se-henswerte Kanzel und Figuren, viele Votivgaben.

Im Ayinger Hinterland

Ein kräftezehrender, aber schöner Ausflug in das Hügelland östlich von Aying. Die Gegend ist sehr abwechslungsreich und bietet vor allem bei Antholing und Kleinhöhenrain hinreißende Ausblicke auf die Alpenkette.

▶ Strecke ca. 36 km ▶ Fahrzeit ca. 3 St. ▶ Anforderung hoch

Ausgangspunkt: S-Bahnhof Aying (S 1)

Die Strecke in Stichworten

Abschnitt Aying – Haslach (ca. 11 km)
Man fährt vom Bahnhof über Schreinerweg und Peißer Straße aus, dann links die Kaltenbrunner Straße hoch, an der folgenden Gabelung rechts bis zur Querstraße und dort links nach Kaltenbrunn; weiter nach Osten in aussichtsreicher Landschaft über Heimathshofen bis Loibersdorf, dort Richtung Münster und nach 600 m an der Gabel rechts vor nach Reisenthal; jetzt hoch nach Frauenreuth, danach an der Kreisstraße links und nach 500 m wieder rechts hinunter bis Mattenhofen (Aussicht!); im Ort scharf rechts ab und quer durchs Glonntal nach Haslach.

Abschnitt Haslach – Kleinhöhenrain (ca. 11 km)
Nun im schönen Glonntal nach Süden, geradewegs durch Piusheim und mit Bergsicht steil hoch über Jakobsbaiern nach Antholing; dort die Kreuzung am Südrand überqueren, nach 100 m rechts und mit großartigem Alpenblick weiter über die Gehöfte Kleinesterndorf, Feuerreit und Nacken (dort geradeaus) bis Hirschberg; jetzt nach Westen abbiegen und auf steigungsreicher Strecke geradewegs nach Großhöhenrain; dort links vor zum Aussichtspunkt in Kleinhöhenrain (Schilder!) mit überwältigender Sicht auf die Alpen von der Zugspitze bis nach Salzburg.

Abschnitt Kleinhöhenrain – Aying (ca. 14 km)
Zurück nach Großhöhenrain, dann links, nach 200 m rechts und Weiterfahrt nach Unterlaus; dort über die Kreuzung im Ort hinweg, die Steigung hoch und 1,5 km danach rechts ab nach Kaps; hinter dem Gehöft nach Westen (Feldweg) abdrehen, an der Gabel nach gut 1 km rechts, dann über die Teerstraße hinweg zur zweiten Querstraße; dort gerade-

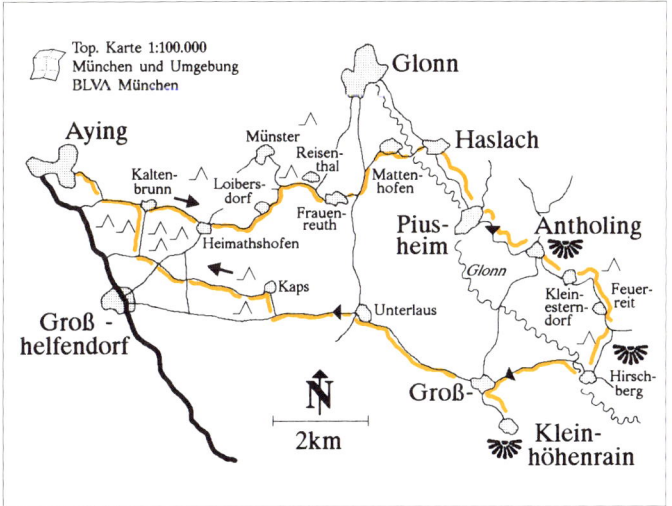

aus Richtung Göggenhofen und nach 600 m rechts bis Kaltenbrunn. Die Reststrecke nach Aying ist bekannt.

Steigungen	Ca. 2,5 km leichte und gut 3,5 km stärkere Anstiege
Wege	10 % Feld- und Waldwege, sonst Teerstraßen
Verkehr	Zwischen Höhenrain und Oberlaus etwas lebhafter, sonst sehr gering bis verkehrsfrei
Sonne	Sonneneinstrahlung auf gut 90 % der Strecke
Einkehr	Aying: Brauerei-Schänke (ohne Ruhetag), Garten; Brauerei-Gasthof (ohne Ruhetag), Garten Kleinhöhenrain: Gasthof Zur schönen Aussicht (Mi), Garten

Besondere Anziehungspunkte

Aying: Pfarrkirche St. Andreas, Neubau 1655; beachtenswert sind u. a. das Ölgemälde im Hochaltar, die reichgegliederte und verzierte Kanzel (Mitte 17. Jh.), ein lebensgroßer und ausdrucksstarker Kruzifixus aus dem 17. Jh. sowie in der Antoniuskapelle ein Wanddenkmal, ebenfalls 17. Jh. Sixthof, einer der ältesten Höfe im Landkreis München, nachgewiesen 1582, heutige Form aus dem 18. Jh. Dient heute als Heimathaus (Sa, So 13-17) mit Sammlungen bäuerlicher Einrichtungs- und Handwerksgegenstände seit dem 16. Jh., besonders 19. Jh.
Kleinhelfendorf: Siehe Tour 51.

Spritztour nach Glonn

Nach Start in Kirchseeon radeln wir über die angesehene Wallfahrt Maria Altenburg und den hübsch gelegenen Steinsee in reizvoller Hügellandschaft mit Blick über die Berge nach Glonn. Dort machen wir noch einen Abstecher ins Kupferbachtal und kehren dann zum Ausgangspunkt zurück.

▶ Strecke ca. 33 km ▶ Fahrzeit ca. 3 St. ▶ Anforderung mittel

Ausgangspunkt: S-Bahnhof Kirchseeon (S 5)

Die Strecke in Stichworten

Abschnitt Kirchseeon – Glonn (ca. 14 km)
Man fährt erst 400 m die Wasserburger Straße entlang, dann rechts über die Bahn und nach weiteren 300 m an der Kapelle rechts in die Deinhofner Straße; dieser Weg führt in freundlicher Gegend nach 2,5 km an ein Wegekreuz, wo es links nach Deinhofen geht; 500 m nach dem Gehöft an der Gabelung rechts (Waldweg) und weiter bis Moosach; an der Kirche Richtung Maria Altenburg ausfahren, 500 m danach links hoch (500 m Steigung) bis Maria Altenburg; zurück zur Auffahrtsstraße, jetzt aber nicht wieder hinunter, sondern oben geradeaus weiter durch den Wald zur Hauptstraße Moosach-Oberpframmern und zum gegenüberliegenden Steinsee; zurück zur Hauptstraße, links abbiegen und nach 200 m wieder links Richtung Schlacht; kurz nach der Gaststätte Reithof erneut links Richtung Oberseeon, nach 700 m an der Verzweigung rechts und ins Kupferbachtal hinunter; am Teersträßchen wieder rechts und mit Bergsicht über Adling nach Glonn.

Abschnitt Glonn – Kirchseeon (ca.19 km)
Ausfahrt an der Kirche auf dem Klosterweg nach Süden, dann auf die Reisenthalstraße nach rechts, 100 m danach wieder links und an der nächsten Weggabelung nochmals links; es folgt ein landschaftlich schönes Teilstück am Kupferbach entlang bis Reisenthal; dort rechts, nach gut 800 m erneut rechts und 1 km hinauf nach Münster; am Gasthof Ott rechts bis Kreuz und dort links an der Kirche vorbei geradewegs weiter nach Norden bis Schlacht; am Ortsende rechts in anmutiger Landschaft nach Niederseeon, über die Querstraße hinweg und weiter bis Schattenhofen; nach dem Ort rechts vor zur Kreisstraße, dort links und

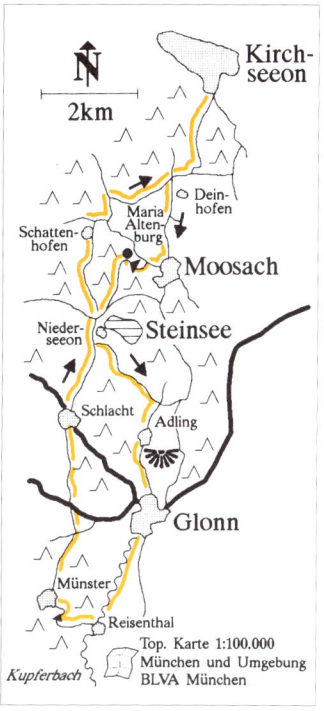

nach 500 m erneut rechts; 1,5 km danach erreicht man wieder das Wegekreuz Deinhofen und radelt nach Kirchseeon zurück.

Steigungen	Ca. 1 km leichte und knapp 2,5 km stärkere
Wege	Ca. 7,5 km Schotterwege, sonst Teerstraßen
Verkehr	Sehr wenig oder kein Verkehr
Sonne	Auf ca. 90 % der Strecke
Einkehr	Gaststätte am Steinsee (ohne Ruhetag), Terrasse Niederseeon: Reiterhof am Steinsee (Mo), Garten Glonn: Landgasthof zur Post (Di), Garten Münster: Landgasthof Ott (Di, Mi; Mo, Do und Fr ab 16), Garten

Besondere Anziehungspunkte

Altenburg: Wallfahrtskirche Maria Altenburg, auf der Höhe gelegen, an der Zufahrtsstraße Kreuzgangstationen; vom 16.-18. Jh. blühende Wallfahrt, um 1710 barock erneuert; festlicher Innenraum mit reichen Stukkaturen; auf dem Stuckmarmor-Hochaltar Holzfigur der stehenden Muttergottes um 1500 als Gnadenbild; auf dem Seitenaltar Holzrelief (Christus und Magdalena).

Steinsee: Ca. 1 x 0,5 km großer See in landschaftlich reizvoller Lage südwestlich von Moosach; hervorragende Wasserqualität; Badebetrieb im umzäunten Freibad im Sommer täglich.

Glonn: In der Pfarrkirche St. Johannes Baptist von 1642 ist u. a. ein gotischer Taufstein von 1529 beachtenswert.

Badefreuden am Steinsee

Eine kürzere Radltour durch die ländliche Gemarkung rund um den Höhenkirchner Forst. Da uns unterwegs keine besonderen Sehenswürdigkeiten aufhalten, bleibt genügend Zeit zum Baden am Steinsee. In Siegertsbrunn sollte man aber einen Blick in die Wallfahrtskirche St. Leonhard werfen.

▶ Strecke ca. 28 km ▶ Fahrzeit ca. 2½ St. ▶ Anforderung gering

Ausgangspunkt: S-Bahnhof Höhenkirchen-Siegertsbrunn (S 1)

Die Strecke in Stichworten

Abschnitt Siegertsbrunn – Steinsee (ca. 16 km)

Fahrt vom Parkplatz nach Süden zur Leonhardsstraße, dann links über die Bahnlinie und weiter auf dem Leonhardsweg; kurz vor St. Leonhard links ab und geradewegs nach Siegertsbrunn hinein; 200 m nach der Dorfkirche rechts in die Harthauser Straße, die durch den Höhenkirchner Forst, vorbei am Forstwirt mit seinem schönen Biergarten, direkt nach Harthausen führt; am dortigen Ortsrand rechts in die Wolfersberger Straße, an der Gabelung nach 50 m links und Fahrt nach Wolfersberg; im folgenden die Ostrichtung beibehalten, über die Teerstraße hinweg und 3 km weiter bis zum Waldrand; dort auf dem Teersträßchen nach rechts abbiegen, das Gehöft Schattenhofen passieren und an der nächsten Verzweigung im Wald links zur Straße Moosach-Oberpframmern; wenn man dort links abbiegt, gelangt man zum Steinsee.

Abschnitt Steinsee – Siegertsbrunn (ca. 12 km)

Vom Steinsee zurück zur großen Straße und links abbiegen; Weiterfahrt in strikter West-Richtung über Esterndorf und Niederpframmern nach Oberpframmern; im Ortszentrum beim Neuwirt rechts auf der Siegertsbrunner Straße ausfahren; dieses Sträßchen verläuft geradewegs nach Westen durch den Höhenkirchner Forst bis Siegertsbrunn; dort wieder zur Kapelle St. Leonhard und auf dem Leonhardsweg zum S-Bahnhof.

Steigungen	Ca. 1 km leichte und 0,7 km stärkere Steigungen
Wege	Ein Viertel der Strecke ist geschottert, sonst Teer
Verkehr	An einzelnen Stellen etwas lebhafter, sonst wenig
Sonne	Gut 70 % der Strecke liegen in der Sonne

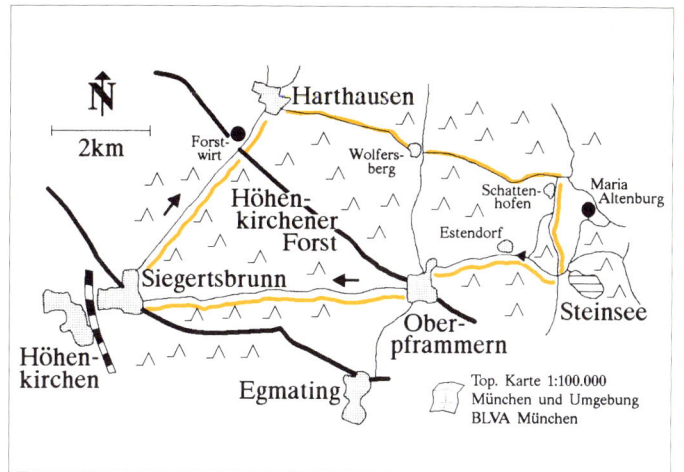

Einkehr   Harthausen: Zum Forstwirt (Mo bis 18 Uhr), Garten
Steinsee: Gaststätte am Steinsee (geschlossen im
Sommer nur bei Schlechtwetter)
Oberpframmern: Gasthof Neuwirt (Mo), Garten

Besondere Anziehungspunkte

Siegertsbrunn: Wallfahrtskirche St. Leonhard, blühende Wallfahrt vor
allem im 16. Jh. Umbau 1785; sehenswerte Innenausstattung, u. a.
Deckengemälde von Chr. Wink, Hochaltar mit Altarblatt und seitlichen
Holzfiguren des Hl. Leonhard, Seitenaltäre und Kanzel von F. Doll gegen
Ende des 18. Jh. sowie eine Muttergottes auf dem Halbmond. Über 200
Votivbilder und Gaben aus dem 17. bis 19. Jh. Pfarrkirche St. Peter, 1707
geweiht, Hochaltar u. a. mit Muttergottesfigur um 1470; weitere beachtliche Figuren z. T. in Gold- und Silberfassung.
Steinsee: Siehe Tour 14.
Lohnende Abstecher auf dieser Tour bieten sich wie folgt an: Vom Steinsee aus nach Maria Altenburg, einer ehemals blühenden, aber auch
heute noch angesehenen Wallfahrt (siehe Tour 14); von Harthausen aus
nach Möschenfeld zur Kirche St. Ottilie, die sich mit beachtlicher Innenausstattung präsentiert, außerhalb von Gottesdiensten aber nicht zugänglich ist (siehe Tour 9).

Ausflug nach Aying

Das Brauerei-Dorf südöstlich von München ist ein beliebtes Ausflugsziel, nicht nur des Bieres wegen. Auch Ortsbild, Kirche und Heimathaus sowie Landschaft begründen seine Anziehungskraft. Selbst unterwegs gibt es Beachtliches zu sehen.

▶ Strecke ca. 31 km ▶ Fahrzeit gut 2½ St.
▶ Anforderung gering

Ausgangspunkt: S-Bahnhof Hohenbrunn (S 1)

Die Strecke in Stichworten

Abschnitt Hohenbrunn – Aying (ca. 18 km)

Fahrt auf der Bahnhofstraße nach Süden, rechts über die Bahngleise und geradeaus in die Kirchstockacher Straße bis zur vierspurigen Verkehrsstraße. Nach Überqueren sofort rechts in die Parallelstraße, 200 m danach links in die Waldstraße und nach gut 500 m wieder links bis zum Dorfzentrum Kirchstockach; weiter in südlicher Richtung über Brunnthal nach Hofolding, dort vor der Kirche links und gut 100 m weiter in die rechts abgehende Fichtenstraße; sie bringt uns nach Faistenhaar; jetzt wieder nach Süden einschwenken, die Hauptstraße Richtung Kreuzstraße überqueren und nach 300 m rechts auf der Forststraße in den Hofoldinger Forst einfahren; 1,2 km danach links in die Römerstraße, nach weiteren 1,8 km über die Teerstraße und gegenüber auf dem Waldweg knapp 3 km weiter bis zur großen Verkehrsstraße bei Aying. Dort rechts und – am Schnittpunkt von Schiene und Straße – links auf den Radweg hinein nach Aying.

Abschnitt Aying – Hohenbrunn (ca. 13 km)

Ausfahrt auf der Münchener Straße, an der scharfen Linkskurve geradeaus in den Siegertsbrunner Weg und an der Gabelung nach ca. 500 m links halten. Wir bleiben nun immer auf diesem Weg; er führt zumeist durch Wald, über mehrere Wegekreuze hinweg, an einer kleinen Gebäudegruppe vorbei zur Straße nach Dürnhaar; diese Teerstraße überqueren, weiter nach Norden, über das markante Scheidl-Geräumt hinweg bis zur zweiten Teerstraße; nach Überquerung nochmals 600 m in nördlicher Richtung und an der dritten Teerstraße links ab über Siegertsbrunn nach Höhenkirchen; kurz nach dem Ortszentrum geht

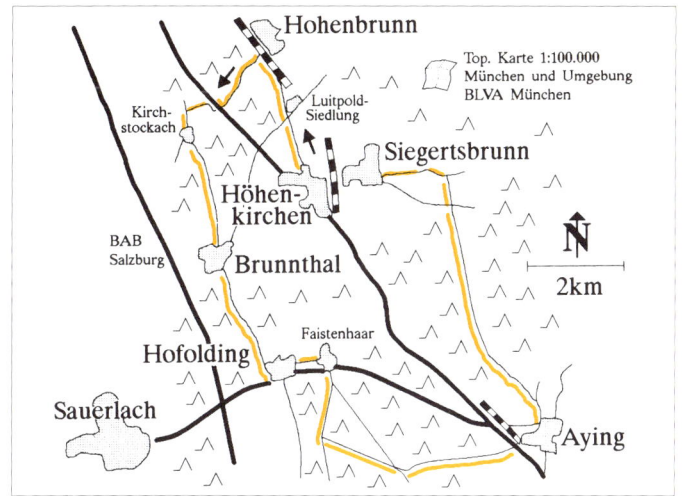

rechts die Wächterhofstraße ab, auf der wir – nach Übergang in die Höhenkirchener Straße – zum S-Bahnhof Hohenbrunn zurückkommen.

Steigungen	Die Strecke weist keine nennenswerten Anstiege auf
Wege	Fast 40 % Feld- und Waldwege, sonst Schotter
Verkehr	Ein verkehrsarmer und z. T. verkehrsfreier Kurs
Sonne	Trotz Walddurchfahrten noch ca. 80 % Sonnenanteile
Einkehr	Brunnthal: Lutterschmid (Fr)
	Hofolding: Gasthaus Werner (Mi), Terrasse
	Faistenhaar: Landgasthof Altwirt (Mo, Di), Garten
	Aying: Brauerei-Schänke (ohne Ruhetag), Garten
	Höhenkirchen: Alter Wirt (Di), Garten

Besondere Anziehungspunkte

Hofolding: Kirche Hl. Kreuz von 1723; beachtenswert u. a. die Deckenfresken, der Hochaltar und farbkräfige Seitenaltäre mit guten Holzfiguren und die Kanzel mit reichem Schnitzornament.
Faistenhaar: Kirche St. Peter und Paul von 1683; schlicht-feierlicher Innenraum, auf den Altären z. T. ältere Figuren, an der Nordwand Votivtafel der Perlacher mit Silvesterwallfahrt 1709.
Aying: Kirche St. Andreas von 1655; sehenswert neben der reichverzierten Kanzel vor allem das lebensgroße Kruzifix (17. Jh.); Heimatmuseum im Sixthof von 1582 (offen Sa, So 13-17).
Siegertsbrunn: Kirche St. Peter und St. Leonhard (siehe Tour 15).

R 17 Entlang der Mangfall und Leitzach

Die Strecke führt entlang der Mangfall nach Weyarn, dann hinüber zum Seehamer See und schließlich im Leitzachtal wieder zurück. Die Höhepunkte dieser Tour sind besonders schöne Landschaftsbilder rund um das Mangfallknie sowie die Stiftskirche Weyarn.

▶ Strecke ca. 35 km ▶ Fahrzeit ca. 3¼ St.
▶ Anforderung mittel

Ausgangspunkt: S-Bahnhof Kreuzstraße (S 1)

Die Strecke in Stichworten

Abschnitt Kreuzstraße – Weyarn (ca. 10 km)
Fahrt vom Parkplatz vor zur Straße, dort rechts über die Bahn und nach 300 m links über Hohendilching nach Unterdarching; dort an der Querstraße links nach Valley und nun wieder nach Süden abdrehen; nach gut 2 km an der Querstraße kurz vor der Autobahn links hinunter ins Mangfalltal und jenseits hoch (500 m Steigung) bis Weyarn; oben am Ortsrand rechts in den Klosterweg und vor zur Klosterkirche.

Abschnitt Weyarn – Holzolling (ca. 12 km)
Vom Kloster zur Hauptstraße vorfahren, rechts ab und vor der Shell-Station links nach Wattersdorf; am dortigen Ortsende rechts abbiegen und in schöner, immer wieder weite Ausblicke bietender Landschaft über Reinthal nach Neukirchen; dort rechts an der Kirche vorbei nach Reichersdorf, über die dortige Querstraße hinweg und weiter in parkartiger Gegend über Pfisterer (dort Richtung Irschenberg) zum Seehamer See; nun Weiterfahrt durch Großseeham bis Bruck, an der Querstraße rechts, Autobahn unterqueren und hinunter nach Holzolling.

Abschnitt Holzolling – Kreuzstraße (ca. 13 km)
Geradeaus durch den Ort und weiter in anmutiger Landschaft bis Westerham; kurz nach der Mangfall links in die Höhenkirchener Straße und 2,5 km entlang der Mangfall; dann links über die Brücke und hoch (700 m Steigungen) nach Kleinhöhenkirchen; jetzt Abfahrt nach rechts wieder ins Mangfalltal zum bekannten Mangfallknie, unten links über die Mangfall und ein letztes Mal 500 m Anstieg bis zu einer Querstraße; dort geht es links über Grub zur Kreuzstraße und zum S-Bahnhof.

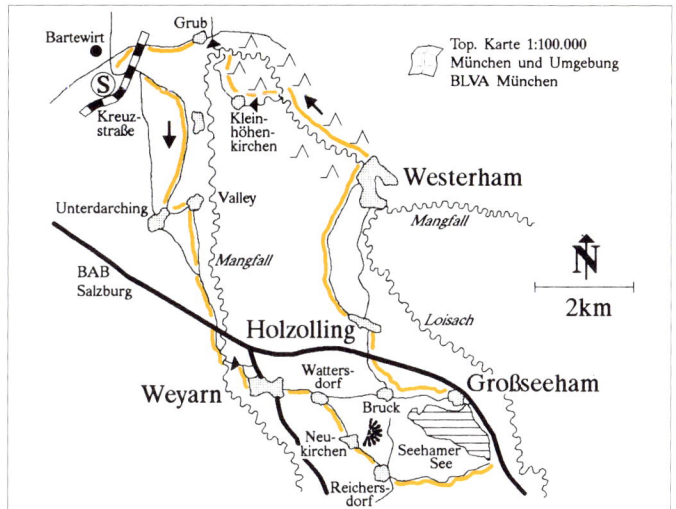

Steigungen	Ca. 1 km leichte und 2,5 km stärkere Steigungen
Wege	Auf ganzer Strecke nur Teerstraßen
Verkehr	Sehr gering, nur nach Holzolling und zwischen Grub und Kreuzstraße etwas lebhafter
Sonne	Gut 90 % der Strecke liegen in der Sonne
Einkehr	Kreuzstraße: Bartewirt (Di, Mi), Garten
	Valley: Bräustüberl (Di), Garten
	Weyarn: Gasthof Alter Wirt (Di ab 14, Mi)
	Holzolling: Gasthaus Kreuzmair (Mo), Garten

Besondere Anziehungspunkte

Weyarn: Stiftskirche Weyarn, erbaut zwischen 1687 und 1693; ihre Berühmtheit und Anziehungskraft verdankt diese Kirche den großartigen Schnitzfiguren des bayerischen Rokokobildhauers Ignaz Günther, wie die »Verkündigung«, die ergreifende »Pieta« und eine »Mater dolorosa«. Maler und Stukkateur der Kirche war ein ebenfalls namhafter Künstler, nämlich J. B. Zimmermann.
Seehamer See: Ausdehnung ca. 2 km mal knapp 1 km; idyllisch gelegener Badesee, auch mit Bootsverleih und Surfmöglichkeit.
Mangfalltal: Reizvolle Tallandschaft, am Mangfallknie bei Grub wildromantisch, an anderer Stelle wieder parkartig, mit schönen Wanderwegen am Fluß entlang (Badeplätze) oder auf den Hochufern.

Über den Taubenberg

Tourengebiet ist das Dreieck Holzkirchen-Weyarn-Gmund. Der Kurs wird geprägt von einem ca. 2 km langen Aufstieg zum 900 m hohen Taubenberg und von der genußreichen Rückfahrt durch die parkartige Gegend westlich von Gotzing.

▶ Strecke ca. 37 km ▶ Fahrzeit ca. 3½St. ▶ Anforderung hoch

Ausgangspunkt: S-Bahnhof Holzkirchen (S 2)

Die Strecke in Stichworten

Abschnitt Holzkirchen – Oberwarngau (ca. 8 km)
Fahrt zum Marktplatz, dort links in die Tegernseer Straße und nach 300 m rechts ab nach Lochham; durch den Ort bis zur B 318 und gegenüber weiter in schöner Landschaft mit Bergsicht; nach 1,5 km biegt man rechts in den Teerweg (Schild Fa. Eberharter) und kommt zum Südrand Osterwarngau; Ausfahrt Richtung Oberwarngau; kurz nach der kleinen Kapelle am Ortsrand links in den Feldweg und hinüber nach Oberwarngau; dort am Ortseingang links in die Lindenstraße, an der nächsten Gabelung rechts und weiter für 200 m bis zu einem kleinen Wegekreuz.

Abschnitt Oberwarngau – Einhaus (ca. 16 km)
Nun auf den links abgehenden Feldweg, der zu einer Teerstraße führt; dort links dem Schild Berggasthof Taubenberg nach und 2 km Auffahrt mit wechselnden Steigungen bis zu einer Kapelle; dort Abfahrt mit Alpenblick zum Berggasthof Taubenberg; 300 m nach dem Gasthof an der Gabel rechts und 1,2 km danach an einer weiteren Weggabelung links vor zu einer Teerstraße; dort rechts ab über Langenegger/Westin zu einer Querstraße und dann rechts hoch zur Gotzinger Trommel; Weiterfahrt Richtung Wall für 7 km bis Einhaus in parkartiger Landschaft.

Abschnitt Einhaus – Holzkirchen (ca. 13 km)
In Einhaus an der Hauptstraße rechts ab, nach 2 km links bis Reitham, dort an der Querstraße links und gleich wieder rechts; man kommt zur B318 und fährt drüben geradeaus weiter zur nächsten Querstraße; nun rechts ab zur Bahnhofstraße in Oberwarngau; dort links über die Gleise und rechts nach Sufferloh; Ausfahrt nach Westen, kurz nach Ortsende rechts ab und weiter nach Thann; dort links auf die Thanner Straße und

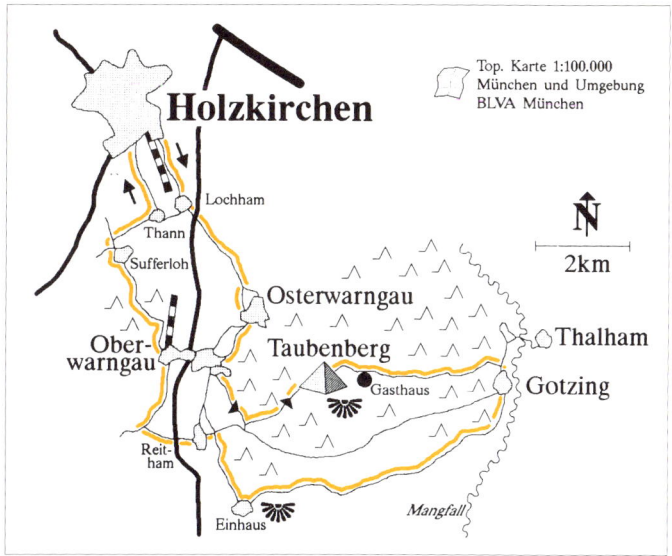

Top. Karte 1:100.000
München und Umgebung
BLVA München

Holzkirchen

Lochham

Thann

Sufferloh

Osterwarngau

Ober-
warngau

Taubenberg

Gasthaus

Thalham

Gotzing

Reit-
ham

Einhaus

Mangfall

N

2km

in ansprechender Gegend zurück nach Holzkirchen zum S-Bahnhof.

Steigungen	Gut 1 km leichte und knapp 3 km stärkere Anstiege
Wege	Ca. 20 % Schotterwege, sonst Teerstraßen
Verkehr	Durchwegs sehr wenig, in Holzkirchen verstärkt
Sonne	Sonneneinstrahlung auf 80 % der Strecke
Einkehr	Holzkirchen: Gasthof Alte Post (Di, Mi), Terrasse; Gasthof Oberbräu (Mo), Terrasse Taubenberg: Berggasthof (bei Schlechtwetter geschlossen, ganzjährig Sa, So offen), kleine Terrasse Gotzing: Gotzinger Trommel (Mo, Di), Garten

Besondere Anziehungspunkte

Auf dieser Tour stehen der Reiz der Landschaft sowie die Ausblicke auf die Berge im Mittelpunkt. Auf dem Taubenberg hat man eine besonders schöne Aussicht. Die Quellgebiete dieses Berges dienen der Trinkwasserversorgung Münchens. Parkartiger Baumbestand, schmucke Höfe und örtliche Alpensicht kennzeichnen den Abschnitt zwischen Gotzing und Einhaus. Auch zwischen Thann und Holzkirchen radeln wir in anziehender Landschaft.

Eine Radlpartie nach Bad Tölz

Wir radeln in schöner Voralpenregion durch Hügelland und Filze, passieren Kloster Reutberg und den Kirchsee und werden mit prächtigen Ausblicken auf die Berge verwöhnt. Eine insgesamt kräftezehrende aber empfehlenswerte Tour.

▶ Strecke ca. 50 km ▶ Fahrzeit ca. 4½ St. ▶ Anforderung hoch

Ausgangspunkt: S-Bahnhof Holzkirchen (S 2)

Die Strecke in Stichworten

Abschnitt Holzkirchen – Kirchsee (ca. 13 km)

Fahrt zur Südseite des Marktplatzes und auf der Thanner Straße hinaus in reizvoller Landschaft mit Bergblick; 500 m vor Thann rechts in den Schotterweg (Poloplatz) und hinüber zur B 13; auf der Gegenseite weiter in Westrichtung bis Kleinhartpenning; nun vorerst den Schildern »Hackersee« folgen, am Ortsende bei Haus Nr. 9 links ab und über Ried zur B 13; wir biegen rechts ab und bleiben für 300 m auf der Bundesstraße, dann erneut rechts ab Richtung »Kirchsee«; diese Straße führt zum Kloster Reutberg; 400 m davor rechts zum Kirchsee.

Abschnitt Kirchsee – Bad Tölz (ca. 13 km)

Jetzt am See entlang, 600 m nach dem Kiosk an der Gabel links direkt ans Seeufer; der Weg führt nach 2,5 km zu einem Quersträßchen, wo wir links nach Abrain kommen; nach 600 m rechts bis Kirchbichl; dort an der Querstraße links, 100 m danach wieder rechts und nach Walddurchfahrt links in den Feld-/Waldweg (K 11); er bringt uns nach Ellbach zur Schützenhausstraße; dort rechts und nach knapp 700 m wieder rechts auf Schotterweg über den Klammerseeweiher nach Tölz.

Abschnitt Bad Tölz – Holzkirchen (ca. 24 km)

Ausfahrt auf gleicher Strecke oder auf der Dietramszeller Straße nach Ellbach Mitte, dort auf der Reutbergstraße (K13) in reizvoller Filzgegend nach Kirchseemoor und rechts bis Sachsenkam; weiter mit Alpenblick über Piesenkam nach Warngau; dort an der Bahnhofstraße links über die Bahn und rechts nach Sufferloh und Thann; hier links abbiegen und zurück nach Holzkirchen.

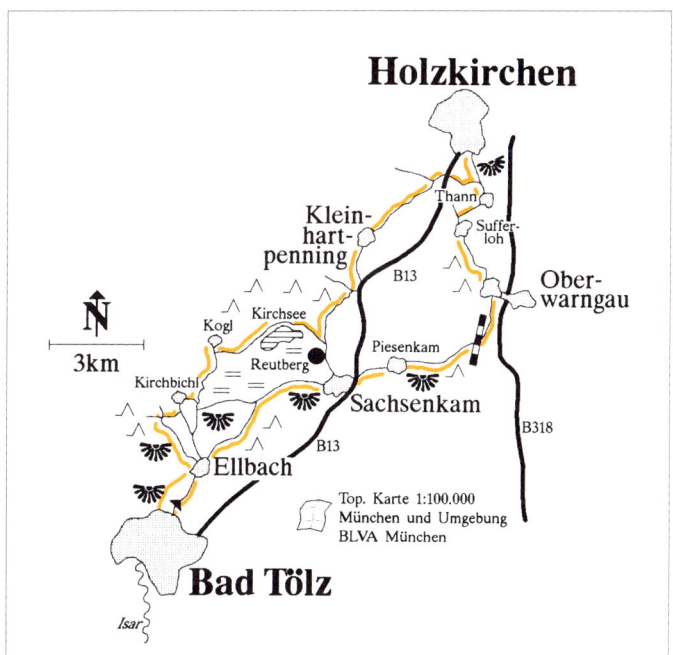

Steigungen	Gut 2,5 km leichte und gut 1,5 km stärkere Anstiege
Wege	Gut 8 km Schotterwege, sonst Teerstraßen
Verkehr	In Holzkirchen und Tölz lebhaft, sonst sehr gering
Sonne	Ca. 90 % der Strecke liegen in der Sonne
Einkehr	Holzkirchen: Alte Post (Di, Mi), Terrasse; Oberbräu (Mo), Terrasse
	Kleinhartpenning: Schreinerwirt (Mo, Di), Garten
	Kirchbichl: Jägerwirt (Mo, Do), Garten
	Bad Tölz: Grünerbräu (ohne Ruhetag), Terrasse

Besondere Anziehungspunkte

Reutberg: Klosterkirche von 1735; u. a. sehenswerte Barockaltäre und Kanzel; Kirchsee; Bade- und Wandermöglichkeiten.
Bad Tölz: Kurbad mit einem der schönsten bayerischen Ortsbilder in der Marktstraße; Heimatmuseum (Di-Sa 10-12 und 14-16, Do bis 18, So 10-13); Pfarrkirche Mariä Himmelfahrt von 1453; Mühlfeldkirche von 1735; Leonhardkapelle.

Streifzug durchs Dietramszeller Land

Wegen der schönen Ausblicke auf das Gebirge eine Tour für Föhntage! Aber auch die Landschaft zeigt sich immer wieder von ihrer angenehmen Seite. Auf dieser abwechslungsreichen Fahrt über Peretshofen und Dietramszell wird eine gute Mischung aus Kunst und Natur geboten.

▶ Strecke ca. 39 km ▶ Fahrzeit ca. 3½ St. ▶ Anforderung hoch

Ausgangspunkt: S-Bahnhof Otterfing (S 2)

Die Strecke in Stichworten

Abschnitt Otterfing – Peretshofen (ca. 19 km)
Fahrt auf der Bahnhofstraße zur B 13 und drüben auf der Berghamer Straße weiter nach Westen in reizvoller Landschaft bis Wettlkam; dort an der Querstraße links nach Steingau und über die Frashauser Straße (am Maibaum rechts) bis Baiernrain; jetzt links auf attraktiver Strecke mit Alpensicht bis Lochen und an der Kirche rechts auf dem Birschlingweg nach Linden; dort an der Durchgangsstraße rechts und dann links Richtung Harmating; nach genau 3 km bei Waldaustritt links auf dem Waldweg hoch (500 m) zum Gehöft Oed und weiter nach Hölching; 300 m danach bei Fernsicht rechts ab und an der nächsten Querstraße wieder rechts zum Westrand Kleineglsee; dort geradeaus weiter und an der Gabelung nach 200 m links über Podling nach Peretshofen.

Abschnitt Peretshofen – Dietramszell (ca. 7 km)
Im Ort links Richtung Dietramszell, nach 200 m rechts in den Breitenweg und auf schöner Strecke mit hinreißender Bergsicht nach Südosten ausfahren; über die nächste Querstraße hinweg, 500 m danach links nach Punding und geradeaus nach Manhartshofen; weiter Richtung Thankirchen und kurz vor diesem Ort rechts ab über Leismühl und Untermühltal zum Kloster Dietramszell.

Abschnitt Dietramszell – Otterfing (ca. 13 km)
Vom Kloster 500 m hoch Richtung Schönegg, dann rechts in die Nordhof- und gleich links in die Rieder Straße und weiter über Ried bis Osten, dort hinunter zur Kreisstraße, wo wir links und nach 500 m noch einmal links abbiegen Richtung Dietenhausen; das letzte Stück führt nun über

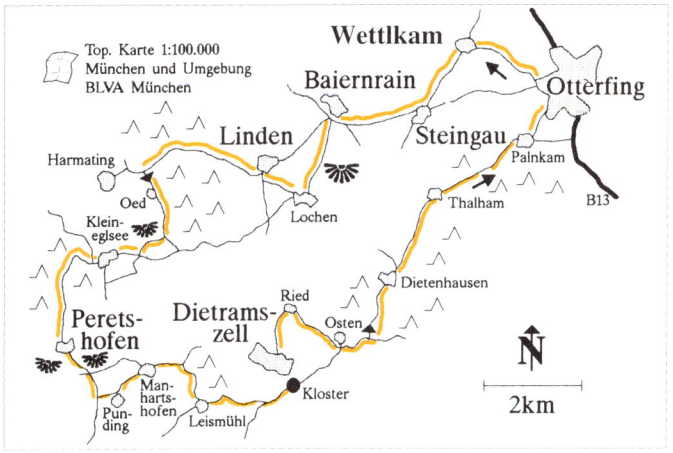

Dietenhausen und Thalham nach Palnkam und da auf der Palnkamer
Straße zurück nach Otterfing.

Steigungen	Ca. 2,5 km leichte und knapp 2 km stärkere Anstiege
Wege	Bis auf 500 m Waldweg alles Teerstraßen
Verkehr	Durchwegs gering bis verkehrsfrei
Sonne	Sonneneinstrahlung auf 90 % der Strecke
Einkehr	Gasthaus Baiernrain (Mo, Di, Mi), Garten
	Linden: Gasthof Baur (ohne Ruhetag), Garten
	Humbach: Gasthaus Geiger (Mo, Di), Garten
	Peretshofen: Gasthaus Huber (Di, Fr)
	Dietramszell: Schloßschenke (Di)

Besondere Anziehungspunkte

Otterfing: Pfarrkirche St. Georg um 1500; Mitte 17. Jh. barockisiert; u.
a. Sterngewölbe, schöne Altaranlage und gute Figuren.
Linden: Filialkirche St. Maria und Maternus, 1630 erneuert; Wandfres-
ken um 1400 in beachtlicher Vollständigkeit; Ausstattung um 1630.
Dietramszell: Klosterkirche des ehem. Augustiner-Chorherrenstifts, eine der glanzvollsten Kirchen Südbayerns, 1741 erneuert; J. B. Zimmermann zeichnet für die prächtige Stuckierung und die Deckenfresken sowie für einige Gemälde der Altaranlage verantwortlich; F. X. Schmädl
schuf den mächtigen Hochaltar, den Rosenkranzaltar, die elegante Kanzel und einen Teil der Figuren; auch die übrige Ausstattung des festli-
chen Innenraums ist sehenswert.
Peretshofer Höhe: Siehe Tour 62.

Fahrt zum Deininger Weiher

Der Deininger Weiher ist ein gern besuchter kleiner Badeweiher in reizvoller Lage; gleich daneben die Ludwigshöhe mit ihrer Prachtaussicht; Grund genug, um dorthin einen Ausflug zu machen. Er verläuft durch den Grünwalder Forst und zeigt das von Ludwig Thoma geschilderte Bauernland.

▶ Strecke ca. 29 km ▶ Fahrzeit ca. 2½ St.
▶ Anforderung gering

Ausgangspunkt: S-Bahnhof Furth (S 2)

Die Strecke in Stichworten

Abschnitt Furth – Deininger Weiher (ca. 16 km)
Fahrt auf der Further Bahnhofsstraße nach Westen, unter der Bahn hindurch und rechts an der Kugleralm vorbei; 800 m danach links ab zum Forsthaus Wörnbrunn; kurz davor am Querweg links vor, unter der Hauptstraße hindurch und oben halbrechts in das Ludwig-Geräumt; auf diesem Sträßchen knapp 3 km in Südwest-Richtung bleiben, dann links ab in das Budik-Geräumt bis zur Teerstraße und jetzt rechts hinunter nach Straßlach; vor dem Gasthof Wildpark rechts abbiegen, dann links in die Dorfstraße und Ausfahrt auf der Mühlstraße; am Ortsende links ab in den Oberholzweg und hinüber nach Hailafing; wir fahren links in den Ort und geradewegs nach Großdingharting; jetzt weiter nach Kleindingharting (Schild) und dort hoch zur Ludwigshöhe mit herrlichem Bergpanorama; zurück in den Ort und nun rechts Richtung Holzhausen hinaus; nach 700 m rechts hinunter zum Deininger Weiher.

Abschnitt Deininger Weiher – Furth (ca. 13 km)
Auf der am Deininger Weiher vorbeiführenden Straße links hoch und zurück nach Großdingharting; im Ort rechts weiter auf der Deisenhofener Straße nach Nordosten bis Ödenpullach, dort geradeaus weiter und nach 2,5 km links in die Römerstraße; 900 m danach rechts bis Laufzorn und dort wieder rechts zum Ortsrand Deisenhofen; jetzt links in die Alte Oberbiberger Straße (erste Straße links) einfahren, geradewegs über die Wörnbrunner Straße hinweg und nach 800 m rechts in den Grünwalder Weg abschwenken; er bringt uns unter der Bahn hindurch zur links abgehenden Raiffeisenallee und zurück zur S-Bahn.

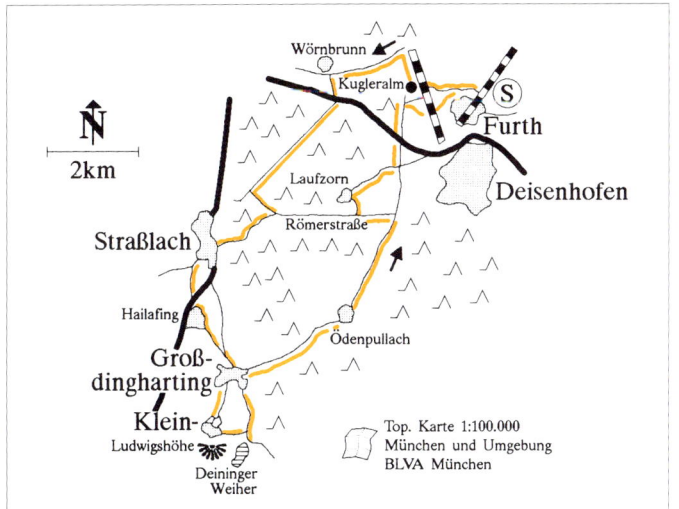

Steigungen	600 m leichte und 700 m stärkere Steigungen
Wege	Ca. 90 % Teerstraßen, sonst Wald- und Feldwege
Verkehr	Durchwegs nur gering bzw. verkehrsfrei
Sonne	Sonneneinstrahlung auf ca. 85 % der Strecke
Einkehr	Deisenhofen: Kugleralm (ohne Ruhetag), Garten
	Forsthaus Wörnbrunn (ohne Ruhetag), Garten
	Straßlach: Gasthof Wildpark (Mo), Garten
	Großdingharting: Gasthof Killer (Mi), Terrasse
	Gasthaus am Deininger Weiher (Do), Terrasse

Besondere Anziehungspunkte

Großdingharting: Pfarrkirche St. Laurentius, Turm und Langhaus aus dem 15. Jh; stattlicher Hochaltar im Rokokostil, zahlreiche schöne Figuren, u.a. Hl. Sylvester und Laurentius um 1510; von Ödenpullach empfiehlt sich ein Abstecher nach Kreuzpullach (Ostseite des Gleißentals, ca. 1 km) zur Kirche Hl. Kreuz, eine der schmuckvollsten kleinen Barockkirchen der Gegend mit schönen Fresken und Skulpturen (Schlüssel beim Mesner, Haus-Nr. 4).
Deininger Weiher und **Ludwigshöhe**: Siehe Tour 65.
Holzhausen: Im nahegelegenen Holzhausen gibt es eine Keltische Viereckschanze mit Resten eines religiösen Kultbezirks. Gebaut für keltische Gottheiten in den letzten beiden Jahrhunderten vor Christi Geburt.

R 22 An der Isar im Süden Münchens

Wir fahren erst ein Stück stadteinwärts, wenden an der Marien-klause und radeln dann auf dem östlichen Hochufer über Grünwald zum berühmten Kloster Schäftlarn. Die Rückfahrt verläuft im Zuge des Westufers über Pullach nach Großhesselohe.

▶ Strecke ca. 37 km ▶ Fahrzeit ca. 3½ St. ▶ Anforderung hoch

Ausgangspunkt: S-Bahnhof Großhesselohe Isartalbahnhof (S 7)

Die Strecke in Stichworten

Abschnitt Großhesselohe – Kloster Schäftlarn (ca. 22 km)

Fahrt zur Eisenbahnbrücke, auf der Westseite hinunter ins Tal zum Werkkanal und an dessen Westufer nach Norden in anmutiger Gegend zur Conwentzstraße und nach Hinterbrühl; am gleichnamigen Gasthof über die Floßlände, nach 600 m am Wegekreuz Richtung Flaucher und 300 m danach rechts über die Isar zur Marienklause; dort kurzer Anstieg zur Hochleite und rechts ab; dieser schöne Weg führt durch ein Villen-viertel zur Eisenbahnbrücke und weiter nach Süden zur Nördlichen Münchner Straße; dort nutzen wir den Radweg für 150 m, dann geht es – direkt vor dem Hinweisschild vom Gasthaus zur Einkehr – steil hin-unter (absteigen!) zur Isar und links ab; nach 3,5 km schieben wir in Grünwald links hoch zur Burg und radeln weiter zur großen Ampel-kreuzung am Marktplatz; nun fährt man Auf der Eierwiese und Am Mauerberg aus zur Tölzer Straße, dann rechts ab bis zum Parkplatz Waldfriedhof und dort halbrechts in den Mühlweg Richtung Mühltal; nach 3,5 km bei Waldeintritt an der Gabelung links (!) und vor zur Mühl-straße, wo man am Isarwerkkanal entlang zur Brücke und zum Kloster kommt.

Abschnitt Kloster Schäftlarn – Großhesselohe (ca. 15 km)

Weiterfahrt Richtung Hohenschäftlarn, nach 800 m in der Linkskurve ganz rechts ab; der bucklige Waldweg trifft nach ca. 3 km auf einen Querweg; dort rechts und gut 6,5 km weiter, am Georgenstein vorbei, zur Straße oberhalb der Grünwalder Brücke; nun 300 m hochschieben, dann rechts in den Josef-Breher-Weg und geradewegs zum Kirchplatz in Pullach; dort rechts in die Heilmannstraße und gleich wieder rechts auf den Burgweg; er führt an Burg Schwaneck vorbei zur Großhesse-

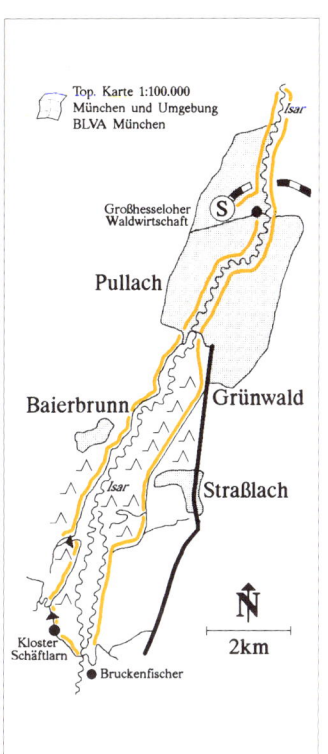

Top. Karte 1:100.000
München und Umgebung
BLVA München

Großhesseloher
Waldwirtschaft

Pullach

Baierbrunn

Grünwald

Straßlach

Isar

Isar

N

2km

Kloster
Schäftlarn

Bruckenfischer

loher Waldwirtschaft; von dort ist
man gleich beim S-Bahnhof.

Steigungen	Ca. 1,5 km leichte und knapp 3 km stärkere Steigungen
Wege	Gut die Hälfte Schotter, der Rest ist geteert
Verkehr	In Grünwald, Pullach und am Kloster Schäftlarn verstärkt, sonst praktisch verkehrsfrei
Sonne	Ungefähr 50 %
Einkehr	Gasthof Hinterbrühl (ohne Ruhetag), Garten Gasthof Menterschwaige (ohne Ruhetag), Garten Grünwald: Zur Einkehr (Fei), Garten; Zur Eierwiese (ohne Ruhetag), Garten; Brückenwirt (Di), Garten Mühlthal: Zur Mühle (Mo), Garten Schäftlarn: Brucken-

fischer (Di), Garten; Klosterbräustüberl (ohne Ruhetag), Garten
Pullach: Rabenwirt (ohne Ruhetag), Terrasse
Großhesseloher Waldwirtschaft (ohne Ruhetag), Garten

Besondere Anziehungspunkte

Grünwalder Schloß: Siehe Tour 66.
Kloster Schäftlarn: 760 gegründete Benediktinerabtei; Neubau unter F. Cuvilliés d. Ä. und J. M. Fischer zwischen 1710 und 1754; schöne Stukkaturen und Deckengemälde (J. B. Zimmermann), prächtiger Hochaltar und vornehme Kanzel (J. B. Straub).
Pullach: Nebenkirche Hl. Geist, Neubau Ende 15. Jh., u. a. hervorragende Holzfiguren und Gemälde aus dem 15. und 16. Jh.
Georgenstein: Tonnenschwerer Felsblock in der Isar.

Durch die Pupplinger Au

Dieser erlebnisreiche Rundkurs besteht aus der Wanderung durch ein interessantes Naturschutzgebiet, dem anschließenden Besuch der Klosterkirche Schäftlarn und der Rückfahrt auf dem Höhenzug westlich des Isartals mit schönen Landschaften und Ausblicken.

▶ Strecke ca. 36 km ▶ Fahrzeit ca. 3¼ St.
▶ Anforderung hoch

Ausgangspunkt: S-Bahnhof Wolfratshausen (S 7)

Die Strecke in Stichworten

Abschnitt Wolfratshausen – Kloster Schäftlarn (ca. 11 km)
Ausfahrt auf der Sauerlacher Straße; 300 m nach der Isar links Richtung Pupplinger Au, an der Gabelung nach 400 m nochmals links; nun reizvolle Fahrt auf ca. 7 km in den Isarauen über Aumühle bis Dürnstein, dort links über die Isar zum Kloster Schäftlarn.

Abschnitt Kloster Schäftlarn – Münsing (ca. 17 km)
Wir fahren wieder 300 m zurück und nach der Linkskurve auf Höhe der Transformatorstation rechts hinaus ins Tal; nach gut 1 km an der Verzweigung auf dem rechten Waldweg hoch (1,5 km) und oben nach links zur B 11; schräg rechts gegenüber weiter mit Bergblick bis Irschenhausen, gerade durch den Ort und am Seerosenteich links in die Ulrichstraße bis zu einem Kreisverkehr; auf der Gegenseite in die Dürrstraße und am Ende rechts nach Walchstadt; am Ortsende rechts in den Kapellenweg und steil hinunter zur nächsten Querstraße, dort erneut rechts; 1 km danach links in die Bachhauser Straße; nun in reizvoller Gegend 600 m nach Süden, dann rechts (Georgiweg) nach Biberkor und dort links ab; man kommt zur Kreisstraße nach Höhenrain, fährt schräg gegenüber (Obere Lüßbach) ca. 1 km weiter nach Süden bis zu einem Querweg im Wald; dort rechts und nach 80 m links; dieser Waldweg führt jetzt nach Süden über Schwabbruck bis Münsing.

Abschnitt Münsing – Wolfratshausen (ca. 8 km)
Auf der Hauptstraße nach Osten ausfahren, gut 1 km nach der Ortsmitte links in das Teersträßchen (großartiger Alpenblick!); dieser Weg unterquert die Autobahn und führt in ansprechender Landschaft über

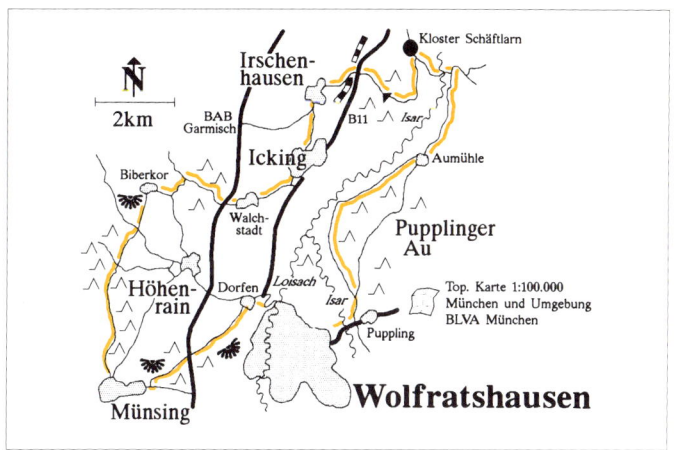

Meilerberg (Ausblicke!) nach Dorfen und rechts zur B 11. Von dort geht es hinunter nach Wolfratshausen.

Steigungen	Jeweils ca. 2 km leichte und stärkere Steigungen
Wege	Ca. 20 % Schotterwege, sonst Teerstraßen
Verkehr	In Wolfratshausen und Münsing lebhaft, sonst gering
Sonne	Ca. 85 % der Strecke liegen in der Sonne
Einkehr	Diverse Möglichkeiten an der Strecke wie Aujäger (Mo, Di), Aumühle (Mo, Di), Bruckfischer (Di), Klosterbräustüberl (ohne Ruhetag) entlang der Isar sowie Rittergütl in Irschenhausen (Mo, Di) und Gasthaus Limm in Münsing (Mi, So abends), alle mit Garten

Besondere Anziehungspunkte

Wolfratshausen: Reizvolles Ortsbild mit alten Bürgerhäusern; Pfarrkirche St. Andreas, Neubau 1626; sehenswert u.a. der mächtige frühbarocke Hochaltar und die Kanzel; an den Wänden 12 lebensgroße Apostelfiguren um 1680; an der Westempore acht Leinwandgemälde mit Stuckrahmen aus dem Marienleben (1686); schöne Prozessionsstangen mit Heiligenfigürchen; Heimatmuseum (Mi 13-17, So 13-16).

Nantwein: Filialkirche St. Laurentius, 1610 geweiht; weißer Innenraum und drei goldverzierte Altäre mit guten Skulpturen.

Pupplinger Au: Naturschutzgebiet, in dem Isar und Loisach zusammenfließen; man findet dort noch seltene Pflanzen und Blumen; anzutreffen sind auch Schlangen und Vögel (Vogelschutzgebiet).

Kloster Schäftlarn: Klosterkirche (siehe Tour 22).

Im Hügelland um Egling

Die Gegend östlich von Wolfratshausen ist ein Geheimtip: landschaftlich von vielfältigem Reiz, zahlreiche schöne Aussichtspunkte und – noch nicht überlaufen! Diese Tour liefert eine Kostprobe. Und Wolfratshausen selbst ist auch einen Ausflug wert.

▶ Strecke ca. 39 km ▶ Fahrzeit ca. 3¼ St. ▶ Anforderung hoch

Ausgangspunkt: S-Bahnhof Wolfratshausen (S 7)

Die Strecke in Stichworten

Abschnitt Wolfratshausen – Aufhofen (ca. 14 km)
Ausfahrt auf der Sauerlacher Straße nach Osten über die Isar und 300 m danach links ab in die Pupplinger Au; an der Weggabelung nach 500 m rechts und im Auenwald 4 km weiter bis Aumühle; dort rechts hinauf bis Hornstein und nach Süden bis Ergertshausen; vor der Kirche links halten und am nächsten Wegekreuz wieder links; diese Strecke führt nach einem Rechtsknick über Dettenhausen nach Aufhofen.

Abschnitt Aufhofen – Ascholding (ca. 15 km)
In Aufhofen am Maibaum geradeaus in die Eulenschwanger Straße und Weiterfahrt hinauf (Anstieg ca. 500 m) nach Eulenschwang; dort an der Querstraße rechts und weiter in attraktiver Landschaft mit Alpensicht über Sonnenham bis Attenham; nun an der Hauptstraße rechts und nach 200 m wieder links bis Wörschhausen; hier rechts ab und 1 km weiter links nach Thanning einfahren; an der Kirche erneut links und jetzt nach Süden bis Feldkirchen, wo man rechts nach Moosham und von dort nach Schalkofen kommt; wir biegen an der Querstraße rechts und nach 200 m wieder links ab und radeln nach Weihermühle und weiter in West-Richtung nach Ascholding.

Abschnitt Ascholding – Wolfratshausen (ca. 10 km)
In Ascholding biegen wir Am Holz rechts ab, passieren den Holzwirt und halten uns nach 600 m an der Gabelung links; wir erreichen bei ca. 1 km Steigungen bald darauf Neufahrn; jetzt auf dem Pupplinger Weg nach Westen hinausradeln, dann durch einen Wald hinunter an einen Querweg und dort in einer Links-Rechts-Bewegung zur Verkehrsstraße; rechter Hand stoßen wir auf die große Kreuzung in Pup-

pling; hier biegen wir links ab und kommen auf bekannter Strecke nach Wolfratshausen zum S-Bahnhof zurück.

Steigungen	Je ca. 2 km leichte und stärkere Steigungen
Wege	Gut 5 km Schotterwege, sonst Teerstraßen
Verkehr	Zum größten Teil verkehrsarm bzw. verkehrsfrei
Sonne	Ca. 90 % der Strecke liegen in der Sonne
Einkehr	Wolfratshausen: Humpelbräu (So abends)
	Pupplinger Au: Aujäger (Mo, Di), Garten; Aumühle (Mo, Di), Garten
	Aufhofen: Jägerwirt (offen nur Sa, So, Fei)
	Thanning: Neuhauser (Di, Mi), Garten
	Ascholding: Neuwirt (Di, Mi), Terrasse; Holzwirt (Mo), Garten
	Harmating: Holzheu (Di, Mi), Garten
	Endlhausen: Gasthaus Doll (Do), Terrasse

Besondere Anziehungspunkte

Wolfratshausen, **Nantwein** und **Pupplinger Au**: Siehe Tour 23.
Neufahrn: Siehe Tour 64.

R 25

Über Geretsried nach Königsdorf

Wieder einmal beeinflußt die Isar den Lauf einer Tour. Diesmal radeln wir über Gelting und Geretsried in das stattliche Königsdorf und fahren dann auf dem westlichen Isarhochufer in schöner Flußlandschaft nach Norden zurück.

▶ Strecke ca. 32 km ▶ Fahrzeit ca. 2¾ St.
▶ Anforderung gering

Ausgangspunkt: S-Bahnhof Wolfratshausen (S 7)

Die Strecke in Stichworten

Abschnitt Wolfratshausen – Königsdorf (ca. 16 km)

Schienen stadtauswärts überqueren und gleich rechts auf Moosbauerweg und Margeritenstraße zum Loisach-Isar-Kanal; rechts unter der B 11 hindurch und auf diesem Feldweg nach Gelting; auf Wolfratshauser und Buchbergerstraße durch den Ort Richtung B 11; 300 m davor rechts ab, über die nächste Kreuzung und 150 m danach links in den Schotterweg, der nach knapp 1,5 km zur B 11 und zum Nordrand Geretsried führt; nun gegenüber in die Blumen- und gleich rechts in die Elbestraße; ab hier Nutzung des Radwegs (später R1) im Zuge der B 11 bis zu einer Unterführung, danach rechts auf hübschem Waldweg (an den folgenden zwei Gabelungen jeweils rechts) zur Tattenkofener Straße; drüben in die J.-S.-Bach-Straße und nach 250 m rechts ans Ende des R.-Schumann-Wegs, hier erneut auf den Radweg, der in Süd-Richtung über die R.-Wagner-Straße hinweg zur B 11 führt; dort rechts ab, nach 150 m wieder links und auf diesem Sträßchen in schöner Landschaft mit herrlichem Bergblick nach Königsdorf.

Abschnitt Königsdorf – Wolfratshausen (ca. 16 km)

Ausfahrt auf der B 11 gut 1 km nach Norden bis zum Linksknick, dort rechts ab nach Geretsried; an der Jeschkenstraße rechts und gleich wieder links in die Sudetenstraße; nach 1 km rechts in den Breslauer Weg bis zur Linkskurve, dann halbrechts zur Tattenkofener Straße und gegenüber Einfahrt in den Waldweg; er bringt uns, am Forsthaus vorbei, zum Fuchsgraben; weiter geht es auf dem Isardamm nach Norden, an der links abgehenden Lilienstraße rechts in den Uferweg (»Blumenstraße 41«) und für ca. 3 km auf dem Hochufer der Isar bis zum Loisach-

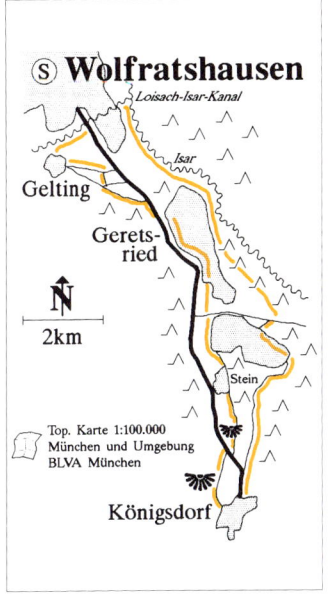

Isar-Kanal; jenseits des Kanals links zur Grubigsteinstraße, dann rechts bis zur Kräuterstraße und nochmals links zur Margeritenstraße; die Reststrecke zum S-Bahnhof Wolfratshausen ist bekannt.

Steigungen	Kaum nennenswerte Steigungen
Wege	Ca. 20 % Schotterwege, sonst nur Teerstraßen
Verkehr	Auf der B 11 sehr stark, sonst weitgehend verkehrsarm
Sonne	Ca. 80 %
Einkehr	Wolfratshausen: Humpelbräu (So abends) Gelting: Zum alten Wirt (Di), Garten Königsdorf: Gasthof zur Post (Mo), Garten

Besondere Anziehungspunkte

Königsdorf: Erstmals 778 genannt, im 14. Jh. Schloß und Hofmark der Höhenkircher; Schloß Anfang 18. Jh. abgebrochen; stattlicher Ort in reizvoller Lage zwischen dem Isar- und Loisachtal mit herrlicher Aussicht auf das Gebirge; in der angrenzenden Filzlandschaft sehr gute Wandermöglichkeiten; sehenswert ist vor allem die Pfarrkirche St. Laurentius, Mutterkirche des Isarwinkels; spätgotischer Tuffsteinbau, der 1785 umgebaut wurde; leicht getönter Rokokostuck, Fresken von Chr. Wink; Altäre um 1787, die Kanzel ist frühklassizistisch; erwähnenswert sind u. a. auch eine sitzende Muttergottes (Anfang 15. Jh.) sowie zwei Rotmarmorgrabsteine aus der Zeit um 1600; Heimatmuseum (September-April So 13-15) mit Ausstellungsstücken aus der Ortsgeschichte.

Ascholdinger Isarauen: Naturschutzgebiet im Isartal mit reizvollen Landschaftsbildern sowie Bade- und Wandermöglichkeiten an der Isar; besonders empfehlenswert ist der Hochuferwanderweg am Ostrand von Geretsried bis nach Wolfratshausen.

R 26

Radlvergnügen an der Loisach

Schauplatz dieser Tour ist das anmutige Loisachtal südlich von Wolfratshausen mit seinen reizvollen Fluß- und Filzlandschaften und den weiten Ausblicken. Aufmerksamkeit verdienen unterwegs die Klosterkirche Beuerberg und der schön gelegene Golfplatz Sterz.

▶ Strecke ca. 37 km ▶ Fahrzeit ca. 3¼ St.
▶ Anforderung mittel

Ausgangspunkt: S-Bahnhof Wolfratshausen (S 7)

Die Strecke in Stichworten

Abschnitt Wolfratshausen – Beuerberg (ca. 11 km)
Fahrt auf der Sauerlacher Straße zur Loisachbrücke, an deren Westseite auf den Uferweg und in Süd-Richtung ausfahren; nach 2 km Uferfahrt links über die Loisach Richtung Gelting; direkt vor dem Loisach-Isar-Kanal rechts auf den Dammweg, der am Kanal entlang nach 5 km über eine Straße und nach weiteren 2 km in schöner Landschaft zu einer zweiten Querstraße führt; dort rechts und nach 100 m wieder links nach Beuerberg.

Abschnitt Beuerberg – Sterz (ca. 14 km)
Nach Ortsdurchfahrt weiter auf der Alpenblickstraße mit Bergsicht nach Süden über Quarzbichl bis zur Abzweigung Hohenbirken, dann links mit schöner Aussicht hinauf nach Nantesbuch; nun an der Kapelle links hinaus und für 2,5 km durch Moosgegend bis zu einem Querweg; dort links und nach 1,3 km in der Linkskurve rechts auf den Feldweg nach Norden; man passiert den Golfplatz in Sterz und kommt zur Straße Königsdorf-Beuerberg.

Abschnitt Sterz – Wolfratshausen (ca. 12 km)
Hier rechts abbiegen, nach 300 m in Hofstätt links Richtung Herrnhausen und Weiterfahrt über Blöcken nach Oberherrnhausen (davor Bergblick!); dort wieder nach Norden abdrehen; die letzte Teilstrecke verläuft nun über Unterherrnhausen und Olschlag in stellenweise schöner Radlgegend nach Gelting und auf der Wolfratshausener Straße zurück nach Wolfratshausen.

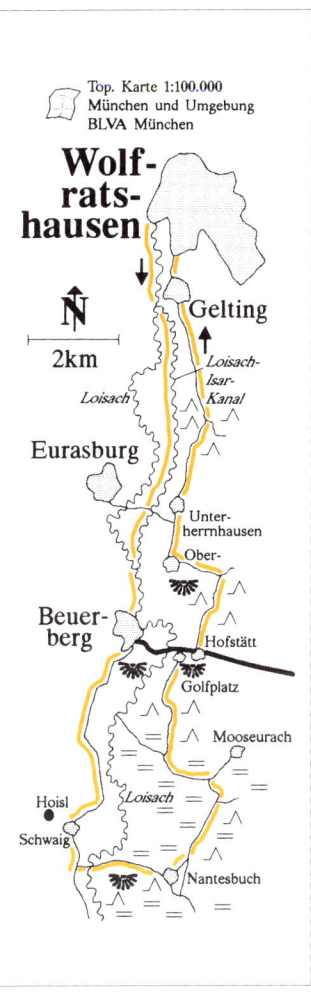

Steigungen Gut 1,5 km leichte und gut 1 km stärkere Steigungen

Wege Ca. 40 % Schotterwege, sonst Teerstraßen

Verkehr Gering bis verkehrsfrei, nur in Wolfratshausen verstärkt und südlich von Beuerberg etwas lebhafter

Sonne 90 % der Strecke sind sonnig

Einkehr Gelting: Landgasthof Zum alten Wirt (Di), Garten
Beuerberg: Gasthaus zum alten Bahnhof (Mo), Garten
Schwaig: Gasthaus/Café Hoisl (Mo, Di), Garten

Besondere Anziehungspunkte

Eurasburg: Schloß, 1121 erstmals urkundlich erwähnt; Spätrenaissancebau, hoch über dem Westufer der Loisach gelegen.

Beuerberg: Pfarrkirche St. Peter und Paul, ehemals Klosterkirche des Augustiner-Chorherrenstifts, 1629 neu errichtet; nachhaltiger Eindruck im Innenraum durch den Gegensatz zwischen weißer Stukkierung und farbigen Altären; reiche frühbarocke Ausstattung, wie der Hochaltar (nach 1620), eine elegante Rokokokanzel von 1782 und beachtliche Schnitzwerke.

Königsdorfer Filz: Gilt als das größte Hochmoor Oberbayerns und erstreckt sich westlich und südwestlich von Königsdorf bis zur Loisach. Es wird von vielen Wanderwegen durchzogen, auf denen man charakteristischer Pflanzenwelt begegnet und herrliche Ausblicke auf das Gebirge hat.

Zur Erdfunkstelle in Raisting

Die imposante Aussicht von der Ilkahöhe und die moderne Satelliten-Empfangsanlage in Raisting bilden sozusagen die Eckpunkte dieser Tour. Es versteht sich von selbst, daß das Ganze von schmucker Voralpenlandschaft umrahmt ist, die unterwegs noch manchen Blick auf die Berge freigibt.

▶ Strecke ca. 38 km ▶ Fahrzeit ca. 3½ St. ▶ Anforderung hoch

Ausgangspunkt: S-Bahnhof Tutzing (S 6)

Die Strecke in Stichworten

Abschnitt Tutzing – Pähl (ca. 12 km)
Fahrt nach Süden an der Bahn entlang (z. T. Fußweg, Vorsicht!) zur Weilheimer Straße, hier rechts durch die Unterführung und nach 300 m wieder rechts abbiegen in die Monatshauser Straße; nun schattiger Anstieg von ca. 1,3 km, dann links auf dem Pfad hoch (700 m) zur Ilkahöhe (herrliche Aussicht!); zur Straße zurück und 2 km weiter zur nächsten Einmündung; dort rechts und nach 200 m links (Feldweg) abbiegen und über die B 2 bis Kerschlach; das Gut durchfahren und 300 m danach an der Gabelung halbrechts; dieser Weg führt zu einem Golfplatz; wir fahren dort am querverlaufenden Teerweg nach rechts zum Clubhaus, halten uns dann erneut rechts und radeln hinunter nach Pähl.

Abschnitt Pähl – Wielenbach (ca. 13 km)
Am Westrand des Ortes links ab Richtung Wielenbach, nach 150 m rechts schwenken und auf schöner Strecke bis zum Ammerdamm; dort wieder rechts, an der Straße über die Ammer und nach 100 m links ab; nun 500 m nach Süden radeln, dann rechts ab und in reizvoller Gegend mit Gebirgsblick nach Raisting in die Ortsmitte; Ausfahrt direkt an der Westseite der Bahnlinie zur Erdfunkstelle und weiter an der Bahn entlang mit Alpensicht für 4 km nach Südosten, dann über die Ammer und links bis Wielenbach.

Abschnitt Wielenbach – Tutzing (ca. 13 km)
Im Ort links ab und nach 300 m rechts in die Hirschbergstraße (Ausblicke!); sie führt über die B2 nach Wilzhofen; dort an der Kirche links und 500 m danach rechts ab; kurz darauf unter der Bahnlinie hindurch,

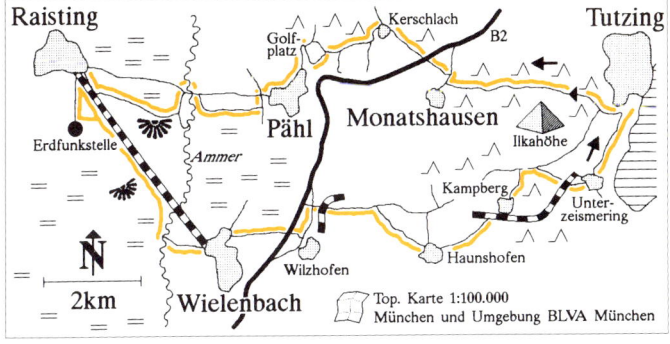

nach weiteren 1,2 km wieder rechts abbiegen (Schranke) und auf diesem Feldweg hinauf nach Haunshofen. Weiterfahrt auf der Bahnhofstraße bis Kampberg; dort nach Norden bis zur Kreisstraße, dann rechts, nach 300 m wieder rechts und hinunter nach Unterzeismering; von dort Rückfahrt nach Tutzing zwischen Hauptstraße und Seeufer.

Steigungen	Ca. 2 km leichte und knapp 2,5 km stärkere Anstiege
Wege	Gut 80 % Teerstraßen, sonst Feld- und Waldwege
Verkehr	Sehr gering, nur vereinzelt etwas auflebend
Sonne	Sonneneinstrahlung auf ca. 85 % der Strecke
Einkehr	Ilkahöhe: Forsthaus Ilkahöhe (Mo), Garten
	Pähl: Zur alten Post (Mo), Garten
	Raisting: Gasthof Drexl (Do), Garten
	Unterzeismering: Zum Bauerngirgl (Di), Garten
	Tutzing: Andechser Hof (Fr), Garten

Besondere Anziehungspunkte

Tutzing: Siehe Tour 77.
Ilkahöhe: 728 m hohe Erhebung ca. 2,5 km südwestlich Tutzing; benannt nach der Fürstin Ilka von Wrede; der Hügel ist der höchste natürliche Aussichtspunkt im Umkreis von München mit herrlicher Weitsicht auf den Starnberger See, auf das Vorland und auf die Gebirgskette.
Raisting: Erdfunkstelle; weithin sichtbare Anlage, ca. 1,5 km südlich Raisting, eine der größten der Welt; ihr Zweck ist es, Nachrichtensignale (z. B. Ferngespräche oder Fernsehsendungen) auf dem Funkweg über Satellit zu übertragen; ein Besucherschauraum ist zugänglich Mo-Fr 8-12 und 13-17 sowie Sa, So, Fei 12-16. Pfarrkirche St. Remigius von 1696; festlicher Innenraum mit qualitätvoller Spätrokoko-Ausstattung, u. a. Fresken von Ch. Winck, formschöner Hochaltar (Th. Zöpf) und eine Kanzel in Stuckmarmor.

Um den Starnberger See

R 28

Die Umrundung des großen bayerischen Sees gehört zum Muß für jeden Radler. Wenn man gutes Wetter hat, erlebt man ein faszinierendes Zusammenspiel von Wasser, Licht und Farben unter einem blauen Himmel. Eine sehr schöne Tour, die auch beachtliche kulturelle Angebote enthält.

▶ Strecke ca. 50 km ▶ Fahrzeit ca. 4½ St. ▶ Anforderung hoch

Ausgangspunkt: S-Bahnhof Starnberg (S 6)

Die Strecke in Stichworten

Abschnitt Starnberg – Seeshaupt (ca. 25 km)

Das erste Teilstück führt an der Bahn entlang über Seepromenade, Perchastraße und im Zuge der Münchner Straße (Radweg) über die Würm und gleich rechts (Schild Ostufer!) auf den Schiffbauerweg; nach 700 m rechts ab über Uferweg und Seestraße zur Wittelsbacher Straße; dort rechts abbiegen Am Hofgarten zur Votivkapelle; weiter geht es nach Süden, kurz nach dem Seehotel in Leoni Einmündung in die Assenbucher Straße; es folgt nun ein reizvoller Abschnitt von ca. 13 km direkt am Ufer über Ammerland und Ambach zum Erholungsgelände; ab dort müssen wir ein Stück auf verkehrsreicher Straße über St. Heinrich nach Seeshaupt radeln.

Abschnitt Seeshaupt – Starnberg (ca. 25 km)

Ausfahrt auf Weilheimer und (nach 400 m) Tutzinger Straße; 300 m nach dem Café Seeseiten rechts ab auf den Schotterweg; 1,5 km weiter an den zwei Gabelungen jeweils rechts halten und durch den schönen Bernrieder Park nach Bernried; nächstes Ziel ist Unterzeismering, das man über die Tutzinger Straße erreicht; am Ortsrand rechts in den Höhenrieder Weg, an der Erlenstraße links und nach gut 100 m wieder rechts in die Lindenallee; von dort direkt nach Tutzing und auf der Schloßstraße zum See; man hält sich nun stets in Ufernähe, erreicht über Garatshausen und den Feldafinger Uferweg nach ca. 7 km Possenhofen und fährt nach Passieren des Strandgeländes auf verkehrsreicher Straße nach Starnberg zurück.

Hinweis: Auf dem Kurs um den See gibt es einige Passagen nur für Fußgänger. Dort bitte absteigen, schieben oder umgehen. Nicht emp-

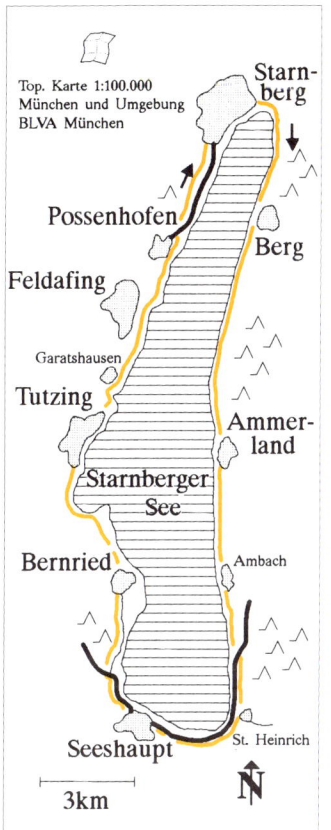

Top. Karte 1:100.000
München und Umgebung
BLVA München

Starn-
berg

Possenhofen

Berg

Feldafing

Garatshausen

Tutzing

Ammer-
land

Starnberger
See

Bernried

Ambach

Seeshaupt

St. Heinrich

3km

N

fehlenswert ist die Tour bei Bade-
wetter an Wochenenden.

Steigungen	Je ca. 1,5 km leich-te und stärkere Steigungen
Wege	Ein Drittel Schotter-wege, sonst Teer-straßen
Verkehr	Um Seeshaupt mäßig, 3 km bis Starnberg stark, sonst überwiegend verkehrsfrei
Sonne	Sonneneinstrah-lung auf ca. 70 % der Strecke
Einkehr	Diverse Möglichkei-ten, wie Seewirt Buchscharner (oh-ne Ruhetag) in Am-bach, Garten; Ca-fé/Gasthaus See-seiten (Mo), Garten

Besondere Anziehungspunkte

Rund um den See zahlreiche landschaftliche und kulturelle Sehenswürdigkeiten.

Berg: Votivkapelle, zum Geden-
ken Ludwigs II. errichtet.
Ammerland: Pocci-Schlößchen aus dem 17. Jh.
Bernried und **Bernrieder Park**: Siehe Tour 76.
Possenhofen: Schloß, volkskundlich interessant als Jugendaufenthalts-
ort von Sissy.
Starnberg: Um 1242 erste urkundliche Nennung des Dorfes und der
Burg; 1912 zur Stadt erhoben; Kirche St. Josef von 1766 mit guter Ausstattung, wie vornehmer Rocaille-Stuck (F. X. Feichtmayr) und qualitäts-
volle Fresken (Ch. Wink), kunstvoller Hochaltar und elegante Kanzel von
Ignaz Günther; Burg, Vierflügelanlage mit Garten, jetzt Amtsgebäude;
schöne Villen; Städtisches Heimatmuseum (Possenhofener Straße 9) mit
reicher Sammlung ab Frühgeschichte dieser Gegend; geöffnet Di-So 10-
12 und 14-17.

Badeausflug nach Starnberg

R 29

Wir radeln durch den Forstenrieder Park über Wangen und Percha an den Nordrand des Starnberger Sees. Dazu braucht man gut 1½ Stunden. Nach ausgiebigem Aufenthalt im schönen Strandbad Percha geht es über Neufahrn und Buchenhain wieder zurück.

▶ Strecke ca. 38 km ▶ Fahrzeit ca. 3¼ St.
▶ Anforderung mittel

Ausgangspunkt: S-Bahnhof Höllriegelskreuth (S 7)

Die Strecke in Stichworten

Abschnitt Höllriegelskreuth – Starnberg (ca. 20 km)
Ausfahrt auf der C.-v.-Linde-Straße Richtung B 11, dann links in die Wolfratshauser Straße bis zur B 11 und drüben in den Forstenrieder Park; nun ca. 2 km auf dem Preysing-Geräumt nach Nordwesten; nächste Linksbiegung in das Carolinen-Geräumt und nach 800 m rechts in das Ludwigs-Geräumt, auf dem wir nach der S-Kurve für 2,5 km in Nordwest-Richtung bleiben; dann links ab und für ca. 5 km auf dem Max-Joseph-Geräumt nach Südwesten bis zu einer Teerstraße; dort rechts und nach 250 m links in Süd-Richtung bis Wangen; auf Anger- und Wildmoosstraße durch den Ort, 1 km danach scharf links in den Feldweg und in ansprechender Gegend über Heimathshausen nach Percha; nach der Autobahn an der Ampelkreuzung rechts auf Würmstraße und Schiffbauerweg zum Strandbad Percha.

Abschnitt Starnberg – Höllriegelskreuth (ca. 18 km)
Zurück zur großen Ampelkreuzung an der Autobahn und dort geradeaus weiter; nach 200 m rechts in die Haarkirchener Straße und nach weiteren 200 m an der Gabelung links in die Selchastraße; dieser Weg führt nach 1 km am Wegekreuz in den Wald und weiter nach Osten bis zu einer Teerstraße; dort links ab nach Neufahrn; nun Richtung Wangen ausfahren, in der Linkskurve nach dem Ort rechts den Feldweg hoch zur Autobahn und weiter nach Schorn; an der Kreuzung rechts in den ersten (!) Feldweg und strikt nach Osten radeln: nach 600 m Verzweigung, dort rechts; 400 m weiter Wegedreieck, dort geradeaus; nach weiteren 500 m Gabelung, dort rechts und an der nächsten Gabelung 200 m danach links ins Augusten-Geräumt; nun gut 3 km Fahrt nach Nordosten, am

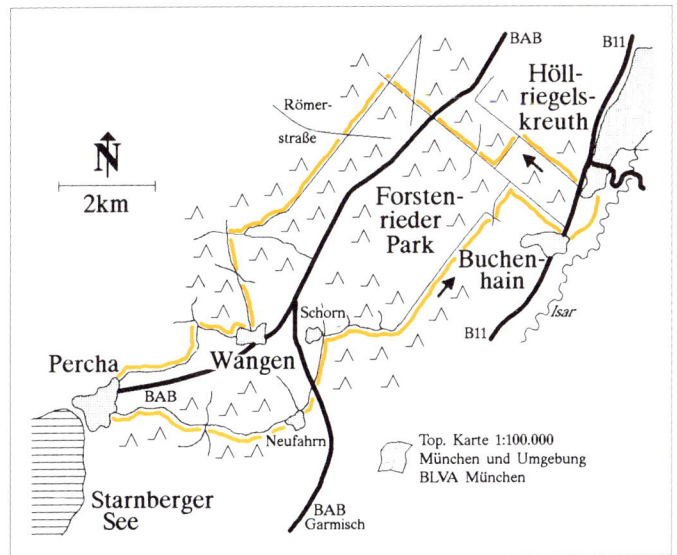

Querweg rechts hoch und auf der Teerstraße links zum Ludwig-Geräumt; dort rechts vor zur B 11; vom Hotel an der Ostseite des S-Bahnhofs Buchenhain auf der Zugspitzstraße zurück.

Steigungen	2 km leichte und 1 km stärkere Steigungen
Wege	40 % Feld- und Waldwege, sonst Teer; im Wald nach Selcha 700 m schlechte Wegstrecke
Verkehr	Der Kurs ist zum größten Teil verkehrsfrei
Sonne	Ca. 70 % der Strecke liegen in der Sonne
Einkehr	Höllriegelskreuth: Brückenwirt (ohne Ruhetag), Garten
	Wangen: Gasthaus Holzeder (Di), Garten
	Percha: Seestubn Percha (Mi), Garten
	Neufahrn: Jägerwirt (Mo), Garten

Besondere Anziehungspunkte

Starnberg: Siehe Tour 28.
Starnberger See: Zweitgrößter oberbayerischer See. Einige Brauchtumsveranstaltungen: Luitpolder Fischerstechen in Starnberg, die Tutzinger Fischerhochzeit, die Lichterprozession in Bernried und König-Ludwig-Feiern in Berg.

Im Würmtal bei Leutstetten

Man findet rund um München kaum eine attraktivere Flußlandschaft als das Würmtal. Wir durchstreifen es an einer seiner schönsten Stellen zwischen Gauting und Starnberg und können uns an einigen nicht alltäglichen Sehenswürdigkeiten am Wege erfreuen.

▶ Strecke ca. 35 km ▶ Fahrzeit ca. 3¼ St.
▶ Anforderung mittel

Ausgangspunkt: S-Bahnhof Gauting (S 6)

Die Strecke in Stichworten

Abschnitt Gauting – Starnberg (ca. 11 km)
Fahrt auf der Bahnhofstraße stadteinwärts, nach 150 m rechts auf der
Zugspitzstraße weiter zur Königswieser Straße und von dort nach Süden
zur Hauser Straße; hier rechts die Bahn unterqueren; ca. 1,3 km auf der
Hauser Straße bleiben, dann links in den Wald, nach knapp 2 km wie-
der links und vor zum Bahnhof Mühlthal; Weiterfahrt auf der Westsei-
te der Bahn über Rieden – dort schöne Aussicht – nach Starnberg zum
Seeufer Nähe Bahnhof.

Abschnitt Starnberg – Leutstetten (ca. 8 km)
Gang auf der Seepromenade bis zum Nepomukweg, dann rechts ab
und Weiterfahrt über Strandbadstraße, Radweg Münchner Straße und
Würmstraße durch die Autobahnunterführung Percha und gleich rechts
in die Heimathshausener Straße (Rechtsknick nach 200 m) – auf diesem
Weg über ein Gestüt in reizvoller Landschaft – geradewegs zu einer
Teerstraße und dort links nach Leutstetten.

Abschnitt Leutstetten – Gauting (ca. 16 km)
Ausfahrt auf der Altostraße bis auf Höhe Schwaige (ca. 1,8 km); am
Waldende links in den Feldweg, an der nächsten Verzweigung wieder
links und nach 800 m gerade hinunter zur Würm; dort rechts ab und
reizvolle Fahrt durch das romantische Würmtal bis Reismühl; 400 m danach rechts hoch in den Wald und geradewegs nach Buchendorf; im
Ort links in die Münchener Straße, am Ortsende rechts auf die Römerstraße und vorbei am Sportplatz zum Waldrand; nun rechts und nach
600 m links zum Forsthaus Kasten; weiter auf dem Gautinger Geräumt

in Westrichtung; nach 1,2 km rechts halten und zur Gautinger Straße; dort schräg gegenüber zur Würmbrücke in Grubmühl; danach links zurück nach Gauting.

Steigungen	Ca. 1 km leichte und gut 2 km stärkere Steigungen
Wege	Gut ein Drittel der Strecke ist geschottert, sonst Teer
Verkehr	Sehr gering, in Gauting und Starnberg auflebend
Sonne	Sonneneinstrahlung auf gut 70 % der Strecke
Einkehr	Mühlthal: Wirtshaus Obermühlthal (Mo), Garten; Forsthaus Mühlthal (Mo), Garten

Leutstetten: Schloßgaststätte (Di), Garten
Gauting: Forsthaus Kasten (Mo), Garten

Besondere Anziehungspunkte

Gauting: Siedlungstradition bis in die Bronzezeit zurückgehend, belegt durch Grabhügel und Funde; in der Römerzeit bedeutende Straßenstation; 934 erste sichere Ortsnennung; Frauenkirche von 1489; gemalter Marienzyklus um 1600, Hochaltar mit dem Gnadenbild einer sitzenden Muttergottes aus dem 15.Jh., Seitenaltäre aus der Werkstatt J.B.Straubs um 1743; gute Rotmarmorgrabsteine; Schloß Fußberg mit Parkanlage, Neubau 1721, ehemaliger Wohnsitz des Eremiten von Gauting.
Starnberg: Siehe Tour 28.
Leutstetten: Ehem. Sommerresidenz der Wittelsbacher, letzter Wohnsitz Kronprinz Rupprechts von Bayern; Schloß von 1565 in hübscher Lage (nicht zugänglich); das Wirtshausschild der nahegelegenen Schloßgaststätte ist auf dem Bild »Hochzeitsreise« des berühmten Malers Moritz von Schwind verewigt; Kirche St. Alto, im Kern spätgotisch; Hochaltar mit Holzfiguren um 1520; ausdrucksstarkes Holzrelief des Pfingstwunders um 1490, dem Meister der Blutenburger Apostel zugeschrieben; weitere gute Ausstattung; die Ruine Karlsburg oder das 3 km nördlich gelegene Reismühl gilt der Sage nach als Geburtsstätte Karls des Großen (geboren wohl 742, Regentschaft von 768 bis 814).

R 31

Zwischen Maisinger See und Ilkahöhe

Für Abwechslung ist auf dieser Fahrt gesorgt! Man berührt die reizvollen Seen bei Maising und Deixlfurt, besucht die aussichtsreiche Ilkahöhe und radelt dann noch ein Stück am Ufer des Starnberger Sees entlang. Der naturverbundene Radler wird diese Tour sicher zu schätzen wissen.

▶ Strecke ca. 31 km ▶ Fahrzeit ca. 3 St. ▶ Anforderung mittel

Ausgangspunkt: S-Bahnhof Possenhofen (S 6)

Die Strecke in Stichworten

Abschnitt Possenhofen – Traubing (ca. 13 km)
Fahrt vom Bahnhof hinauf zur B 2 in Pöcking, dort rechts ab und nach 200 m links in die Maisinger Straße; es geht auf reizvoller Strecke nach Maising und weiter zum Maisinger See; jetzt zurück zur Straße am Ortseingang, dort links und gleich wieder links und mit schöner Aussicht nach Jägersbrunn; hier links ab und durch das Auwinger Moos nach Aschering; an der Hauptstraße bei der Kirche erneut eine Linksschwenkung und nach 300 m rechts, an Sandgruben vorbei, bis Traubing.

Abschnitt Traubing – Tutzing (ca. 10 km)
Ausfahrt auf der Tutzinger Straße, unter der B 2 hindurch und am Golfplatz entlang bis zur Abzweigung Deixlfurter Seen (Schild!), dort rechts ab; man passiert nun den Langen- sowie den Johanna-, Rüdiger- und Clenze-Weiher (Schild »Ilka«) und trifft nach gut 1 km auf eine Teerstraße; dort rechts und nach 50 m links in die Bavariastraße bis zu einer weiteren Teerstraße; wenn man dort rechts und nach 100 m wieder links abbiegt, kommt man auf dem schmalen Höhenweg nach ca. 700 m zur Ilkahöhe; Abfahrt zum unterhalb der Höhe liegenden Parkplatz des Forsthauses Ilkahöhe und von dort hinunter zur Weilheimer und Bernrieder Straße in die Ortsmitte Tutzing und zum Seeufer.

Abschnitt Tutzing – Possenhofen (ca. 8 km)
Fahrt in Ufernähe aus Tutzing hinaus (Vorsicht: Fußgänger zum Teil mit Vorrecht, im Zweifelsfall absteigen!) und mit herrlichen Ausblicken über Garatshausen und Feldafing immer am Ufer entlang bis zum Yachthafen Possenhofen. Von dort noch 1 km hoch zum S-Bahnhof.

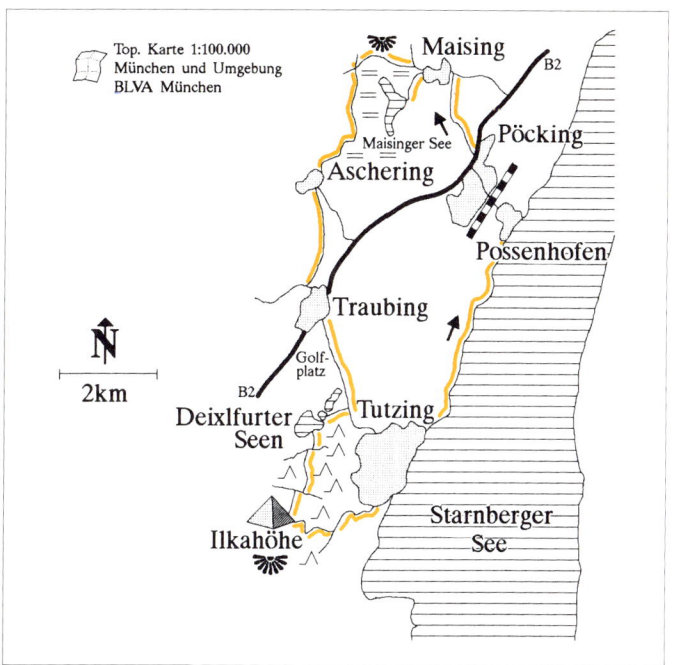

Steigungen	Gut 1,5 km leichte und ca. 2 km stärkere Steigungen
Wege	Ca. 12 km Schotterwege, sonst Teerstraßen
Verkehr	Vor und in Tutzing stärker, sonst verkehrsarm
Sonne	Sonneneinstrahlung auf ca. 85 % der Strecke
Einkehr	Maisinger See: Gaststätte (Mo), Garten
	Traubing: Alter Wirt (Di), Garten
	Ilkahöhe: Forsthaus Ilkahöhe (Mo), Garten
	Starnberger See: Diverse Einkehrmöglichkeiten

Besondere Anziehungspunkte

Maisinger See: Von Schilfzonen umsäumter Weiher in reizvoller Lage mit Badestrand und Rundweg; Naturschutz- und Vogelschutzgebiet.
Deixlfurter Seen: Acht idyllische Weiher mit stillen Wanderwegen.
Ilkahöhe und **Tutzing**: Siehe Touren 27 und 77.

Andechser Rundweg

Wir besuchen Bayerns älteste Wallfahrt. Doch bevor wir uns den geistigen und leiblichen Genüssen im Kloster zuwenden, drehen wir eine stille Runde über Frieding und Machtlfing: Man radelt in verträumter ländlicher Gegend, die ganz im Gegensatz zu dem von Besuchern überlaufenen Andechs steht.

▶ Strecke ca. 31 km ▶ Fahrzeit ca. 3 St. ▶ Anforderung mittel

Ausgangspunkt: S-Bahnhof Herrsching (S 5)

Die Strecke in Stichworten

Abschnitt Herrsching – Machtlfing (ca. 13 km)
Fahrt auf der Bahnhofsstraße 800 m geradewegs nach Osten, dann dem Schild Drößling/Frieding nach und ca. 1,5 km Anstieg; oben an der Kreuzung links abbiegen und mit Ausblick zum Ammersee nach Widdersberg, dort rechts ab und mit weiter Sicht bis Frieding; im Ort zur Durchgangsstraße und gegenüber auf der Hartstraße weiter nach Süden; über die Straße Starnberg-Andechs hinweg und an Rothenfeld vorbei bis Machtlfing (vorher Ausblick!).

Abschnitt Machtlfing – Andechs (ca. 13 km)
Am Maibaum rechts und gleich wieder rechts in die Pähler Straße; es folgt auf ca. 4 km eine reizvolle Radlstrecke bis Gut Kerschlach in friedlicher Landschaft mit schönen Ausblicken; an der Querstraße im Gut rechts, an der Gabelung nach gut 200 m halbrechts und hinüber zum schönen Golfplatz Hohenpähl; wir radeln dort am ersten Quersträßchen rechts, nach 200 m an der Gabelung wieder rechts und nach 500 m nochmals rechts Richtung Andechs; vor uns liegt ein relativ steigungsintensiver und grobgeschotterter Waldweg von ca. 5 km Länge; danach Durchfahrt bis Erling und weiter zum Parkplatz Kloster Andechs.

Abschnitt Andechs – Herrsching (ca. 5 km)
Genau 500 m in den Ort zurückfahren, dann rechter Hand dem Schild »Fußweg nach Herrsching durch das Kiental« (auch freigegeben für Radfahrer!) folgen und nach 100 m an der Gabelung wieder rechts bis zum Beginn des Schotterweges; jetzt Abfahrt durch das romantische Kiental. Vorsicht, Steilhänge zum Kienbach ungesichert. Langsam fah-

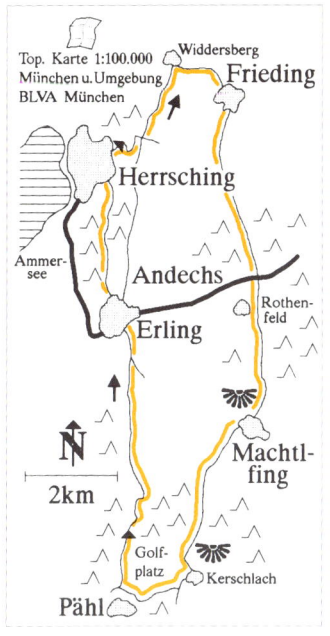

Top. Karte 1:100.000
München u. Umgebung
BLVA München

Widdersberg

Frieding

Herrsching

Ammer-
see

Andechs

Rothen-
feld

Erling

N

2km

**Machtl-
fing**

Golf-
platz

Kerschlach

Pähl

ren und auf Fußgänger achten! Nach knapp 4 km Einmündung in die Luitpoldstraße und nach links zum Bahnhof.

Steigungen	Knapp 2 km leichte und 2,5 km mittlere Steigungen
Wege	25 % Schotterwege, sonst Teerstraßen
Verkehr	In Herrsching und Andechs verstärkt, sonst gering
Sonne	Drei Viertel der Strecke sonnig
Einkehr	Frieding: Zum Stiefelwirt (Mo), Terrasse Andechs: Klostergasthof (ohne Ruhetag), Garten Herrsching: Zur Post (ohne Ruhetag), Garten

Besondere Anziehungspunkte

Herrsching: 776 erstmals urkundlich erwähnt; mehrere sehenswerte Kirchen; beachtenswert auch Gasthof zur Post (im Kern 1514) und ehemalige Villa Scheuermann von 1889, heute Gemeindezentrum.
Andechs: Erstmalige Nennung einer Burg um 1080; Zerstörung der Burg um 1250; Wiederentdeckung des Reliquienschatzes 1388, danach Entwicklung zur bedeutendsten Heiltumsschau Süddeutschlands; 1455 Stiftung eines selbständigen Benediktinerklosters; Andechs ist älteste Wallfahrt Bayerns und heute noch hoch angesehen; Klosterkirche Mariä Verkündigung, Neubau 1670; zählt zu den schönsten bayerischen Rokokokirchen; bei vergleichsweise geringen Maßen überraschend großartiger Inneneindruck mit einheitlich-geschlossener Ausstattung, u. a. glanzvolle Stuckierung, Deckengemälde und kunstreicher Hochaltar von J. B. Zimmermann; Figuren aus der Werkstatt J. B. Straubs; in der Hl. Kapelle der Reliquienschatz. Im Klosterbau schöne Hofanlage und Kreuzgang; landeskultureller Wanderpfad mit bebilderten Tafeln.
Kiental: Ein von Herrsching in Süd-Richtung nach Andechs hochführendes Tal entlang dem Kienbach mit wildromantischen Stellen und reizvollen Landschaftsbildern.

R 33

Im Fünfseenland

Unsere Route verläuft zwischen Starnberger und Ammersee und führt am Weßlinger, Pilsen- und Wörthsee vorbei. Man passiert also idyllische Uferpromenaden, aber auch Filzgebiete und bäuerliches Hügelland mit schönen Ausblicken.

▶ Strecke ca. 37 km ▶ Fahrzeit ca. 3½ St.
▶ Anforderung hoch

Ausgangspunkt: Parkplatz S-Bahnhof Weßling (S 5)

Die Strecke in Stichworten

Abschnitt Weßling – Seefeld (ca. 11 km)
Wir verlassen den Parkplatz an der Ostseite, radeln gegenüber in die Gautinger Straße, dann gleich rechts in die Untere Seefeldstraße und direkt am See entlang bis zur Ettenhofener Straße; weiter geht es auf dem Prinz-Alfons-Weg (Rad-/Fußgängerschild) nach Süden über Hochstadt bis Unering; nun rechts ab bis Drößling und dort nach der Kirche rechts in die Drozzastraße mit schöner Aussicht bis Oberalting/Seefeld.

Abschnitt Seefeld – Breitbrunn (ca. 8 km)
In Seefeld zum Schloß, dort hinunter zur großen Kreuzung und hinüber nach Güntering; Bahn unterqueren und hoch in den Ort; oben links in die Hauptstraße und nach 1 km rechts in die Breitbrunner Straße über die Querstraße auf den Schotterweg; nach knapp 1 km an der Wegegabel links bis Ellwang, dort rechts ab und mit herrlichem Seeblick hinunter nach Breitbrunn.

Abschnitt Breitbrunn – Weßling (ca. 18 km)
Ausfahrt mit Seeblick Richtung Inning, 200 m nach dem Ort halblinks in den Bucherweg und geradeaus zur Kirche in Buch; nun 300 m nach rechts zur Straße Inning-Herrsching, dort links und nach 300 m erneut rechts in den Wald; diese Strecke führt über die nächste Teerstraße hinweg geradewegs nach Bachern; wir biegen jetzt links ab und radeln weiter zum Ortsrand Walchstadt; dort rechts in die Hintere und links in die Vordere Seestraße, weiter über Seeuferweg, Seestraße und Seepromenade am See entlang zum Freibad und dann zur Hauptstraße in Steinebach; nun Richtung Seefeld ausfahren, 300 m nach der Eisenbahn-

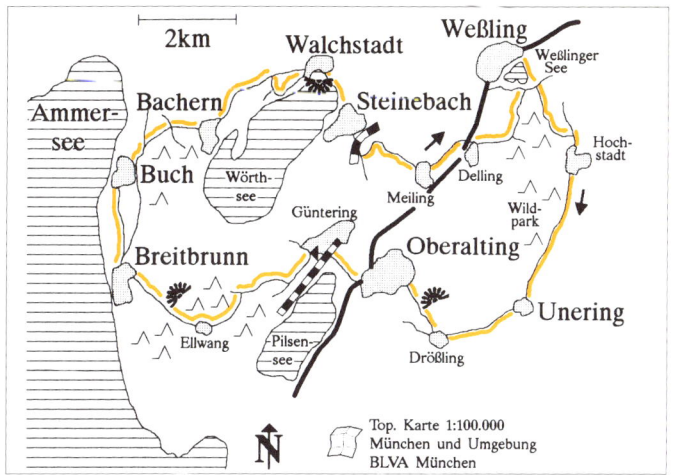

Top. Karte 1:100.000
München und Umgebung
BLVA München

brücke links bis Meiling und auf dem Dellinger Weg nach Delling; auf der Ostseite führt die Ettenhofener Straße nach Weßling zurück.

Steigungen	Ca. 3 km leichte und 3 km stärkere Steigungen
Wege	Ca. 30 % Schotterwege, sonst Teerstraßen
Verkehr	Überwiegend gering, nur vereinzelt lebhafter
Sonne	Ca. 85 % des Kurses sind sonnig
Einkehr	Unering: Gasthof Schreyegg (Di, an den übrigen Werktagen geschlossen bis 17)
	Bachern: Gasthof Mutz (1. 6.-31. 8. ohne Ruhetag), Garten
	Meiling: Landgasthof zum Sepperl (Mo), Garten
	Steinebach: Fleischmann (Di), Seeterrassen
	Weßling: Café am See (Di), Seeterrasse

Besondere Anziehungspunkte

Neben landschaftlichen Höhepunkten einige sehenswerte Kirchen, so St. Martin in Unering (J. M. Fischer) mit einheitlicher Ausstattung (Fresken, Stuck, Schnitzwerke) und St. Peter in Oberalting, eine der ältesten Kirchen des Gebietes, unter anderem mit Kreuzigungsgruppe (L. Luidl), Grabsteinen.
Eichenallee Delling: Siehe Tour 79.
Schloß Seefeld: Typ einer spätmittelalterlichen Veste mit Bergfried, Brücke über Graben und Park; Schloßkapelle im Rokokostil (Th. Zöpf); seit Jahren umfassende Renovierung, die noch nicht abgeschlossen ist.

An den Ufern des Ammersees

R 34

Eine erlebnisreiche Tour! Man fährt zuerst mit dem Schiff nach Dießen, radelt dann auf der schönsten Uferstrecke des Ammersees nach Norden und kehrt über Stegen und Breitbrunn nach Herrsching zurück. Malerische Bilder, weite Blicke und eine der glanzvollsten Rokokokirchen Süddeutschlands.

▶ Strecke ca. 30 km ▶ Fahrzeit ca. 2³/₄ St.
▶ Anforderung mittel

Ausgangspunkt: S-Bahnhof Herrsching (S 5)

Die Strecke in Stichworten

Abschnitt Herrsching – Dießen (Überfahrt mit dem Schiff)

Abfahrtszeiten 28. 4.-21. 10. ab Herrsching täglich 08.51, 10.01, 12.37, 14.03, 15.18 und 16.33. So, Fei auch 11.25, 14.33 und 17.55 (Plan 1991); Dauer 35 Min. Auskunft Tel. (0 81 43) 2 29. Die Straßenentfernung Herrsching-Dießen beträgt gut 14 km, davon sind etwa 5,5 km Radwege, der Rest stark befahrene Straßen.

Abschnitt Dießen – Stegen (ca. 18 km)

Fahrt vom Landungsplatz auf der Seestraße nach Norden über Sankt Alban, dort links und gleich wieder rechts auf den Seeweg; nun immer zwischen Ufer und Bahnlinie weiter über Riederau nach Holzhausen und auf der Eduard-Thöny-Straße nach Utting; dort hinunter ans Seeufer und über Seestraße und Uferweg immer in Ufernähe mit schönen Seeblicken bis Schondorf und weiter auf Seestraße und Weingartenweg nach Norden zum Ortseingang Eching; nun rechts in die Stegener Straße und nach Querung von B 12 und Amper in den Ort Stegen.

Abschnitt Stegen – Herrsching (ca. 12 km)

200 m nach dem Gasthof Schreyegg rechts ab und an der Gabelung nach gut 100 m wieder rechts für ca 300 m am See entlang; dann links in die Bergstraße und oben rechts in die Schornstraße (später Am Vorholz) und mit Seeblick nach Buch zur Ortsmitte; an der Kirche links über Breitbrunner Straße und Bucher Weg (Aussicht!) nach Breitbrunn, dort die Haupt- und die Wörthseestraße geradewegs hoch und rechts ab in die Ellwanger Straße; es folgt nun eine reizvolle Strecke über Ellwang

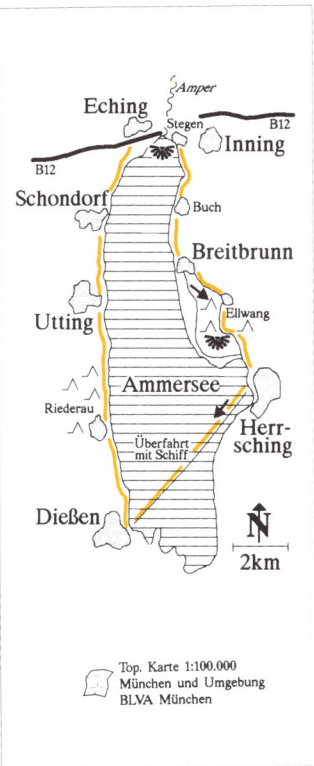

Top. Karte 1:100.000
München und Umgebung
BLVA München

und Rausch hinunter nach Herrsching und zum S-Bahnhof.

Steigungen	Ca. 1,5 km leichte und knapp 1 km stärkere Anstiege
Wege	Ein Drittel Schotterwege, sonst nur Teerstraßen
Verkehr	Die Strecke ist so gut wie verkehrsfrei
Sonne	Sonneneinstrahlung auf ca. 85 % der Strecke
Einkehr	Utting: Wittelsbacher Hof (ohne Ruhetag) Schondorf: Zur Post (ohne Ruhetag), Garten; Seerestaurant (ohne Ruhetag) Eching: Gasthof Eberhard (Di, Mi bis 17), Garten Stegen: Seehaus Schreyegg (ohne Ruhetag); Fischer am See (ohne Ruhetag), beide mit Seeterrasse

Besondere Anziehungspunkte

Ammersee: Drittgrößter See Oberbayerns; ca. 16 km lang, 3-6 km breit, bis 82 m tief.
Dießen: 1039 erstmals erwähnt, ehemaliges Augustiner-Chorherrenstift; Klosterkirche St. Mariä, 1739 Neubau durch J. M. Fischer; eine der großartigsten Rokokokirchen Bayerns.
Weitere sehenswerte Kirchen: **Schondorf**: Kapelle St. Jakob, erbaut um 1150, ältestes Gotteshaus am See; Hochaltar (1670) mit Jakobus-Figur; **Eching**: Kirche St. Peter und Paul von 1766 mit guter Ausstattung, z. B. Deckenbilder (C. Winck), Altäre und Kanzel sowie Apostelfiguren (J. Luidl); **Inning**: Kirche St. Johann Baptist von 1767 mit nobler Innenwirkung, u. a.Fresken von C. Winck, Stuckdekor von Th. Zöpf und Hochaltar von F. X. Schmädl.

Über dem Westufer des Ammersees

Die markanten Stationen dieser Tour sind das Kloster St. Ottilien und die Kirche in Eresing, das landschaftlich reizvolle Hügelland westlich des Ammersees und das Seeufer zwischen Utting und Eching. Eine ausgewogene und abwechslungsreiche Kombination von Landschaft und Kunst.

▶ Strecke ca. 35 km ▶ Fahrzeit ca. 3¼ St.
▶ Anforderung mittel

Ausgangspunkt: S-Bahnhof Türkenfeld (S 4)

Die Strecke in Stichworten

Abschnitt Türkenfeld – Utting (ca. 20 km)
Ausfahrt auf der St.-Ottilien-Straße, nach gut 2 km an der Gabelung rechts; kurz danach folgt eine Querstraße, dort schräg gegenüber in den Schotterweg, Bahn überqueren und links an der Klostermauer entlang mit schönen Ausblicken hinüber nach Eresing; weiter Richtung Pflaumdorf (Aussicht!), nach 1,5 km rechts bis Windach Mitte; dort Richtung Schondorf und gleich rechts in den Jubiläumsweg/Mühlbachstraße bis zur Straße Richtung Dürrhansl; auf ihr geht's nun hinaus nach Süden, an der nächsten Gabelung links und nach 2 km an der Querstraße wieder links bis Steinebach; jetzt wieder in Süd-Richtung nach Achselschwang, durch das Gut hindurch und nach 1 km links ab Richtung Utting; es folgt nun die landschaftlich reizvollste Strecke der Tour mit weiten Ausblicken; in Utting Fahrt hinunter zum Seeufer.

Abschnitt Utting – Türkenfeld (ca. 15 km)
Ausfahrt auf Seestraße und Uferweg nach Norden bei schöner Aussicht auf den See bis Schondorf und weiter auf Seestraße und Weingartenweg am Ufer entlang bis Eching; dort an der Kirche die Kirchbergstraße hoch und auf der Painhofener Straße nach Painhofen; 300 m nach dem Gehöft rechts ab, am Wildgehege vorbei und zur Straße Türkenfeld-Greifenberg; geradeaus weiter über Algertshausen nach Pflaumdorf, 500 m nach dem Ort Gabelung, dort rechts ab nach Türkenfeld.

Steigungen Gut 2 km leichte und ca. 1,5 km stärkere Anstiege
Wege Knapp 10 km Schotterwege, sonst Teerstraßen

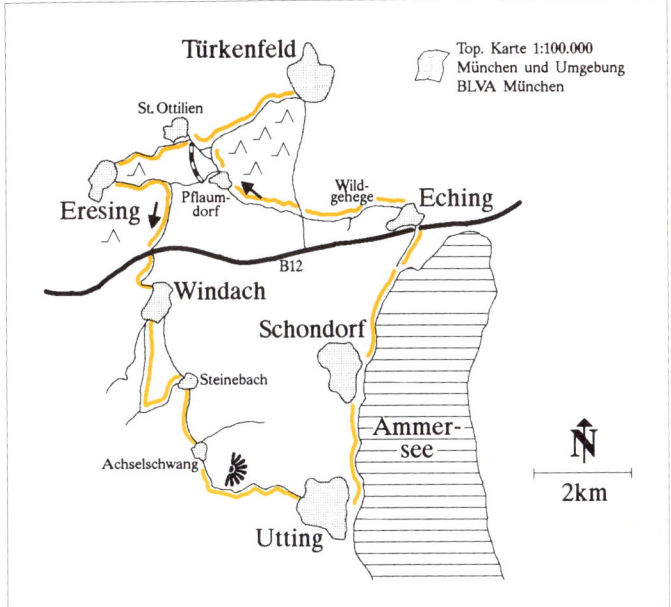

Verkehr	In Windach und Utting auflebend, sonst sehr ruhig
Sonne	Sonneneinstrahlung auf ca. 90 % der Strecke
Einkehr	Eresing: Vogelwirt (Do, Mo-Sa bis 18)
	Windach: Gasthof am Schloß (Mo)
	Utting: Wittelsbacher Hof (Mi); Alte Villa (Mo, Di-Fr bis 18), Garten
	Schondorf: Zur Post (ohne Ruhetag), Garten; See-restaurant (ohne Ruhetag), Garten
	Eching: Gasthof Eberhard (Di, Mi bis 17), Garten

Besondere Anziehungspunkte

St. Ottilien: Süddeutschlands größter Klosterkomplex; mit Basilika.
Eresing: Kirche St. Ulrich, spätgotische Anlage; Umgestaltung durch D.Zimmermann; prachtvoller Innenraum mit Fresken und Rocaille-Stuck; dekorative Altaranlage mit Bildern und Figuren; zierliche Kanzel.
Schondorf, Kapelle St. Jakob, und **Eching**, Kirche St. Peter und Paul: Siehe Tour 34.
Im nahegelegenen **Kaltenberg** finden alle Jahre im Juli sehenswerte Ritterspiele statt; dort auch das Bräustüberl als Einkehr.

Westlich von Fürstenfeldbruck

Unsere Fahrt durchläuft zunächst den Schögeisinger Forst, führt dann ab Puch in Westrichtung durch offene Gemarkung nach Moorenweis und bringt uns schließlich über Jesenwang und Landsberied nach Schöngeising zurück. Eine ruhigere Fahrt mit Ausblicken und beachtlichen Sehenswürdigkeiten.

▶ Strecke ca. 34 km ▶ Fahrzeit knapp 3 St.
▶ Anforderung mittel

Ausgangspunkt: S-Bahnhof Schöngeising (S 4)

Die Strecke in Stichworten

Abschnitt Schöngeising – Puch (ca. 7 km)
An der Nordseite des Bahnhofs am Eingang Parkplatz nach Osten in den Wald einfahren, nach 1,5 km links ab, 600 m danach gegenüber Rothschwaig rechts und nach weiteren 1,5 km zweimal links nach Puch; dort vor dem Ort rechts in den Fürstenfelder Weg und links zum Denkmal; anschließend radeln wir in den Ort zur Kirche.

Abschnitt Puch – Moorenweis (ca. 15 km)
Ausfahrt auf der Abt-Thoma-Straße und in ländlicher Gegend bei weiten Ausblicken hinüber nach Aich; durch den Ort und weiter über Eitelsried und Pfaffenhofen zum Westrand von Adelshofen; nun dem Schild Grunertshofen folgen (Ausblick!), dort durch den Ort und Richtung Moorenweis abbiegen; nach 1 km rechts ab nach Purk, an der Kirche links und auf reizvollem Südkurs an einer Mühle vorbei und über eine Verkehrsstraße bis Moorenweis Ortsmitte.

Abschnitt Moorenweis – Schöngeising (ca. 12 km)
Rückfahrt Richtung Mühle bis zur Verkehrsstraße, direkt vorher rechts in das Teersträßchen und weiter Richtung Römertshofen; nun bei schöner Aussicht bis Franzbauer, am Ortsende rechts auf den Feldweg und hinüber nach Jesenwang zum Huberwirt; Richtung Fürstenfeldbruck bis St. Willibald ausfahren, dort auf dem Feldweg gegenüber der Hauptstraße 500 m nach Süden, dann links ab nach Landsberied; dort rechts halten und zurück nach Schöngeising.

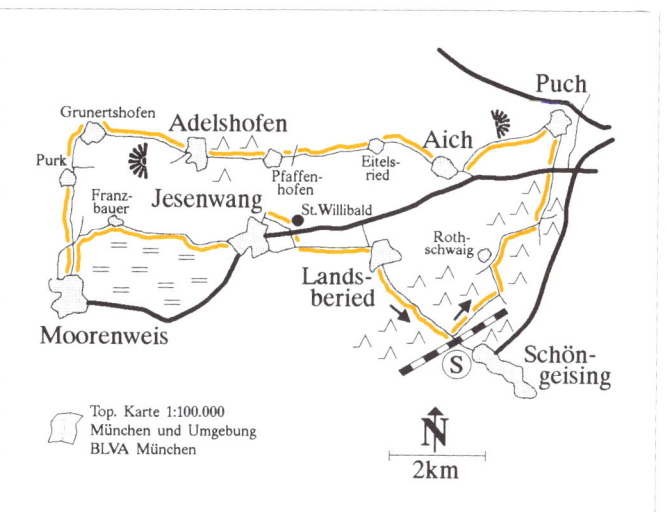

Top. Karte 1:100.000
München und Umgebung
BLVA München

2km

Steigungen	Gut 1 km leichte und ca. 700 m stärkere Anstiege
Wege	Ca. 40 % Feld- und Waldwege, sonst Teerstraßen
Verkehr	Auf ganzer Strecke nur sehr wenig Verkehr
Sonne	Ca. 95 % der Strecke liegen in der Sonne
Einkehr	Puch: Unterwirt (Mo, Di, werktags bis 18), Garten
	Grunertshofen: Gasthof Pfeil (offen nur Mi, Fr)
	Moorenweis: Zur Alten Post (Mi)
	Jesenwang: Huberwirt (Di, Mi)

Besondere Anziehungspunkte

Puch: Tausendjährige Linde, in deren Stamm die selige Edigna, Tochter Heinrichs von Frankreich, 35 Jahre ein Einsiedlerleben geführt haben soll. Sie starb 1109. Ihre Gebeine sind in der danebenstehenden kleinen Kirche zur Verehrung aufbewahrt. Kaiser-Ludwig-Denkmal zum Gedenken an Kaiser Ludwig den Bayern, der 1347 in der Nähe auf der Bärenjagd gestorben ist.

Moorenweis: Pfarrkirche St. Sixtus, Neubau ab 1718; Wessobrunner Stuck (Th. Zöpf) und Deckenfresken (M. Günther); gute Altaranlage (F. Schmuzer) mit Gemälden und Skulpturen.

Jesenwang: Wallfahrtskirche St. Willibald, u. a. mit bemalter Holzdecke aus dem 15. Jh. und einer Sitzfigur des hl. Willibald auf dem Hochaltar von 1617. In der Nähe Motorflugplatz.

Wildmoos: Hochmoor zwischen Jesenwang und Moorenweis.

Im Tal der Amper zum Ammersee

Eine sehr empfehlenswerte Fahrt, die sich aus Abschnitten im Ampertal, in den angrenzenden Forsten und am Ammersee zusammensetzt. Zweifellos ist die Klosterkirche Fürstenfeld der überragende Höhepunkt.

▶ Strecke ca. 39 km ▶ Fahrzeit ca. 3½ St.
▶ Anforderung mittel

Ausgangspunkt: S-Bahnhof Fürstenfeldbruck (S 4)

Die Strecke in Stichworten

Abschnitt Fürstenfeldbruck – Grafrath (ca. 13 km)
Fahrt hinunter zur Oskar-von-Miller-Straße und links vor zum Kloster und zur Amperbrücke; direkt nach der Brücke links auf den Uferweg (Fußgänger haben Vorrecht!) und auf reizvoller Strecke 3 km entlang der Amper; vor dem Steilhang (Schild!) rechts hoch, über den Parkplatz und nach ca. 600 m Radlweg schräg gegenüber nach Schöngeising; dort an der Bahnhofstraße rechts zum S-Bahnhof, gut 100 m nach der Unterführung links in den Wald und nach 600 m wieder links; nun immer auf diesem Weg bis Wildenroth und Grafrath.

Abschnitt Grafrath – Inning (ca. 11 km)
Ausfahrt an der Kreuzung Amper/B 471 Richtung Türkenfeld, bei schönen Ausblicken weiter bis Kirche Kottgeisering, direkt danach links über die Schulstraße hinaus auf schöner Radlstrecke ins Moos; nach 1 km Rechtsknick, 500 m danach links und nach Süden zur Hauptstraße; dort wieder links (Radweg) bis Eching; am Ortsende in die Stegener Straße, dann nach gut 1 km Unter-/Überquerung der B 12/Amper (Brücke B 12) und über Stegen hinauf (z.T. auf Fußweg) nach Inning zur Kirche.

Abschnitt Inning – Fürstenfeldbruck (ca. 15 km)
Dort links ab, nach 100 m rechts in die Münchner Straße und 700 m danach im Ortsteil Keller links Richtung Grafrath/Mauern; nach Unterquerung der B 12 folgt eine 3 km lange Waldstrecke (nach Regenfällen aufgeweicht) bis Mauern; jetzt geht es weiter nach Schöngeising und dort rechts ab Richtung Holzhausen; 700 m danach links abbiegen in die Zellhofstraße und auf angenehmer Strecke zurück nach Fürstenfeldbruck.

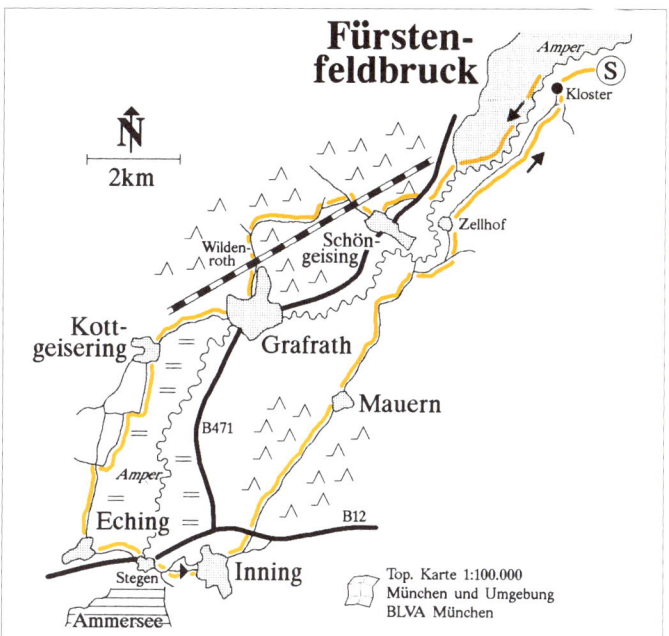

Steigungen	Ca. 1,5 km leichte und 1 km stärkere Anstiege
Wege	Ein Drittel Schotter, sonst Teerstraßen
Verkehr	Vorwiegend ruhig, in größeren Orten auflebend
Sonne	Sonneneinstrahlung auf ca. 80 % der Strecke
Einkehr	Fürstenfeldbruck: Klosterstüberl (Mo), Garten
	Grafrath: Dampfschiff (Di), Garten
	Eching: Eberhard (Di, Mi bis 17), Garten
	Stegen: Fischer am See, Schreyegg (ohne Ruhetag),
	beide Häuser mit Seeterrasse
	Inning: Gasthof Zur Post (ohne Ruhetag), Garten
	Schöngeising: Braumiller (Mi, Do), Garten

Besondere Anziehungspunkte

Grafrath: Wallfahrtskirche St. Rasso von 1694, reiche Innenausstattung ca. 50 Jahre später; sehenswert u. a. Stuck und Fresken, Hochaltar (J. B. Straub), Stuckmarmorkanzel, Grabdeckplatte 1468.
Eching und **Inning**: Siehe Tour 34.
Fürstenfeldbruck: Siehe Tour 38.

107

R
38 Besichtigung der Fürstenfelder Kirche

Im Mittelpunkt dieser Tour steht die glanzvolle Klosterkirche in Fürstenfeldbruck, eine der schönsten barocken Innenräume in Bayern. Zum sportlichen Ausgleich drehen wir noch eine Radlrunde über Gilching und erfreuen uns an weiten Ausblicken in einer ansprechenden Landschaft.

▶ Strecke ca. 32 km ▶ Fahrzeit ca. 2³/₄ St.
▶ Anforderung mittel

Ausgangspunkt: S-Bahnhof Eichenau (S 4)

Die Strecke in Stichworten

Abschnitt Eichenau – Schöngeising (ca. 12 km)
Fahrt nach Westen an der Bahn entlang, nach 700 m rechts durch die Unterführung und gleich links auf dem Radweg über Emmering bis Fürstenfeldbruck; an der Münchner Straße rechts, nach 400 m links über die Fürstenfelder Straße zum Kloster Fürstenfeld; weiter durch das Tor im Innenhof, an der Querstraße links, Bahn unterqueren und gleich rechts in die Zellhofstraße; sie führt in den Amperauen nach 4,5 km zur Kreisstraße vor Schöngeising.

Abschnitt Schöngeising – Eichenau (ca. 20 km)
Dort links hoch (700 m Steigung), am Eingang Holzhausen rechts in den Feldweg und an der nächsten Gabel links; man kommt mit weiten Ausblicken zur Römerstraße und rechts Richtung Gilching; 400 m vor dem Ort links auf dem Teerweg zur Brucker und weiter auf Allinger Straße und Kirchgasse links den Zehenstadel hoch; er mündet als Feldweg in einen anderen Schotterweg, der nach Nordosten zum Dötzelbauer und an eine Querstraße führt; dort rechts, an der nächsten Gabelung links und weiter zum Ortsrand Germering; jetzt links in den Burgweg, dann rechts um den Germeringer See und am Grillplatz in den Schotterweg abbiegen; er führt zu einem Teerweg, der uns bei schöner Aussicht nach Puchheim bringt; weiter geht es jenseits der Augsburger Straße in die Dorfstraße und am Ende an der Vogelsangstraße rechts nach Eichenau; dort die Allinger Straße überqueren, auf dem Radweg zur Bergstraße und dann links auf Wendelstein- und Friesenstraße zur schönen Roggensteiner Allee, auf der wir in Nord-Richtung zurückfahren.

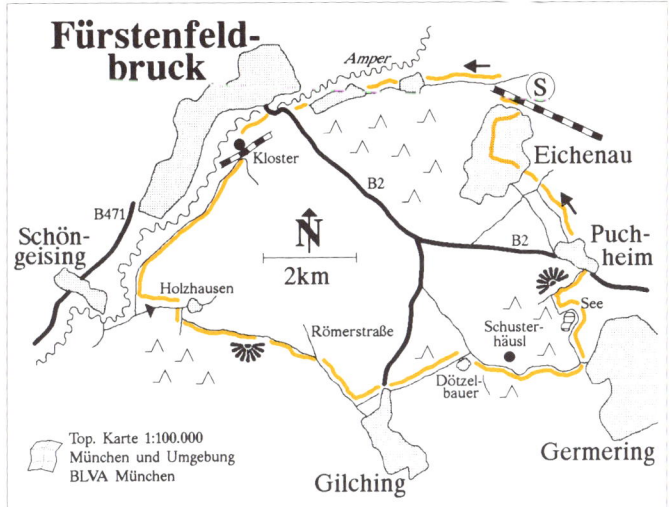

Steigungen	Knapp 1 km leichte und gut 1 km stärkere Anstiege
Wege	Gut drei Viertel der Strecke sind Teerstraßen
Verkehr	In Fürstenfeldbruck verstärkt, sonst sehr gering
Sonne	90 % der Strecke liegen in der Sonne
Einkehr	Fürstenfeldbruck: Klosterstüberl (Mo), Garten
	Germering: Schusterhäusl (Mo, Do), Garten
	Schöngeising: Braumiller (Mi, Do), Garten

Besondere Anziehungspunkte

Fürstenfeldbruck: Beginn der nachweisbaren Geschichte im 12. Jh.; nach 1803 Zusammenlegung von Bruck und Fürstenfeld; heute Kreisstadt mit schönem Ortsbild; wichtigste Sehenswürdigkeit ist die Klosterkirche des ehemaligen Zisterzienserklosters, eine der glanzvollsten Barockkirchen Bayerns; ab 1700 Beginn Neubau unter Leitung von Viscardi und Ettenhofer; festliche Ausstattung, so Fresken der Gebrüder Asam, reicher Stuck, ein prächtiger Hochaltar (E. Q. Asam), das Chorgestühl und gotische Madonna-Figuren; sehenswert auch das Rathaus und das Heimatmuseum (Di-Do 9-16, Sa, So 10-16).

Gilching: Im gesamten Gemeindegebiet bronzezeitliche Grabhügel, Keltenschanzen sowie keltische und römische Besiedlungsspuren; ehemalige Römerstraße noch heute eine Hauptachse des Ortes.

Germeringer See: Hübscher Badesee mit großen Liegeflächen und einem Grillplatz.

Zwischen Mammendorf und Odelzhausen

Man radelt in stillem und unberührt wirkendem Bauernland, in dem auffällige Eckpunkte sowie Begleiterscheinungen des Tourismus fehlen. Man ist so gut wie allein und kann die weiten Ausblicke und die friedliche Idylle dieser Gegend ungestört genießen.

▶ Strecke ca. 35 km ▶ Fahrzeit ca. 3¼ St.
▶ Anforderung mittel

Ausgangspunkt: S-Bahnhof Nannhofen (S 3)

Die Strecke in Stichworten

Abschnitt Nannhofen – Odelzhausen (ca. 18 km)
Ausfahrt von der Nordseite des Bahnhofs auf der Schloßbergstraße und am Ende rechts ab; nach 600 m über die Querstraße hinweg und mit schönen Ausblicken weiter durch einfaches Bauernland über Rammertshofen nach Aufkirchen, dort über die Straße und Weiterfahrt nach Pischertshofen und Englertshofen; hier an der Straßengabel rechts Richtung Rottbach, auf diesem kleinen Sträßchen mit schönem Rückblick bis Kuchenried und nun in Nord-Richtung weiter über Dürabuch nach Wenigmünchen; durch den Ort und rechts ab nach Ebertshausen; dort erneut rechts halten und 200 m nach der Kirche links ab nach Wiedenzhausen; Ausfahrt am Nordrand auf der Orthofener Straße über Orthofen, Essenbach und Taxa, am Schloß vorbei, nach Odelzhausen Mitte.

Abschnitt Odelzhausen – Nannhofen (ca. 17 km)
Man verläßt den Ort nach Süden auf der Dietenhausener Straße, fährt geradewegs durch Dietenhausen und biegt am letzten Haus rechts ab zum Forst; das Sträßchen geht in einen Feld-/Waldweg über und führt im Wald an einer Kapelle vorbei bis Furt-Mühle; weiter geht es nach Egenhofen, dort erst rechts und dann links halten und bei weiten Ausblicken nach knapp 1 km links auf ansprechender Radlstrecke über Rottenfuß nach Unterschweinbach; hier an der Hauptstraße rechts und nach 150 m links über Kumpfmühle (Schotterweg) nach Oberschweinbach; wir biegen dort erst rechts, nach 300 m wieder links und nach weiteren 600 m nochmals rechts ab und gelangen auf dieser Straße nach Günzlhofen; in der Rechtskurve am Südrand links in die Gartenstraße,

durch den Nannhofer Wald, dann in besonders reizvoller, parkartiger Landschaft bis zur Bahnlinie und links zurück nach Nannhofen.

Steigungen	Ca. 1 km leichte und 2 km stärkere Steigungen
Wege	Ca. 2,5 km Feld- und Waldwege, sonst Teerstraßen
Verkehr	Auf ganzer Strecke nur sehr wenig Verkehr
Sonne	Sonneneinstrahlung auf gut 90 % der Strecke
Einkehr	Wiedenzhausen: Huberwirt (Di, Mi, Sa ab 17)
	Odelzhausen: Schloßbräustüberl (Sa), Garten;
	Gasthof zur Sonne (Di)

Besondere Anziehungspunkte

Herausragende landschaftliche oder kulturelle Höhepunkte liegen nicht an der Strecke; dennoch übt diese unverfälschte bäuerliche Landschaft einen eigenen Reiz aus. Beachtung verdienen die Kirchen in Wiedenzhausen (aufwendige und einheitliche Ausstattung um 1650), Odelzhausen und Egenhofen.

Von Dachau ins Ampertal

Das landschaftlich reizvolle Tal der Amper gibt jeder Tour ihren besonderen Anstrich. Wir durchwandern es zwischen Dachau und Fürstenfeldbruck, machen dann einen Bogen über Lauterbach und Bergkirchen und radeln schließlich an der Amper wieder zurück.

▶ Strecke ca. 34 km ▶ Fahrzeit ca. 3 St. ▶ Anforderung mittel

Ausgangspunkt: S-Bahnhof Dachau (S 2)

Die Strecke in Stichworten

Abschnitt Dachau – Geiselbullach (ca. 13 km)
Fahrt vom Bahnhof auf Frühlings-, Martin-Huber- und L.-Thoma- Straße zur Altstadt, dort ggf. Besichtigungen; dann gegenüber der Kirche den Karlsberg hinunter zur Amper und nach der ersten Brücke rechts in die Brunngartenstraße; weiter auf Rad-/Fußweg am Nordufer der Amper zur Amperbrücke/L.-Ditt-Straße; jetzt auf dem Uferweg an der Amper-Südseite angenehme Fahrt auf 3 km durch die Auen, über die Nikolausstraße hinweg, bis zur querverlaufenden Eschenrieder Straße; dort links, am Badeweiher nach 500 m wieder rechts in den Obermoosweg und in ansprechender Landschaft weiter zur Schulstraße in Graßlfing; nun rechts nach Geiselbullach zur Dachauer Straße (Gasthaus).

Abschnitt Geiselbullach – Bergkirchen (ca. 14 km)
Wir folgen dem links am Gasthaus abgehenden Sträßchen, biegen nach 1 km links und 800 m danach rechts ab und kommen in besonders hübscher Gegend über die Autobahn hinweg nach Palsweis; von dort sind es noch 2 km in nordwestlicher Richtung bis Lauterbach; vor dem Ort schöne Aussicht auf Schloß und Kirche; Ausfahrt auf der Prieler Straße nach Osten und weiter über Priel und Eisolzried nach Bergkirchen.

Abschnitt Bergkirchen – Dachau (ca. 7 km)
Nächste Station ist Günding, dort rechts auf der St.-Vitus-Straße hinunter zur Brucker Straße und Einfahrt in die Amperauen am besten über Kanalstraße, Mitterfeldweg und Werksallee; jetzt für knapp 3 km auf dem Nordufer der Amper in malerischen Flußauen, über einige Stege und Straßen hinweg, zum Stadtrand von Dachau und dort wieder zum S-Bahnhof zurück.

Steigungen	Ca. 1,5 km leichte und knapp 1 km stärkere Anstiege
Wege	Ca. 20 % Schotterwege, sonst Teerstraßen
Verkehr	In Dachau verstärkt, zwischen Lauterbach und Bergkirchen auflebend, sonst sehr gering
Sonne	Sonneneinstrahlung auf ca. 90 % der Strecke
Einkehr	Dachau: Zieglerbräu (ohne Ruhetag), Garten; Bräustüberl (Mo), Garten
	Günding: Gasthof Feldl (Do, Sa ab 17), Garten

Besondere Anziehungspunkte

Dachau: 805 erstmals urkundlich erwähnt, um 1100 Gründung einer Burg, Blütezeit des Ortes sind das 16. und 17. Jh.; heute Große Kreisstadt mit herausragenden Sehenswürdigkeiten: Pfarrkirche St.Jakob von 1625, Spätrenaissance-Bau; auffallend im Innenraum vor allem die lebensgroßen, weiß gefaßten Schnitzfiguren von Christus und den 12 Aposteln (um 1625), weitere Holzskulpturen, Gemälde, zahlreiche Grabplatten und mehr; Schloß, 1577 umgebaut, erste Sommerresidenz der bayerischen Wittelsbacher; 1717 von J. Effner barockisiert; berühmt sind vor allem das Treppenhaus (Stuck und Gemälde) und der Festsaal, einer der bedeutendsten Renaissance-Säle nördlich der Alpen mit sehr schöner Holzdecke; Park mit herrlicher Aussicht bis zu den Alpen; beachtliche Bürgerhäuser und mehrere Museen, u. a. Bezirksmuseum und KZ-Gedenkstätte.

Palsweis: Kirche St. Urban aus dem 17. Jh. u. a. mit ausgezeichneten Schnitzfiguren am Choraltar (Ende 15. Jh.) und Holzkruzifix um 1600.

Lauterbach: Kirche St. Jakobus d. Ä. von 1670; reicher, aber zarter Stuck, schöne Glasbilder (15. Jh.), Heiligenfiguren aus der Luidl-Werkstatt und Grabsteine des 15./16. Jh.; Schloß.

Bergkirchen: Kirche St. Johannes Baptist, Neubau 1738 durch J. M. Fischer; reich ausgestatteter Hochaltar mit Straub-Figuren; beachtlich auch die Seitenaltäre, das Ölbild von 1650 in der Jobkapelle und eine Reihe von Grabsteinen. Herrliche Aussicht.

R 41

Markt Indersdorf – Petersberg – Altomünster

Sozusagen ein kleiner »Pfaffenwinkel«, den wir auf dieser Tour besuchen. Die Eckpunkte sind drei kunstgeschichtlich herausragende Klosterkirchen; dazwischen naturbelassene ländliche Gegend mit sanften Hügeln und stillen Dörfern. Freilich fordern fünf Kilometer Steigungen auch ihren Tribut.

▶ Strecke ca. 42 km ▶ Fahrzeit ca. 4 St. ▶ Anforderung hoch

Ausgangspunkt: S-Bahnhof Esterhofen (S 2)

Die Strecke in Stichworten

Abschnitt Esterhofen – Markt Indersdorf (ca. 6 km)
Fahrt durch die Unterführung in West-Richtung, nach 400 m an der Gabelung rechts ab Richtung Weichs (Ausblick!); 2 km danach links (Schild Daxberg/Breitenwiesen) und gleich wieder rechts halten und über Zillhofen und Engelbrechtsmühle nach Markt Indersdorf.

Abschnitt Markt Indersdorf – Altomünster (ca. 19 km)
Ausfahrt ab Stiftskirche auf der L.-Thoma- zur Dachauer Straße, dort links und nach 200 m rechts Richtung Fürstenfeldbruck; 1 km danach Bahnkreuzung, dort auf dem Schotterweg diesseits der Schienen bis Erdweg radeln; jetzt über die Schienen, vor zur Verkehrsstraße, nach rechts und bei lebhaftem Verkehr durch Erdweg; jenseits des Glonntales Auffahrt zum Petersberg; nun den Berg auf gleicher Strecke wieder hinunter, dann gleich links nach Eisenhofen und dort wieder links bei guter Aussicht über Kleinberghofen und Stumpfenbach nach Altomünster.

Abschnitt Altomünster – Esterhofen (ca. 17 km)
In Altomünster Richtung Markt Indersdorf ausfahren und auf aussichtsreicher, aber steigungsintensiver Strecke über Eichhofen und Westerholzhausen nach Markt Indersdorf zurück; Rückfahrt nach Esterhofen auf bereits bekannter Strecke.

Steigungen	Ca. 2 km leichte und 3 km stärkere Steigungen
Wege	Ca. 5 km Schotterwege, sonst Teerstraßen
Verkehr	In größeren Orten auflebend, sonst nur gering

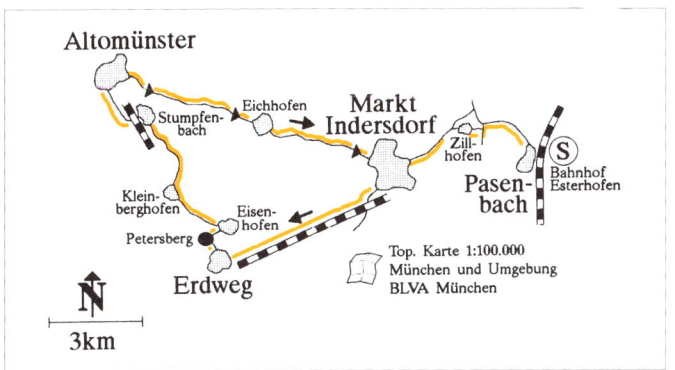

Sonne   Sonneneinstrahlung praktisch auf ganzer Strecke
Einkehr   Markt Indersdorf: Klostergaststätte (Mo), Garten;
                 Gasthof Funk (Mi), Garten
                 Altomünster: Gasthof Maierbräu (Di); Kapplerbräu
                 (Mo), Garten

Besondere Anziehungspunkte

Markt Indersdorf: Ehemaliges Augustiner-Chorherrenstift; Klosterkirche Mariä Himmelfahrt, roman. Pfeilerbasilika von 1128 mit prächtiger Rokokoausstattung, so reicher Stuck, Fresken von M. Günther, ein glanzvoller Hochaltar, Schnitzwerke, Gemälde und vieles mehr; auch in den Nebenkapellen findet man beachtliche Ausstattung.
Petersberg: Ehemaliges Benediktinerkloster; Kirche St. Peter von 1107, romanische Pfeilerbasilika und eine der ältesten Kirchen Oberbayerns; neben anderen Figuren spätromanisches Kruzifix aus dem 13. Jh.; an den Wänden Gemäldezyklus über den hl. Petrus von 1620.
Altomünster: Einziges Birgittinnenkloster Deutschlands; Klosterkirche St. Zeno, Umbau 1763 durch J. M. Fischer mit Abstufung des Fußbodens; üppige spätbarocke Ausstattung, u. a. kunstvolle Altäre und Figuren von J. B. Straub; 1200 Jahre alter Friedhof.

R 42

Beschauliche Reise nach Pfaffenhofen

Der erste Abschnitt verläuft im freundlichen Ilmtal über Ilmmünster nach Pfaffenhofen. Auf der Rückfahrt machen wir Station im Kloster Scheyern und radeln anschließend auf aussichts- aber auch steigungsreicher Strecke nach Petershausen zurück.

▶ Strecke ca. 36 km ▶ Fahrzeit ca. 3¼ St. ▶ Anforderung hoch

Ausgangspunkt: S-Bahnhof Petershausen (S 2)

Die Strecke in Stichworten

Abschnitt Petershausen – Pfaffenhofen (ca. 17 km)
Fahrt auf Bahnhofsstraße vor zur Hauptstraße, dort links ab; nach 1 km wieder links und weiter Richtung Steinkirchen über Obermarbach bis Oberhausen, dort vor der Ilm-Brücke rechts ab; dieses Sträßchen führt entlang der Ilm mit hübschen Ausblicken über Oberpaindorf, Paindorf und Grafing nach Reichertshausen; dort auf der B 13 links ab, durch den Ort nach Norden und 500 m nach dem Bahnhof wieder links nach Riedermühle; hier rechts halten und mit schönen Ausblicken nach Ilmmünster; weiter über Hettenshausen und Jahnhöhe immer nach Norden zur Ampelkreuzung vor Pfaffenhofen und geradewegs ins Ortszentrum.

Abschnitt Pfaffenhofen – Scheyern (ca. 6 km)
Ausfahrt ab Stadtpfarrkirche auf der Scheyerer Straße und nach 400 m links Richtung Niederscheyern abbiegen; gut 1 km danach an der Umgehungsstraße rechts ab, nach 100 m wieder links und nach weiteren 100 m nochmals links ab, an der Kirche vorbei und weiter über Plöcking bei schöner Aussicht nach Scheyern; dort am Ortsschild rechts in Richtung Kloster abbiegen.

Abschnitt Scheyern – Petershausen (ca. 13 km)
Vom Kloster auf der Scheyerner Straße nach Südosten, nach knapp 1 km rechts ab Richtung Steinkirchen und auf steigungsintensiver Strecke über Fernhag und Triefing zur Straßenkreuzung am Ortsende von Langwaid, dort links ab; nach 500 m dem Schild Richtung Haselhof folgen und weiter bis zur Ortsmitte von Steinkirchen; nun links und gleich wieder rechts über die Ilm nach Oberhausen und auf bekannter Strecke über Obermarbach nach Petershausen zurück.

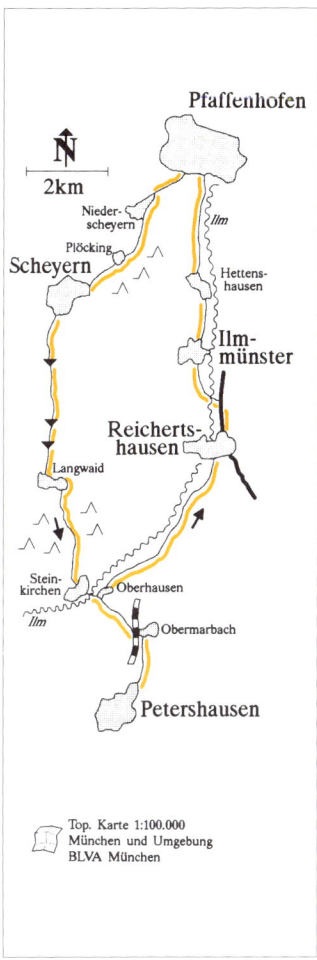

Top. Karte 1:100.000
München und Umgebung
BLVA München

Steigungen	Gut 1,5 km leichte und gut 2,5 km stärkere Steigungen
Wege	2 km Schotterwege, sonst nur Teerstraßen
Verkehr	Gering, nur in größeren Orten auflebend
Sonne	Sonneneinstrahlung auf ca. 95 % der Strecke
Einkehr	Pfaffenhofen: Müller Bräu (ohne Ruhetag) Scheyern: Schyrenhof

Besondere Anziehungspunkte

Ilmmünster: Ehem. Stiftskirche St. Arsacius; im neuromanischen Hochaltar gotische Flügel (1490) mit 12 Bildtafeln aus dem Kreis Jan Pollacks sowie vier Schnitzreliefs; sehr gut erhaltenes frühgot. Chorgestühl; Holzfiguren um 1495 auf dem Kreuzaltar.

Pfaffenhofen: 1230 erstmals genannt; Kirche St. Johann Baptist von Anfang 15. Jh.; eleganter Wessobrunner Stuck, mächtiger Hochaltar (1672), Gemälde und Figuren, z. T. 15. Jh. Schönes Ortsbild mit alten Bürgerhäusern; Museum im Mesnerhaus (zweiter Sa im Monat), Lebzelterei- und Wachsziehereimuseum (Di 14-16, Do 10-12).

Scheyern: Benediktinerabtei; Abteikirche im Kern spätromanisch; Innenraum in Spätrokoko (1770); auffallend der wirkungsvolle Hochaltar mit Gemälde von Ch. Wink und Figuren von I. Günther. Wallfahrtsziel ist die Heiligkreuzkapelle mit Renaissancekreuz und Kreuzreliquie in einer prächtigen Rokokomonstranz.

Im Dachauer Hinterland

Auch auf dieser Fahrt kann man sich davon überzeugen, daß die Gegend im Norden Münchens herber und ernster wirkt als das Alpenvorland. Und dennoch gefällt dieses bäuerliche Hügelland durch seine friedliche Stimmung und Ursprünglichkeit.

▶ Strecke ca. 35 km ▶ Fahrzeit ca. 3¼ St.
▶ Anforderung mittel

Ausgangspunkt: S-Bahnhof Röhrmoos (S 2)

Die Strecke in Stichworten

Abschnitt Röhrmoos – Ebersbach (ca. 15 km)
Fahrt nach Süden zur Bahnunterführung, rechts hindurch und nach ca. 400 m links ab Richtung Arzbach; gut 2 km danach wieder rechts abbiegen auf die breite Schotterstraße nach Sigmertshausen; im Ort vor zur Hauptstraße und nach Norden ausfahren; nach 2 km links zur Dorfkirche in Großinzemoos, hier an der Indersdorfer Straße rechts ab, nach 300 m links in die Pasenbacher Straße und am folgenden Wegekreuz wieder links nach Pasenbach; dort auf der ersten Straße rechts ab zur großen Kreuzung vor dem S-Bahnhof; nun eine Links-/Rechtswendung zur Weichser Straße und nach 300 m wieder rechts; wir kommen auf angenehmer Strecke mit weiterhin schönen Ausblicken über Jedenhofen nach Ebersbach.

Abschnitt Ebersbach – Vierkirchen (ca. 8 km)
Am Ortseingang rechts in die Dorfstraße und hinaus in freundlicher Landschaft mit weiter Aussicht über Asbach bis Kollbach; im Ort nach Süden abbiegen und Weiter nach Rettenbach; dort rechts ab und hinüber nach Vierkirchen zur Ortsmitte.

Abschnitt Vierkirchen – Röhrmoos (ca. 12 km)
Jetzt wieder in Süd-Richtung den Schildern Schönbrunn folgen; nach 3 km am Waldende links auf hübschem Weg nach Schönbrunn; geradewegs durch den Ort, über die Hauptstraße hinweg und gegenüber auf den Teerweg (später Feldweg); er führt über den Lotzbach und immer geradeaus in den Wald hoch und endet in Mariabrunn; nach Regenfällen kann der Weg aufgeweicht sein; nun rechts am Biergarten entlang

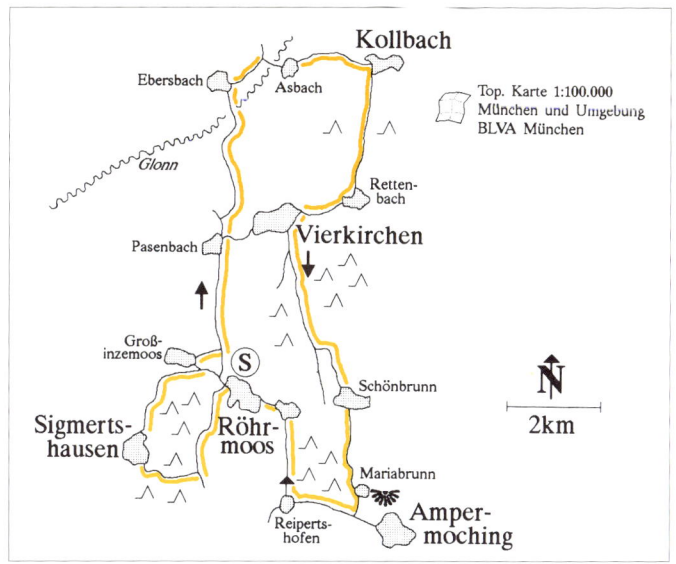

hoch, weiter auf dem Fußweg in Süd-Richtung und nach 200 m (Aussicht!) rechts den etwas schwierigen Pfad hinunter zur Teerstraße; dort rechts ab, in Reipertshofen wieder rechts und zurück nach Röhrmoos.

Steigungen	Gut 2 km leichte und knapp 2 km stärkere Anstiege
Wege	Gut 4 km Schotterwege, sonst Teerstraßen
Verkehr	Vereinzelt etwas lebhafter, insgesamt gering
Sonne	Sonneneinstrahlung auf über 95 % der Strecke
Einkehr	Kollbach: Landgasthof Ostermair (Mo), Garten
	Mariabrunn: Schloßgaststätte (Mo), Garten

Besondere Anziehungspunkte

Sigmertshausen: Kirche St. Vitalis; eine Kirche wird schon im 9. Jh. genannt, nach 1700 blühende Marienwallfahrt, angesehen auch beim bayerischen Fürstenhaus; Neubau 1755 von J. M. Fischer; Deckenfresken und gemalte Scheinstukkatur; dekorative Altäre und Kanzel aus der Bauzeit; im formschönen Choraltar Schnitzfiguren sowie das Gnadenbild, eine Tonmadonna mit kostbarem Mantel.

Schönbrunn: Kirche Hl. Kreuz von 1724; interessante spätbarocke Stuckdekoration; reiche Ausstattung, u. a. drei beachtliche Altarblätter und ein großes Kruzifix mit Mater dolorosa am Choraltar.

Schlösser im Norden Münchens

Eine interessante Kombination von Landschaft, Kunst und Technik! Die Natur stellt sich mit dem reizvollen Dachauer Moos und den Amperauen dar, die Schlösser Haimhausen und Oberschleißheim repräsentieren die Kunst, und die Olympia-Regattastrecke ist eine Meisterleistung der Technik.

▶ Strecke ca. 36 km ▶ Fahrzeit ca. 3 St. ▶ Anforderung gering

Ausgangspunkt: S-Bahnhof Oberschleißheim (S 1)

Die Strecke in Stichworten

Abschnitt Oberschleißheim – Haimhausen (ca. 10 km)
Ausfahrt auf der Mittenheimer Straße in Nordrichtung, nach 1 km links ab und in reizvoller Mooslandschaft zum Riedmooser Hof; dort rechts, 1,5 km danach am Ortsschild Unterschleißheim wieder rechts und nach 300 m links in den Feldweg; man kommt nach 2 km zum Gasthaus Marienmühle und nach Ottershausen; von dort gelangt man nach Nordosten zum Schloß Haimhausen.

Abschnitt Haimhausen – Ampermoching (ca. 8 km)
Weiter geht es ab Ortsmitte Haimhausen Richtung Amperpettenbach, vor der Mühlbachbrücke Abstecher zur Bründlkapelle und zurück zur Brücke; nun über die Amperbrücke und 200 m danach links in den Feldweg; am ersten Querweg links und nach 150 m rechts; am zweiten Querweg wieder links und in West-Richtung nach Ampermoching.

Abschnitt Ampermoching – Oberschleißheim (ca. 18 km)
Im Ort links Richtung Haimhausen, 350 m nach der Amperbrücke rechts auf 6 km in reizvoller Gegend über Hackermoos und Baderstraße zur B 471; dort 350 m rechts, dann gegenüber in den Kalterbachweg; er führt nach Rechtsknick durch ein Gehöft zum Kalterbach und dort links zum Regattaweg; jetzt radelt man links vor zur Regatta-Anlage; am Rechtsknick des Weges geradeaus durch ein Türchen in den Innenraum der Anlage, zur Straße hinunter und rechts das Becken umrunden; am Schild »Regatta-Parksee« hoch und rechts die Treppe hinunter zum Parksee; dort links und nach 50 m wieder links zum Parkplatz; etwa Mitte der Parkanlage geht nach Osten ein Waldweg ab, der über die Auto-

bahn nach Oberschleißheim und zum Schloß führt; von dort ist es noch 1 km auf der Mittenheimer Straße zum S-Bahnhof.

Steigungen	Nur 500 m (leicht)
Wege	8 km Schotter-wege, sonst Teer
Verkehr	Meist sehr gering
Sonne	Auf über 95 %
Einkehr	Riedmoos: Ried-mooser Hof (nur Sa, So ganztägig offen), Garten Haimhausen: Mari-enmühle (Mo, Di), Garten Oberschleißheim: Schloßwirtschaft (Mo), Garten

Besondere Anziehungspunkte

Oberschleißheim: Bedeutende Schloßanlage; Altes Schloß von 1623, nach Zerstörung im Zweiten Weltkrieg 1974 Wiederaufbau; Neues Schloß, von Zuccalli 1701 begonnen und ab 1719 von J. Effner zu En-de geführt; prächtige Repräsentationsräume mit reicher, von bekannten Künstlern geschaffener Innenausstattung, so Treppenhaus, großer Saal, Viktoriasaal und Galerie; Schloß Lustheim von 1689; Gartenschloß mit einer umfangreichen Sammlung schönen Meißner Porzellans (Öff-nungszeiten Neues Schloß und Lustheim tgl. außer Mo).

Haimhausen: Schloß, umgebaut zuletzt 1748 durch F. Cuvilliés; vor-nehme Dreiflügelanlage mit kurzem Ehrenhof an der Ostseite; auf der Westseite des Gebäudes zweiläufige Freitreppe und sehr schöner Gar-ten; Innenräume sind für Besucher nicht zugänglich; Bründlkapelle von 1734, im Wald erbaut für eine Marienwallfahrt.

Ampermoching: Pfarrkirche St. Petrus mit prächtigem Hochaltar, dar-auf Schnitzfigur des hl. Petrus (1670); an der Langhauswand eine be-deutende Holzfigur der Muttergottes vom Anfang des 16. Jh.

Dachauer Moos: Größtenteils kultivierte Moorlandschaft, stellenweise parkartig und mit weiten Ausblicken; wegen der Vielfalt an Licht, Far-ben und Stimmungen gern auch von Malern besucht; in den angren-zenden Amperauen nisten noch seltene Vogelarten.

An der Isar durch München

Diese kurze, aber sehr vergnügliche Tour ist ein Beispiel dafür, wie man praktisch verkehrsfrei und weitgehend im Grünen durch die Millionenstadt München radeln kann. Am Weg entlang der Isar hochkarätige Sehenswürdigkeiten und an den Eckpunkten zwei bekannte Münchner Biergärten.

▶ Strecke ca. 25 km ▶ Fahrzeit ca. 2 St. ▶ Anforderung gering

Ausgangspunkt: Nordwestecke des Tierparks Hellabrunn an der Thalkirchner Brücke; die Tour kann auch an anderen Stellen der Route begonnen werden.

Kurzbeschreibung der Strecke

Abschnitt Tierpark Hellabrunn – Aumeister (ca. 12 km)
Wir radeln hinunter zum geteerten Uferweg und weiter bei schönen Ausblicken entlang der Isar nach Norden; man unterquert in der Folge 5 Brücken, dann erreicht man die Osteinfahrt des Deutschen Museums; weiter geht es am Ostufer der Isar nach Norden zur Ludwigsbrücke und am Volksbad vorbei; 200 m danach halbrechts über den Seitenarm und links hoch; jetzt passiert man in den parkartigen Isarauen 4 weitere Brücken; kurz nach der Kennedybrücke rechter Hand schöne Villenanlagen; nach weiteren 1,5 km Ankunft am Oberföhringer Isarwehr; dort zu Fuß über das Wehr, drüben rechts halten und an der breiteren Teer-/Schotterstraße rechts weiter im Hirschau-Park; nach knapp 2 km trifft man wieder auf eine Querstraße und kommt rechts gleich zum Aumeister.

Abschnitt Aumeister – Tierpark Hellabrunn (ca. 13 km)
Wir fahren 100 m zurück, halten uns nach der Brücke rechts und radeln nun in der Hirschau für ca. 3,5 km am Schwabinger Bach entlang; 100 m vor dem Gasthaus Hirschau halbrechts über die Fußgängerbrücke am Mittleren Ring zum Kleinhesseloher See; wenn wir uns im schönen Biergarten des Seehauses gestärkt haben, umrunden wir den See westlich ausholend auf einem verwitterten Teerweg und bleiben nun stets auf diesem Weg am Westrand des Englischen Gartens in Süd-Richtung; nach Kreuzung einer Teerstraße erreicht man kurz darauf den Chinesischen Turm; von dort fahren wir nach Osten 200 m zur Tivolistraße und

dann rechts zur Max-Joseph-Brücke; nach Überquerung der Ifflandstraße drehen wir rechts ab und radeln nun für knapp 4,5 km am Westufer der Isar nach Süden; man passiert wieder eine Reihe von Brücken sowie das Deutsche Museum und das Europäische Patentamt; 400 m nach der Wittelsbacherbrücke geht links ein Seitensträßchen ab, das unter der Bahn hindurch am Isararm entlang zum Mittleren Ring führt; direkt davor links durch die Unterführung und weiter zum Flaucher; nun vor zur Schinderbrücke, kurz vorher links ab über den Flauchersteg und rechts zum Tierpark zurück.

Steigungen	Die Strecke weist nur ein paar ganz kurze unbedeutende Steigungen auf
Wege	Ein Drittel feste und gepflegte Sandwege, sonst Teersträßchen und -wege
Verkehr	Bis auf das kurze Stück zwischen Englischem Garten und Max-Joseph-Brücke verkehrsfrei; allerdings muß man zwischen Max-Joseph- und Wittelsbacherbrücke für gut 4 km auf Radwegen neben der Verkehrsstraße fahren
Sonne	Gut die Hälfte der Strecke liegt in der Sonne
Einkehr	Flaucher, Aumeister (Mo), Seehaus (ohne Ruhetag) und Chinesischer Turm, alle mit schönem Biergarten

Besondere Anziehungspunkte

Direkt an der Strecke vor allem Deutsches Museum (größtes technisches Museum der Welt), Maximilianeum (Sitz des bayerischen Landtags und Senats), Englischer Garten (gehört zu den größten innerstädtischen Parkanlagen Europas) und Tierpark Hellabrunn (einziger nach Kontinenten gegliederter Zoo der Welt).

Einführung zu den Wanderungen

Wandern war schon immer eine beliebte Freizeitbeschäftigung und steht auch heute noch hoch im Kurs. Dafür gibt es triftige Gründe: Mehr noch als beim Radeln fühlt man sich unmittelbar mit der Natur verbunden. Man hat engen körperlichen Kontakt, kann die Blume oder den Zweig berühren und sieht den glitzernden Tau im Gras. Stehenbleiben ist Momentsache, es gibt kein Aus- oder Absteigen. Man ist sozusagen Teil der Natur und bewegt sich in ihrer Mitte. Dieser engen Beziehung steht freilich auch ein wesentlich kleinerer Aktionsradius gegenüber, was nicht unbedingt ein Nachteil sein muß; es kann aber zur Folge haben, daß Wanderungen manchmal nicht ganz so abwechslungsreich gestaltet werden können wie etwa eine längere Radltour, bei der sich doch der eine oder andere Höhepunkt einbeziehen läßt.

Die Anziehungskraft des Wanderns wird sicher auch begründet durch die Tatsache, daß man – abgesehen von ernsthaften Touren – keine besondere Ausrüstung braucht. Man kann ohne große Vorbereitung hinausfahren und am Ausgangspunkt der Wanderung loslaufen. Wie das Radeln auch, erhält und fördert das Wandern die Gesundheit und das Wohlbefinden, kostet wenig Geld und ist eine besonders umweltfreundliche Beschäftigung, vorausgesetzt, man geht auch hier keine »eigenen« (landschaftsschädigenden) Wege.

Ideal ist das Wandern auch, um in einer stillen Gegend einmal abzuschalten und zu entspannen oder aber gründlich und ungestört über eine Sache nachzudenken. Schließlich gibt es kaum eine bessere Gelegenheit als eine Wanderung, um ein Gespräch zu führen, Gedanken auszutauschen, Pläne zu schmieden.

Die Wanderungen dieses Buches sind keine anstrengenden Gewaltmärsche, sondern eher Kurzwanderungen oder auch ausgedehnte Spaziergänge. Sie sollen einer Situation gerecht werden, die im Grunde jeder kennt: Angenommen es ist Sonntag, man hat gerade zu Mittag gegessen und möchte nun noch laufen. Die Gegend um den eigenen Wohnort kennt man zur Genüge, schön wäre auch mal eine andere Region, möglichst nicht zu weit weg, jedoch landschaftlich reizvoll, vielleicht mit Blick auf die Berge. Aber wohin?

Genau hier möchte das Buch Anregungen geben. Die Wanderungen sind rund um München plaziert, erfassen besonders schöne Landschaftsabschnitte und führen an wichtigen Sehenswürdigkeiten wie auch an empfehlenswerten Gasthöfen vorbei. Sie dauern zum Großteil etwa zwei bis drei Stunden, sind also mit An- und Rückfahrt so etwas wie Halbtagesausflüge.

Sie werden sie ganz sicher nicht bereuen!

Entlang der Moosach nach Weihenstephan

Der Weg führt uns zur ältesten noch betriebenen Brauerei der Welt. Unterwegs passiert man reizvolle Abschnitte entlang der Moosach und auch die Strecke zurück bis Freising ist bei schöner Aussicht angenehm zu gehen. Ein Besuch auf dem Domberg wäre ein würdiger Abschluß dieser Wanderung.

▶ Strecke ca. 5,5 km ▶ Gehzeit ca. 1¼ St.
▶ Anforderung gering

Ausgangspunkt: S-Bahnhof Freising (S 1)

Kurzbeschreibung der Strecke

Abschnitt S-Bahnhof Freising – Weihenstephan (ca. 3 km)
Man geht die Bahnhofstraße hinein und nach 200 m links auf den Fürstendamm; er verläuft entlang der Moosach und endet nach 500 m an zwei Stegen, die wir überqueren; kurz danach trifft man auf den Veitsmüllerweg, wo man links abbiegt; wieder 200 m danach geht rechts ein Fuß-/Radweg ab, der uns in anmutiger Landschaft entlang der Moosach zum querverlaufenden Mühlenweg bringt, wo wir rechts fortsetzen und nach 400 m in den scharf rechts hochführenden Weihenstephaner Steig einbiegen; oben kommt man an zwei Gabelungen: An der ersten halten wir uns links, an der zweiten rechts; wir kommen zum Bräustüberl.

Abschnitt Weihenstephan – S-Bahnhof (ca. 2,5 km)
Wenn wir nicht einkehren, gehen wir geradeaus weiter, unter dem Torbogen hindurch, und treffen auf den Weihenstephaner Fußweg; er führt bei schönem Ausblick auf Freising hinunter zum Veitsmüllerweg; wir überqueren vorne die große Kreuzung der Vöttinger mit der Johannisstraße und gelangen zum Zentrum Freising; auf Höhe des Marktplatzes geht rechts ein Fußweg zum Domberg hoch (gut 300 m Steigung); die Rückkehr erfolgt auf der Westseite des Domberges über die Bahnhofstraße zum S-Bahnhof.

Steigungen	Gut 1 km Steigungen leichter bis stärkerer Art
Wege	Ca. 1,5 km feste Schotterwege, sonst Teerbelag
Verkehr	Nur in der Innenstadt von Freising verstärkt, sonst überwiegend verkehrsfrei

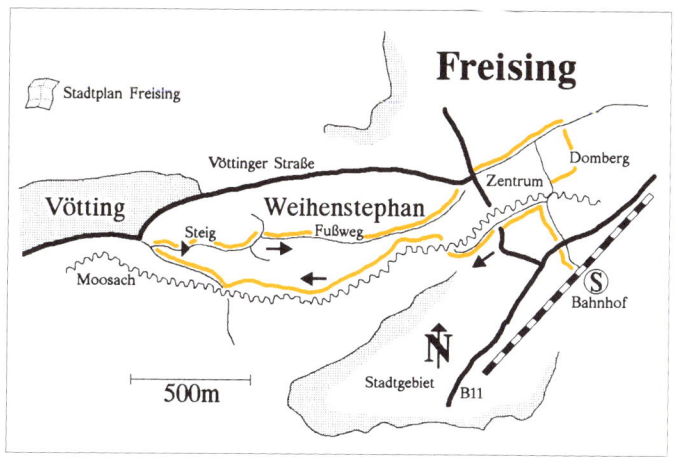

Sonne	Sonneneinstrahlung auf gut 70 % der Strecke
Einkehr	Freising: Café Central (Mo), Terrasse; Bayerischer Hof (Fr abends, Sa)
	Weihenstephan: Bräustüberl (ohne Ruhetag), Garten

Besondere Anziehungspunkte

Freising: Älteste Stadt an der Isar. Auf dem Domberg sind u. a. sehenswert: Mariendom, eine romanische Basilika mit reichem Barockschmuck der Asam-Brüder; in der Krypta findet man die berühmte »Bestiensäule«, eine Skulptur, die frei aus einem Kalksteinblock geschlagen wurde; prächtiger sternförmiger Stuck in der Maximilianskapelle. Ehemalige fürstbischöfliche Residenz, erster Bau der Frührenaissance in Altbayern. Im unteren Stadtbereich empfehlen sich Besuche im Heimatmuseum (offen So 11-12) sowie im Prämonstratenserkloster Neustift St. Peter und Paul; Einzelheiten dazu siehe Tour 2.

Weihenstephan: Heute Technische Universität mit den Fakultäten Landwirtschaft und Gartenbau sowie Brauwesen, Lebensmitteltechnologie und Milchwissenschaft; mehrere tausend deutsche und ausländische Studenten; angegliedert zahlreiche Versuchs- und Forschungseinrichtungen. Traditionsreich auch die Bayerische Landesanstalt für Bodenkultur und Pflanzenbau, die mit ihren Gartenanlagen und vor allem dem Sichtungsgarten ein Zentrum des deutschen Gartenbaus darstellt. Die Bayerische Staatsbrauerei Weihenstephan führt ihre Tradition auf das im Jahre 1040 verliehene Braurecht zurück und gilt somit als älteste noch im Betrieb befindliche Braustätte der Welt.

An der Sempt in Erding

Wandergebiet ist der Ortsbereich Erding und Altenerding. Wir gehen am Ostufer der Sempt nach Süden und auf der Westseite wieder zurück. Dabei bieten sich malerische Bilder, vor allem im schönen Erdinger Stadtpark. Natürlich ist unterwegs auch für kulturelle Abwechslung gesorgt.

▶ Strecke ca. 7 km ▶ Gehzeit ca. 1 ³/₄ St.
▶ Anforderung gering

Ausgangspunkt: S-Bahnhof Altenerding (S 6)

Kurzbeschreibung der Strecke

Abschnitt Altenerding – Stadtmitte Erding (ca. 2 km)
Start auf dem Christian-Seidl-Weg an der Bahn entlang nach Norden zur Parkstraße; wir gehen nun gegenüber in den Stadtpark und an der Gabelung nach 10 m rechts; dieser schöne Parkweg passiert ein Wildgehege, führt an der Sempt und ihrem Seitenarm entlang und durchläuft eine Häusergruppe; rechts das Gasthaus Pointnermühle; es geht weiter direkt am Westufer der Sempt; nach 400 m überqueren wir rechts einen Steg, kommen danach links vor zur Münchner Straße und dort rechter Hand ins Ortszentrum von Erding.

Abschnitt Stadtmitte Erding – Altenerding (ca. 5 km)
Wir laufen die Fischerstraße ca. 400 m hinaus, dann rechts ab Am Stadtpark und gleich noch einmal rechts auf den Uferweg; man durchwandert den Park jetzt am Ostufer der Sempt auf ca. 800 m bis auf Höhe der Bahnunterführung, wo der Weg nach links abdreht und entlang der Bahn bis zur Haager Straße führt; dort gehen wir rechts über die Gleise und gleich wieder rechts in den Schotterweg, der nach 200 m links abknickt (Stadtweg); nach gut 400 m kommt man an eine Semptbrücke, wo man links und nach 30 m rechts auf den Fußweg entlang der Sempt abbiegt; wieder 200 m danach rechts im schmalen Durchgang zur Ardeostraße; wir setzen schräg gegenüber in die Austraße fort, halten uns an der nachfolgenden Petersbergstraße rechts und folgen gut 100 m danach links dem Pretzener Weg; Am Altwasser biegen wir erneut rechts und vor der zweiten Brücke links ab und wandern auf dem schönen Weg an der Sempt entlang nach Süden; nach 500 m rechts über

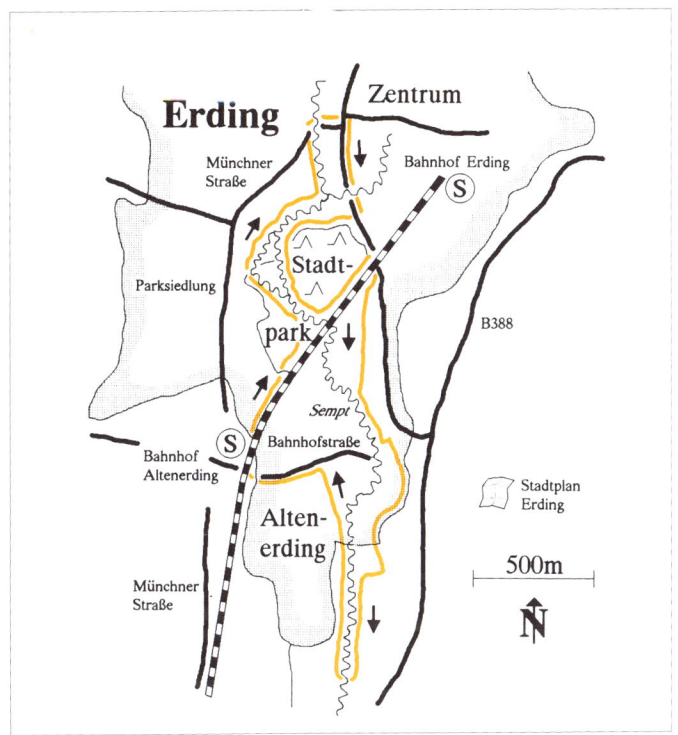

die Brücke und danach sofort wieder nach rechts auf den Pfad, geradewegs am Sportplatz entlang und weiter auf der Rotwand- und Landgerichtsstraße zur Bahnhofstraße in Altenerding; dort kommt man links zum S-Bahnhof zurück.

Steigungen	Die Strecke weist keine nennenswerten Anstiege auf
Wege	Gut 3 km feste Schotterwege, sonst Teersträßchen
Verkehr	Im Zentrum von Erding verstärkt, sonst nur gering und zum Teil ganz verkehrsfrei
Sonne	Sonneneinstrahlung auf ca. 70 % der Strecke
Einkehr	Erding: Erdinger Weißbräu (Mi); Mayr-Wirt (Sa) Altenerding: Park-Café (Di, Mi bis 16), Garten

Besondere Anziehungspunkte

Erding und **Altenerding**: Siehe die Touren 4 und 6.

W 48

Zum Poinger Wildpark

Wir drehen zunächst eine beschauliche Runde in bäuerlicher Landschaft, um dann gegen Ende der Wanderung noch einen Gang von ca. 3-4 km durch den Wildpark Poing zu machen. Nicht nur Tierfreunde kommen in diesem 57 ha großen und wildreichsten Park Deutschlands voll auf ihre Kosten.

▶ Strecke ca. 12 km ▶ Gehzeit ca. 3 St. ▶ Anforderung mittel

Ausgangspunkt: S-Bahnhof Poing (S 6)

Kurzbeschreibung der Strecke

Abschnitt Poing – Lindach (ca. 3,5 km)
Man geht auf der Bahnhof- und Hauptstraße in Ost-Richtung durch den Ort, biegt nach 800 m an der Gabelung rechts in die Kampenwandstraße und 400 m danach links in die Lindacherstraße; nun geht es hinaus in die freie Gemarkung, zum Teil auch durch Wald, mit stellenweise schönen Ausblicken bis zu den Bergen; nach 2 km erreicht man Lindach, hält sich dort links und verläßt den Ort wieder nach Nordosten in Richtung Markt Schwaben.

Abschnitt Lindach – Wildpark Poing (ca. 2,5 km)
Unmittelbar nach dem letzten Haus folgen wir dem links abgehenden Feldweg und halten uns an der gleich folgenden Gabel wieder links; 400 m danach kommt man an eine Waldecke, geht dort geradeaus und biegt erst nach ca. 80 m links in den Wald ein; bei Waldaustritt nach 300 m geht man links in Richtung Wildpark und parallel zum Waldrand weiter, biegt nach 200 m auf freiem Feld rechts ab und steuert den in nördlicher Richtung liegenden Waldrand an; jenseits dieses schmalen Waldstücks bringt uns ein Schottersträßchen, das entlang der Bahnlinie verläuft, in West-Richtung zum Eingang des Wildparks.

Abschnitt Wildpark – Poing (ca. 6 km)
Die Wanderwege im Wildpark sind insgesamt ca. 4 km lang; Richtung und Länge des Rundgangs liegen im eigenen Ermessen (siehe auch Skizze); nach Verlassen des Parks kommt man links nach Poing und zum S-Bahnhof zurück. Diese Reststrecke beträgt ca. 2 km.

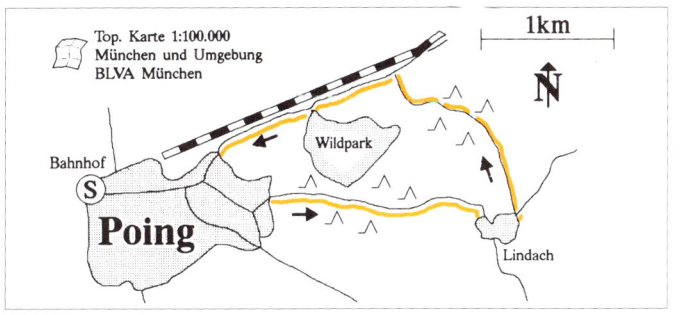

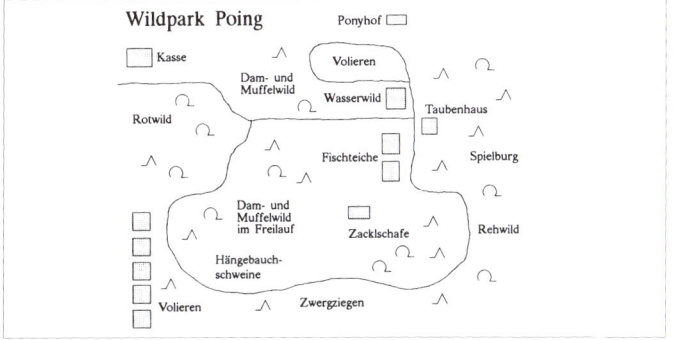

Steigungen	Keine nennenswerten Steigungen auf der Strecke
Wege	Ca. 30 % Teerstraßen, sonst Schotter-, Feld- und Waldwege, z. T. regenanfällig
Verkehr	In Poing verstärkt, sonst praktisch verkehrsfrei
Sonne	Sonneneinstrahlung auf ca. 80 % der Strecke
Einkehr	Poing: Gasthof Liebhart (Mo)
	Neufarn: Gasthof Stangl (Sa), Garten
	Anzing: Zum Kirchenwirt (Mo), Garten

Besondere Anziehungspunkte

Wildpark Poing: Wildreichster Park Deutschlands; man sieht u. a. Dam- und Rothirsche, Mufflons, Rehe und Wildschweine; weiter gibt es einen Ponyzuchthof, Fischschaubecken, ein großes Taubenhaus, eine ungarische Zacklschafzucht sowie diverse Tierbehausungen; weitere Einzelheiten siehe Tour 9; der Park ist während des Sommers täglich von 9 bis 17 Uhr geöffnet.

Ebersberger Attraktionen

Ebersberg und seine Umgebung sind immer ein lohnendes Ausflugsziel! Auf dem heutigen Rundkurs bilden die Ludwigshöhe, der Eggelburger See und natürlich die Stadt Ebersberg selbst die besonderen Anziehungspunkte.

► Strecke ca. 10 km ► Gehzeit ca. 2½ St.
► Anforderung mittel

Ausgangspunkt: S-Bahnhof Ebersberg (S 4)

Kurzbeschreibung der Strecke

Abschnitt Ebersberg – Hintereggelburg (ca. 6 km)

Wir gehen an der Nordseite des Marktplatzes in die Sieghartstraße und in gerader Linie über Semptstraße und Richardisweg zur Eberhardstraße; dort rechts ab in den Mühlweg und in Anderlmühle links auf den Feldweg zur Hohenlindener Straße: auf der Gegenseite Im Tal weiter bis zur Schwabener Straße; jetzt rechts ab, nach 200 m wieder links in die Sportparkstraße und 150 m danach scharf links in die Anzinger Siedlung; am Ende dieser Straße folgt der kurze Aufstieg zum Aussichtsturm (z. Zt. gesperrt); nun rechts am Turm vorbei und für 2 km den rot-weißen Streifen im Wald folgen; nach Überschreiten einer Schotterstraße und eines Holzsteges kommt man 250 m weiter kurz nach Wiedereintritt in den Wald an eine Gabel; dort link bis Hintereggelburg.

Abschnitt Hintereggelburg – Ebersberg (ca. 4 km)

400 m nach dem Gehöft links in den Feld-/Wiesenweg und hinüber zum Wirtshaus zur Gass; dort mit Seeblick links weiter und nach 250 m rechts ab zum Seeweberweiher; nach dem ersten Haus rechts hinunter auf den Wiesenweg und an einigen Weihern entlang zum Klosterseedamm, dort rechts hinüber und zurück nach Ebersberg.

Steigungen	Gut 1,5 km leichte bis stärkere Steigungen
Wege	Knapp 60 % der Strecke Feld-/Wald-/Wiesenwege
Verkehr	Nur in Ebersberg verstärkt, sonst kaum Verkehr
Sonne	Gut 70 % der Strecke liegen in der Sonne
Einkehr	Ebersberg: Ebersberger Alm (Mo), Garten
	Vordereggelburg: Wirtshaus zur Gass (Mo), Garten

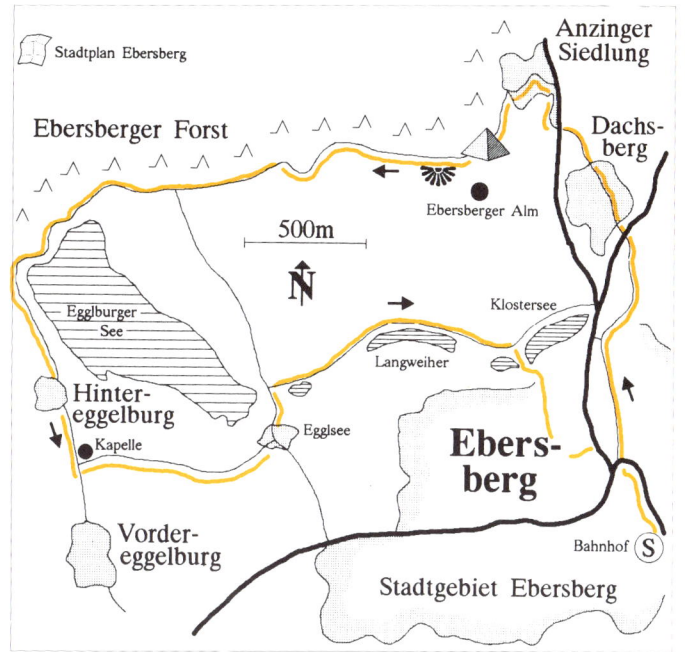

Besondere Anziehungspunkte

Ebersberg: 906 erstmals urkundlich erwähnt, 934 Gründung eines Klosters und später Aufblühen einer Sebastianswallfahrt; heute Kreisstadt mit schönem Ortsbild am Marienplatz; dort auch das Rathaus von 1529 mit repräsentativem Gang (Netzgewölbe) und der ehemaligen Gaststube (Holzdecke mit gotischer Schnitzerei); Pfarrkirche St. Sebastian, in heutiger Form von 1734, mit festlicher Barockausstattung und einem bedeutenden Stiftergrab; in der stimmungsvollen Sebastianskapelle mit reichem Stuck Aufbewahrung wertvoller Reliquien.
Ebersberger Forst: Mit 90 km² (Größe des Chiemsees) größtes zusammenhängendes Waldgebiet des deutschen Flachlandes; viele vorgeschichtliche Gräberfunde; hervorzuheben sind u. a. auch die Hohenlindener Sauschütt mit Wirtshaus und Waldlehrpfad, das Forsthaus St. Hubertus mit Biergarten, der Aussichtsturm auf der Ludwigshöhe, das Forsthaus Diana, die Sebastiansäule am Ostrand sowie Reste einer Römerstraße im Nordteil des Forstes.
Eggelburger See: Der reizvoll gelegene kleine See ist Nistplatz vieler Vögel, u. a. vor allem der Lachmöwe.

Spaziergang am Steinsee

Eine besonders empfehlenswerte Wanderung! Sie verläuft vom malerisch gelegenen Steinsee nach Süden über Doblberg und weiter mit prachtvollem Gebirgsblick bis Adling. Dort wandern wir in Nordrichtung über Oberseeon wieder zurück.

▶ Strecke ca. 8,5 km ▶ Gehzeit ca. 2¼ St.
▶ Anforderung gering

Ausgangspunkt: Parkplatz am Badegelände des Steinsees, ca. 1,5 km südwestlich von Moosach.

Kurzbeschreibung der Strecke

Abschnitt Steinsee – Adling (ca. 3,5 km)
Start vom Kassenhäuschen des Steinsee-Bades nach Osten in den Wald (Kennzeichnung grünes Dreieck in weißem Kreis); nach gut 700 m an der Gabelung links (Kennzeichen gelber Punkt), an der nächsten Gabelung (400 m danach) rechts und an der dritten Gabelung 200 m danach wieder links; bald tritt man aus dem Wald und erreicht bei weitem Ausblick die Ansiedlung Doblberg; unmittelbar nach den Häusern bietet sich ein herrlicher Blick auf das Gebirge; wir wandern bei anhaltender Aussicht weiter und kommen in reizvoller Landschaft nach Adling.

Abschnitt Adling – Steinsee (knapp 5 km)
Gegen Ortsende von Adling rechts auf das Teersträßchen, dann nach 200 m dem Linksknick folgen, am nächsten Querweg wieder rechts und 200 m danach nochmals rechts in den Feldweg hinein; dieser Weg führt 300 m hoch zu einem Wegekreuz, dort rechts ab und nun angenehme Wanderung von knapp 1,5 km durch den Forst; nach Austritt aus dem Wald über den Querweg hinweg und geradewegs hinauf nach Oberseeon; man geht durch das Gehöft hindurch und biegt am Ende links in den Schotterweg, der zum Steinsee hinunterführt; wenig später mündet der Weg in die bereits bekannte Route ein, die uns zum Kassenhäuschen zurückbringt.

Steigungen	Gut 1 km Steigungen, vorwiegend stärkerer Art
Wege	Ca. 6 km sind feste Wald- und Feldwege, sonst Teer
Verkehr	Auf gesamter Strecke praktisch kein Verkehr

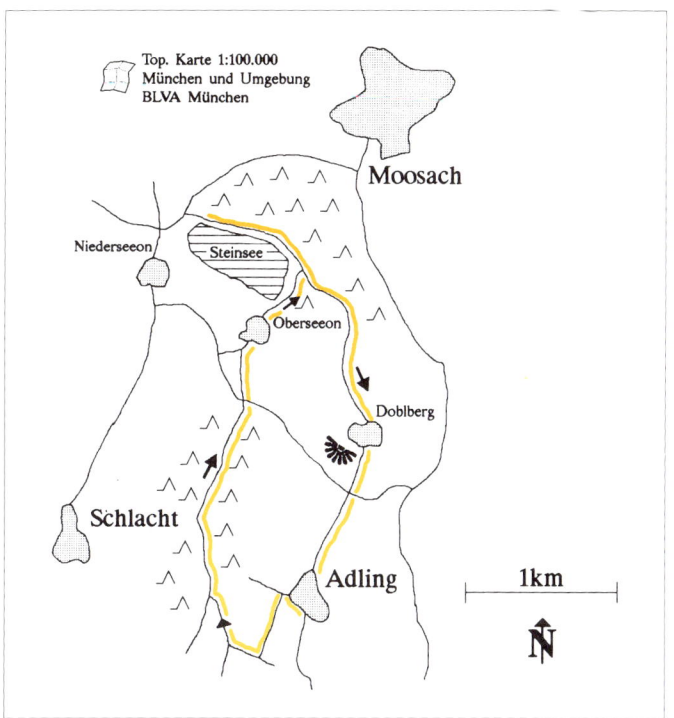

Sonne   Sonne/Schatten im Verhältnis ca. 50:50
Einkehr   Steinsee: Gaststätte am Steinsee (im Sommer nur bei
               schlechtem Wetter geschlossen), Terrasse
               Niederseeon: Reiterhof am Steinsee (Mo), Garten
               Glonn: Zur Post (Di), Garten

Besondere Anziehungspunkte

Steinsee: Ca. 1 x 0,5 km großer Badesee in landschaftlich reizvoller Lage zwischen Moosach und Glonn; hohe Wassergüte; das Bad ist im Sommer bei Schönwetter täglich geöffnet von 9 bis 18 Uhr.
Maria Altenburg: Ganz in der Nähe (ca. 1,5 km entfernt) liegt Maria Altenburg, eine heute noch angesehene Wallfahrtskirche mit beachtenswerter Ausstattung; ebenfalls nicht weit entfernt (ca. 4 km) der Kastenseeoner See, ein kleiner Badesee mit Wasserski-Anlage.

Durch das reizvolle Glonntal

Das breit ausladende Glonntal südlich von Glonn ist eine Landschaft von besonderem Reiz: Parkartiger Charakter und weite Ausblicke. Dazu wenig Steigungen und kaum Verkehr. Das ergibt zusammengenommen eine genußvolle Wanderung, die vor allem den erholungssuchenden Naturfreund anspricht.

▶ Strecke ca. 6 km ▶ Gehzeit ca. 1½ St. ▶ Anforderung gering

Ausgangspunkt: Mattenhofen Ortsmitte, ca. 2 km südlich von Glonn

Kurzbeschreibung der Strecke

Abschnitt Mattenhofen – Piusheim (ca. 3,5 km)
Wir verlassen den Ort nach Süden Richtung Haslach, folgen nach ca. 400 m dem Linksknick des Sträßchens und erreichen nach Überschreiten der Glonn bei erstem Bergblick den Ort Haslach; im Ort links in die Frauenbründlstraße, nach knapp 500 m an der Wegegabelung rechts und nach weiteren 500 m an einer Dreiergabel auf dem mittleren Feldweg weiter; nach einer kurzen Passage durch Wald links halten (schöner Ausblick) und am Teersträßchen rechts nach Piusheim bis zur Rechtsabzweigung Richtung Glonn.

Abschnitt Piusheim – Mattenhofen (gut 2,5 km)
Wir folgen dieser Abzweigung, biegen an der nächsten Querstraße links und nach 100 m direkt vor dem kleinen Park wieder rechts ab und kommen so über eine kleine Glonnbrücke; direkt danach rechts in den Feldweg einschwenken und weiter bis zum Waldrand; unmittelbar vor Waldeintritt nach rechts abdrehen und auf dem Wiesenpfad am Waldrand entlang weiter in Nordwest-Richtung wandern; der Pfad mündet bald in einen Weg, der gleich darauf in einen festen Feldweg übergeht; dieser führt direkt nach Mattenhofen zurück.

Steigungen	Insgesamt gut 1 km leichte bis stärkere Steigungen
Wege	Gut die Hälfte der Route verläuft auf Feld- und Waldwegen, die z. T. nicht witterungsfest sind, sonst Teerwege und -straßen
Verkehr	Die Strecke ist so gut wie nicht befahren
Sonne	Ca. 90 % der Strecke liegen in der Sonne

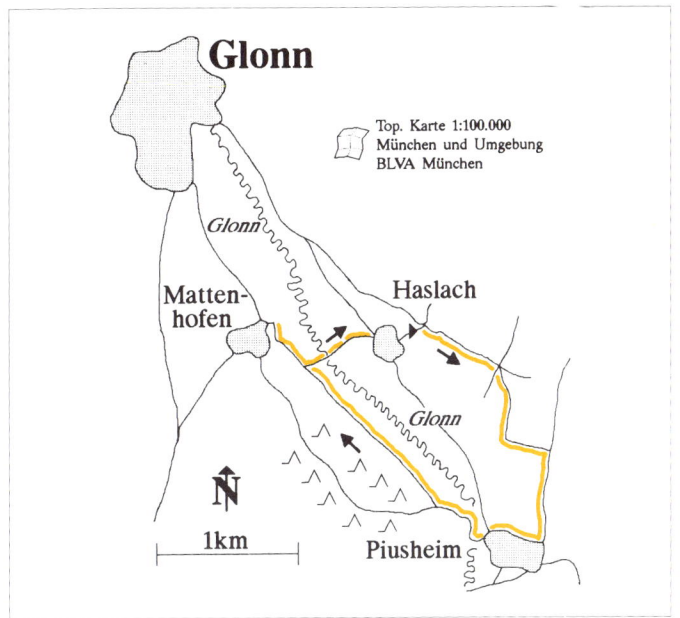

Einkehr   Keine Einkehrmöglichkeiten direkt an der Strecke, aber
Glonn: Zur Post (Di), Garten
Münster: Landgasthof Ott (Di, Mi Ruhetage; Mo, Do, Fr ab 16, Sa, So ganztägig offen), Garten

Besondere Anziehungspunkte

Glonntal: Die Glonn entspringt in der Nähe des Ortes Glonn und fließt bei Bad Aibling in die Mangfall; das Glonntal und besonders der Abschnitt zwischen Glonn und Holzham ist von ansprechender Landschaft und weiten Ausblicken gekennzeichnet; angenehm sind auch die Stille und Einsamkeit dieser Gegend. Wer nach der Wanderung noch an Besichtigungen interessiert ist, hat im engeren Umkreis folgende Möglichkeiten: Aying mit Kirche und Heimatmuseum, Kleinhelfendorf mit zwei beachtlichen Kirchen (u. a. Marterkapelle mit lebensgroßer Figurengruppe) und Kleinhöhenrain mit einem besuchenswerten Aussichtspunkt; dort auch der Gasthof Zur schönen Aussicht (Mi) mit Biergarten.

Alpenblick in Antholing

Zwei Abschnitte bestimmen diesen Rundgang: Zuerst das landschaftlich anmutige Glonntal, das wir über Waslmühle bis Piusheim durchwandern, und dann der Höhenrücken rund um Antholing, der bei gutem Wetter stellenweise großartige Ausblicke auf die Gebirgskette und das Vorland ermöglicht.

▶ Strecke knapp 8 km ▶ Gehzeit ca. 2 St.
▶ Anforderung gering

Ausgangspunkt: Straßenkreuzung am Südrand von Antholing, ca. 5 km südöstlich von Glonn

Kurzbeschreibung der Strecke

Abschnitt Antholing – Piusheim (gut 3,5 km)

Man verläßt Antholing in Süd-Richtung, biegt nach 200 m rechts ab und geht bei herrlicher Aussicht auf Berge und Vorland weiter über Hub ins Glonntal hinunter; wir bleiben auf diesem Sträßchen bis zur kleinen Brücke über die Glonn und gelangen unmittelbar danach rechts abbiegend zum Gehöft Waslmühle; im Gehöft scharf links ab und auf dem Teerweg hinüber zu dem Teersträßchen, das uns rechts über Mittermühle nach Piusheim führt; dort weiter zum Straßenkreuz am Südost-Rand der Siedlung.

Abschnitt Piusheim – Antholing (knapp 4,5 km)

Wir folgen jetzt dem Schild Richtung Antholing und biegen nach 250 m in der Rechtskurve links in den Wald ab; an der nächsten Gabelung nach 100 m rechts auf etwas verwildertem Waldweg hoch und nach weiteren 200 m am Querweg links halten; 200 m danach folgt noch eine Gabelung, dort wiederum links; man erreicht nach insgesamt 800 m Steigungen das hochgelegene Gehöft Stroblberg; jetzt geht es rechts auf dem Teersträßchen bei sehr schöner Aussicht hinunter zur Kreisstraße und schräg rechts gegenüber weiter Richtung Einhaus/Pfleg; nach gut 100 m folgt ein Wegekreuz, an dem wir rechts auf den Feldweg einbiegen; er führt wieder zu einem Teersträßchen, wo wir links abschwenken und kurz darauf nach Großesterndorf an ein Straßenkreuz kommen; dort gehen wir rechts weiter Richtung Feuerreit und erreichen bei wiederum großartiger Aussicht Kleinesterndorf; im Ort erneut rechts

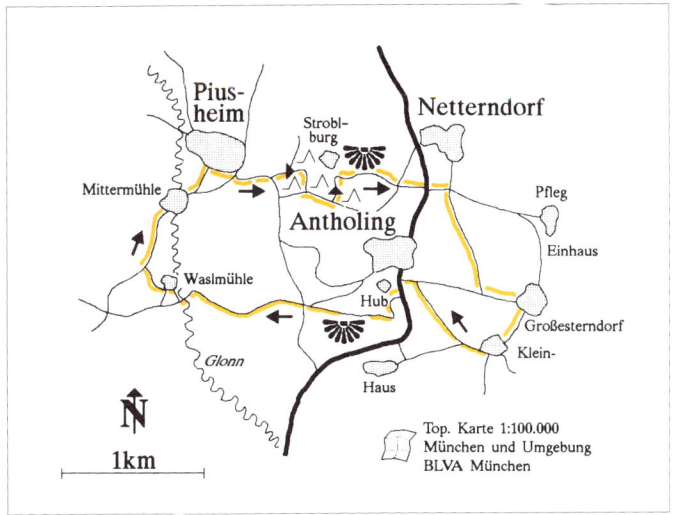

halten, an der folgenden Gabelung noch einmal rechts und bei anhaltend schöner Aussicht zurück nach Antholing.

Steigungen	Ca. 1,5 km Steigungen, davon gut 500 m etwas stärker
Wege	Knapp 1,5 km zumeist feste Wald- und Feldwege, sonst Teersträßchen
Verkehr	Auf ganzer Strecke so gut wie kein Verkehr
Sonne	Ca. 90 % der Strecke liegen in der Sonne
Einkehr	Keine Einkehrmöglichkeiten direkt am Wege, aber Glonn: Zur Post (Di), Garten Kleinhöhenrain: Zur schönen Aussicht (Mi), Garten Netterndorf: Gasthaus Netterndorf (Mo, Mi), Garten

Besondere Anziehungspunkte

Glonntal: Siehe Tour 51. Neben dem landschaftlichen Reiz und der prachtvollen Gebirgssicht weist die Strecke keine weiteren Höhepunkte auf. Ganz in der Nähe (ca. 1 km nördlich Piusheim) liegt jedoch die Wallfahrtskirche Frauenbründl von 1712; einen Besuch lohnt auch der Aussichtspunkt in Kleinhöhenrain, wo sich ein imposantes Alpenpanorama von der Zugspitze bis nach Salzburg bietet; im Garten des Gasthofes Zur schönen Aussicht kann man Bergblick und Brotzeit miteinander verbinden.

Ayinger Wanderung

So könnte ein Sonntagnachmittag aussehen: Nach Mittagessen und Besuch des Heimatmuseums in Aying dreht man auf aussichtsreicher Strecke eine Runde über Kleinhelfendorf und Peiß und läßt diese ländliche Wanderung anschließend im Ayinger Biergarten ausklingen. Es gefällt sicher allen!

▶ Strecke gut 11 km ▶ Gehzeit ca. 3 St. ▶ Anforderung mittel

Ausgangspunkt: S-Bahnhof Aying (S 1)

Kurzbeschreibung der Strecke

Abschnitt Aying – Kleinhelfendorf (knapp 5 km)
Wir verlassen Aying auf der Oberen Dorfstraße nach Süden und biegen an der Kaltenbrunner Straße links ab; an der gleich folgenden Gabelung rechts halten und bei schöner Alpensicht bis zu einer Teerstraße; gegenüber auf dem Waldweg (grüner Ring in weißem Kreis) weiter in Süd-Richtung; knapp 1 km danach Waldende und wiederum sehr schöne Aussicht auf die Bergkette; 400 m danach am Rechtsknick des Weges links zum Teersträßchen, dort rechts abbiegen, über die folgende Querstraße hinweg und auf dem Wiesenweg weiter nach Süden; wir überqueren nach 600 m erneut eine Teerstraße und kommen nach Kleinhelfendorf.

Abschnitt Kleinhelfendorf – Aying (gut 6 km)
Gegenüber der St.-Emmerams-Kapelle geht ein Weg ab; dort hinein und nach 50 m scharf links ab; dieser Feldweg führt bei weiten Ausblicken Richtung Großhelfendorf; nach 500 m und weiteren 300 m trifft man jeweils auf eine Teerstraße, die man in beiden Fällen geradewegs überquert; so gelangt man nach Göggenhofen; wir gehen für knapp 200 m an der Rosenheimer Straße entlang und biegen dann links ab; kurz danach folgen wir links der Hans-Schuster-Straße, an deren Ende ein Fußweg nach unten zur Teerstraße führt; von dort kommen wir nach 300 m zum Bahnübergang; direkt vor dem Übergang biegen wir rechts auf den Feldweg ein und wandern nun parallel zur Bahnlinie nach Norden; gut 1 km weiter überqueren wir die Teerstraße, passieren den S-Bahnhof Peiß und biegen an der nächsten Straße (Mitterweg) links ab; jetzt muß man bei schönen Aus- und Rückblicken auf die Berge etwas

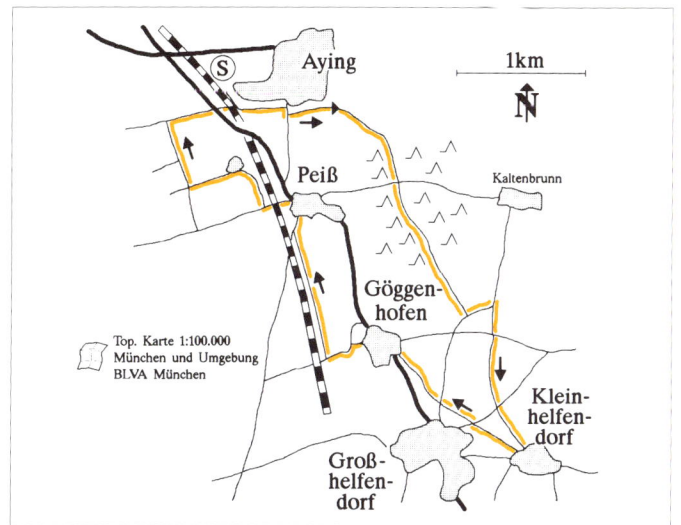

aufpassen: gut 100 m nach dem Bahnübergang Peiß rechts ab auf den Eichbaumweg, am Gehöft vorbei und 400 m danach Rechtsknick; es folgt nach 200 m eine Linkskurve, dort geradeaus auf dem Wiesenweg zu einem querverlaufenden Feldweg, auf dem wir rechts zur großen Verkehrsstraße am Westrand von Aying kommen; schräg rechts gegenüber können wir die Bahnlinie überschreiten und sind gleich darauf wieder in Aying.

Steigungen	Gut 1 km leichte und ca. 700 m stärkere Steigungen
Wege	Knapp 60 % meist feste Schotterwege, sonst Teer
Verkehr	In Aying und Göggenhofen verstärkt, sonst gering
Sonne	Sonneneinstrahlung auf ca. 90 % der Strecke
Einkehr	Aying: Brauerei-Gasthof (ohne Ruhetag), Garten; Brauerei-Schänke (ohne Ruhetag), Garten Kleinhelfendorf: Gastwirtschaft Oswald (Mi)

Besondere Anziehungspunkte

Aying: Siehe Tour 13.
Kleinhelfendorf: Pfarrkirche St. Emmeram, eine der reizvollsten kleinen Barockkirchen in Südbayern (reiche Stukkaturen); im Ort auch eine Marterkapelle (1752) mit Marterstein und lebensgroßer Figurengruppe in einer Marterdarstellung; viele Votivbilder.

Am Mangfallknie

Die markante Biegung der Mangfall bei Grub in wildromantischer Landschaft gehört zu den attraktiven Wandergebieten des Alpenvorlandes. Wir steuern sie von Hohendilching an und kehren über die Orte Sonderdilching und Valley zum Ausgangspunkt zurück.

▶ Strecke knapp 9 km ▶ Gehzeit ca. 2¹⁄₄ St.
▶ Anforderung mittel

Ausgangspunkt: Kirche in Hohendilching, gut 2 km südöstlich des S-Bahnhofs Kreuzstraße

Kurzbeschreibung der Strecke

Abschnitt Hohendilching – Kleinhöhenkirchen (ca. 4 km)
Wir starten an der Kirche mit Nord-Kurs und biegen nach knapp 100 m rechts Richtung Grub ab; es folgt eine ungefähr 1,5 km lange bewaldete Teilstrecke entlang der Mangfall, zumeist am Hochufer und nur selten mit Ausblick auf den Lauf des Flusses; dann trifft man auf einen querverlaufenden Schotterweg, der rechter Hand in ein Teersträßchen mündet, das seinerseits zur Mangfallbrücke hinunterführt: wir sind direkt am Mangfallknie und können jetzt das Flußbett und die Ufer sehen; wir überqueren die Mangfall und gehen drüben das Sträßchen hoch; nach 2 km, davon knapp die Hälfte ansteigende Strecke, erreicht man das um ca. 100 m höher liegende Kleinhöhenkirchen.

Abschnitt Kleinhöhenkirchen – Hohendilching (knapp 5 km)
Man verläßt den Ort in Süd-Richtung und erreicht auf einer wenig befahrenen Straße nach gut 1,5 km Sonderdilching; dort biegen wir rechts ab und kommen nach weiteren 1,5 km abwärts an die Mangfallbrücke unterhalb der Ortschaft Valley; unmittelbar nach der Brücke geht rechts der Aumühlerweg ab; kurz danach folgt eine Gabelung, an der wir uns links halten; auf dem restlichen Weg zurück nach Hohendilching muß man einen Abschnitt von 400 m überwinden, der nach Regenfällen aufgeweicht sein könnte; danach Übergang in eine Teerstraße, die geradewegs nach Hohendilching hochführt (ca. 500 m Steigung).

Steigungen	Knapp 0,5 km leichte und 1,5 km stärkere Anstiege
Wege	Gut ein Viertel der Strecke Schotter, sonst Teer

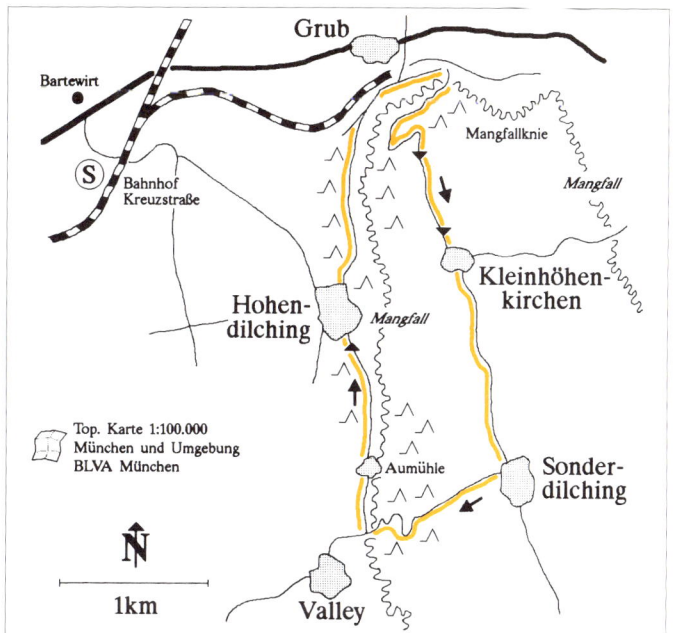

Verkehr	Gering, über die Hälfte der Strecke verkehrsfrei
Sonne	Sonneneinstrahlung auf ca. 70 % der Strecke
Einkehr	Direkt an der Strecke keine geeignete Einkehr, aber Kreuzstraße: Bartewirt (Di, Mi), Garten Valley: Bräustüberl Valley (Di), Garten

Besondere Anziehungspunkte

Mangfallknie: Markante Biegung der Mangfall bei Grub; durch diese plötzliche Richtungsänderung ist die Mangfall der einzige Fluß an der Alpennordseite, der nicht in allgemein nördlicher Richtung fließt; er nimmt nämlich ab dem Knie Richtung Südost und mündet bei Rosenheim in den Inn.

Valley: Neues Schloß, um 1740 erbaut, nach Bränden mehrfach erneuert; zweigeschossige Vierflügelanlage um einen quadratischen Innenhof; keine Innenbesichtigung. Römischer Meilenstein von der Römerstraße bei Helfendorf mit Inschrift über die Römerstraße Augsburg – Salzburg; der Stein ist eine Kopie, das Original befindet sich in der Prähistorischen Staatssammlung München.

Zwischen Mangfall und Leitzach

Ein Geheimtip unter den Wanderungen: Die Route verläuft von Kleinpienzenau zur Auerschmiede im Leitzachtal, von dort in einem Nordbogen zurück und glänzt mit parkartigen Landschaftsteilen und vor allem mit zahlreichen prächtigen Ausblicken auf die Gebirgskette und das Alpenvorland.

▶ Strecke gut 9 km ▶ Gehzeit 2¼ St. ▶ Anforderung mittel

Ausgangspunkt: Gasthof Steininger in Kleinpienzenau, ca. 5 km südlich von Weyarn

Kurzbeschreibung der Strecke

Abschnitt Kleinpienzenau – Auerschmiede (ca. 4,5 km)

Start am Gasthof Steininger auf dem Sträßchen nach Süden, schon kurze Zeit später schöne Bergaussicht, die sich auf den nächsten 3 km immer wieder bietet; im ersten Teil der Strecke muß man ca. 800 m Steigungen überwinden; knapp 1 km nach dem Start kommt eine Gabelung, dort rechts halten, anschließend passiert man Ponleiten und erreicht nach 2 km die Abzweigung Riedgasteig; dort gehen wir geradeaus und folgen 50 m danach rechts dem Feldweg, der zum Huberhof hinüberführt; von dem Hof aus hat man einen einzigartigen Ausblick auf die breit daliegende Gebirgskette; unmittelbar nach dem Hof biegt man links auf den Feldweg ein und kommt zu der weiter unten liegenden Teerstraße, wo wir links abschwenken; 700 m weiter im Wald stellenweise steiler Abgang; dann kommt man zu der querverlaufenden Kreisstraße, an der gleich links der Landgasthof Auerschmiede – unser Wendepunkt – liegt.

Abschnitt Auerschmiede – Kleinpienzenau (knapp 5 km)

Wenn wir uns in der Auerschmiede gestärkt haben, setzen wir die Wanderung auf dem direkt vor dem Gasthof nach links abzweigenden Teerweg fort, der bald in Schotter übergeht und im Wald ca. 800 m nach oben führt (1 km Steigungen); in der Folge passieren wir in parkartiger Landschaft bei weiten Ausblicken einige Höfe und kommen später zu einem Wegekreuz; dort weiter die Richtung Pienzenau halten; kurz vor dem Ort noch einmal schöner Blick auf die Bergkette, dann geht es hinunter in den Ort Kleinpienzenau und zurück zum Gasthof.

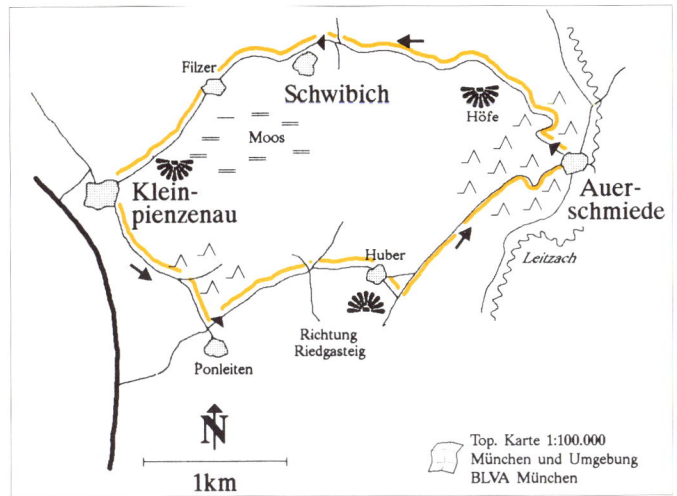

Steigungen	Insgesamt gut 2,5 km Steigungen, davon einige auf kurzen Abschnitten etwas stärker
Wege	Ein Viertel der Strecke feste Schotterwege, sonst nur Teerwege
Verkehr	Die Teerstraßen sind so gut wie nicht befahren
Sonne	Gut 80 % der Strecke liegen in der Sonne
Einkehr	Kleinpienzenau: Gasthof Steininger (nur gelegentlich geöffnet) Auerschmiede: Landgasthof Auerschmiede (ohne Ruhetag), kleine Terrasse

Besondere Anziehungspunkte

Besteht nach der Wanderung Interesse an weiteren Sehenswürdigkeiten, bieten sich im näheren Umkreis folgende Möglichkeiten:
Wilparting (Entfernung 5 km): Reizvoll gelegenen Wallfahrtskirche St. Marinus-Anianus (irische Missionare); bemerkenswert vor allem der Rokokostuck, das Deckengemälde und ein Marmorgrabmal.
Miesbach (ca. 4 km entfernt): Siehe Tour 56.
Beachtung verdienen auch die wiederkehrenden Brauchtumsveranstaltungen des Schlierseegebiets, wie z.B. ein Goaßlschnalzerwettbewerb in Miesbach (Juli), die Fronleichnamsprozession in Schliersee und die schöne Leonhardifahrt am ersten Sonntag im November nach Fischhausen am Südende des Schliersees.

Im Mangfalltal bei Gotzing

Der Talabschnitt südlich von Gotzing ist landschaftlich sehr reizvoll, zudem verkehrsfrei und noch wenig begangen. Die Wanderung führt uns nach Süden bis Gasteig und von dort auf dem Höhenrücken zwischen Mangfall und Schlierach wieder zurück.

▶ Strecke gut 9 km ▶ Gehzeit ca. 2¼ St. ▶ Anforderung gering

Ausgangspunkt: Eingang ins Mangfalltal an der Auffahrt nach Gotzing (ca. 3 km südlich von Weyarn); von Thalham kommend, liegt der Startpunkt 50 m nach der Bahnunterführung linkerhand; Kennzeichen: kleiner Wasserbunker mit Türe

Kurzbeschreibung der Strecke

Abschnitt Thalham West – Gasteig (knapp 4,5 km)
Wir wandern nach Süden in das Tal hinein und passieren nach 200 m das Eingangstor der Wasserwerke München; dann nach 500 m Überquerung der Mangfall und gleich danach an der Gabelung rechts; knapp 1 km weiter geht es erneut über eine Brücke und gleich links ab; 200 m danach an der Gabel rechts halten und nun Wanderung für gut 2 km auf diesem schönen Weg nach Süden bis zu einem breiten Schotterweg, der linker Hand steil (200 m starke Steigung) zu dem hochgelegenen Gasteig führt.

Abschnitt Gasteig – Thalham West (knapp 5 km)
Jetzt weiter in Ost-Richtung bis zu einer kleinen Kapelle an einem Wegedreieck: hier in parkartiger Landschaft bei schönem Bergblick links ab, nach 500 m an der Gabelung wieder links über Loferer bis zur nächsten Gabel, dort links Richtung Thalham; an der Abzweigung nach Hof geradeaus auf dem Schotterweg durch den Wald nach unten bis zum querverlaufenden Weg, den wir bereits vom ersten Abschnitt der Wanderung kennen; dort rechts und nun auf vertrauter Strecke, wieder über die Brücken, zurück zum Ausgangspunkt bei den Wasserwerken München.

Steigungen	300 m Steigungen vor und nach Gasteig, sonst eben
Wege	Gut 40 % feste Schotterwege, sonst Teersträßchen
Verkehr	Bis auf Anliegerverkehr praktisch verkehrsfrei

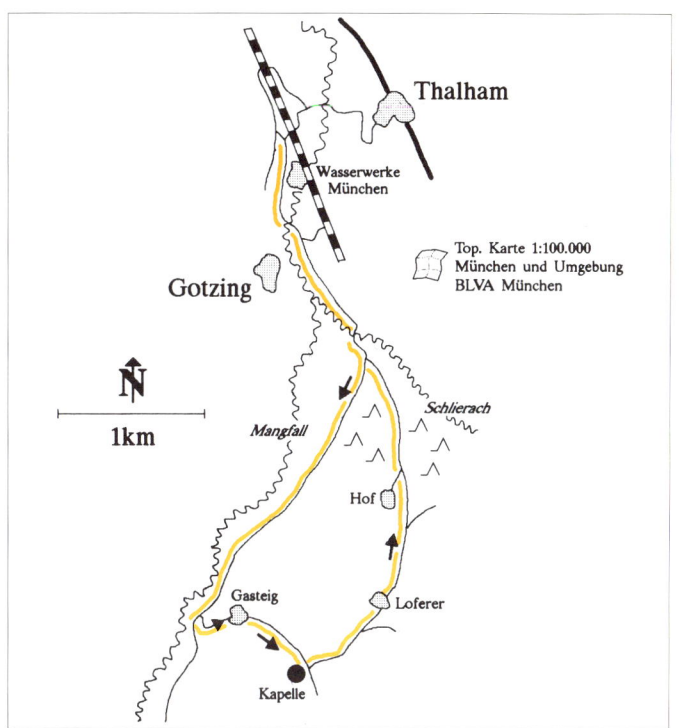

Sonne Zwei Drittel der Strecke liegen in der Sonne
Einkehr Keine Einkehrmöglichkeiten direkt am Wege, aber
Gotzing: Gotzinger Trommel (Mo, Di), Garten
Thalham: Gasthaus Pritzl (Do, Fr bis 17), Terrasse

Besondere Anziehungspunkte

Miesbach: Empfohlen wird ein Besuch im nahegelegenen Miesbach
(Entfernung von Thalham ca. 5 km); 1114 erstmals genannt, im Schutze
einer mittelalterlichen Burg entstanden; heute Kreisstadt mit stattlichen
Plätzen, schönen Bürgerhäusern und idyllischen kleinen Winkeln;
sehenswert u. a. die Stadtpfarrkirche mit Kreuzigungsgruppe, darunter
das Gnadenbild der Schmerzensmutter (1665); Heimatmuseum mit
lokalen und volkskundlichen Sammlungen (Mi 15-17, Sa 18-20, So
10-12).

»Parkspaziergang«

Es ist nicht wirklich ein Park. Aber diese Landschaft zwischen Miesbach und Holzkirchen wirkt so. Unser Rundgang verläuft an der Südseite des Taubenbergs um das Gehöft Hairer und vermittelt einen nachhaltigen Eindruck vom Reiz dieser Gegend.

▶ Strecke ca. 6 km ▶ Gehzeit ca. 1¼ St. ▶ Anforderung gering

Ausgangspunkt: Abzweigung Wall/Hössenthal auf der Straße Einhaus-Gotzing, ca. 6 km südwestlich von Weyarn

Kurzbeschreibung der Strecke

Abschnitt Hössenthal – Kirchweg (ca. 2,5 km)
Wir wandern Richtung Wall los, passieren Hössenthal und 800 m weiter nach einer kleinen Kapelle den Hof Meister und biegen ca. 300 m danach links Richtung Angerer/Sakra ab; es folgt jetzt eine landschaftlich sehr schöne Strecke mit weitem Blick auf die Berge; nach ca. 1 km erreicht man Sakra, geht im Gehöft rechter Hand durch den Zaun scharf rechts hinunter und gelangt zum Gehöft Kirchweg.

Abschnitt Kirchweg – Hössenthal (gut 3,5 km)
Wir biegen nun an dem querverlaufenden Teersträßchen in Kirchweg links ab und kommen bei anhaltender Aussicht über Schusterhäusl zum Wegekreuz bei Hufnagl; dort ca. 500 m geradeaus weiter bis zur nächsten Querstraße; nun links Richtung Thalham und nach 30 m rechts abbiegen in den Feldweg; weiter durch das Gehöft, hinunter ins Tal und jenseits durch den Wald wieder hoch bis zur Straße Einhaus-Gotzing; dort nach links und vor zum Ausgangspunkt zurück.

Steigungen	Ca. 800 m Steigungen, zumeist stärkerer Art
Wege	Gut 20 % feste Schotterwege, sonst Teerwege
Verkehr	Auf ganzer Strecke sehr wenig oder verkehrsfrei
Sonne	Sonneneinstrahlung auf gut 80 % der Strecke
Einkehr	Keine Einkehrmöglichkeiten am Wege, aber Gotzing: Gotzinger Trommel (Mo, Di), Garten Wall: Gasthof Mehringer (Mo), Terrasse; Café Waldeck (Mo, Di), Terrasse

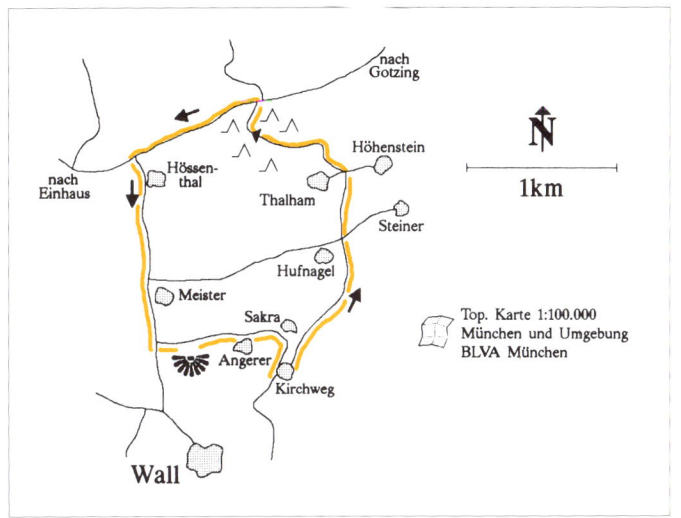

Besondere Anziehungspunkte

An der Strecke selbst liegen keine besonderen Sehenswürdigkeiten. Man könnte jedoch nach der Wanderung Besuche in folgenden nahegelegenen Orten vorsehen:

Miesbach (Entfernung ca. 5 km): Siehe Tour 56.

Gmund am Tegernsee (ca. 6 km entfernt): Luftkurort am Nordrand des Tegernsees in schöner Lage mit herrlichem Südblick auf See und Berge; kunstgeschichtlich bedeutsam ist die Pfarrkirche St. Ägidius; Neubau 1690 unter Einbeziehung mittelalterlicher Teile; wertvolle Innenausstattung, darunter der Hochaltar, ein vergoldetes Holzrelief von Ignaz Günther, die reichgeschmückte Kanzel sowie Grabdenkmäler.

Schliersee (Entfernung ca. 10 km): Malerisch am gleichnamigen See gelegenes Dorf mit alpenländischem Ortsbild; sehenswert sind vor allem: Pfarrkirche St. Sixtus von 1714 mit schöner Altaranlage sowie Sixtus-Figur, Gnadenstuhl (E. Grasser, 1480), Schutzmantelbild (J. Polack, 1494) und Büstenreliefs (I. Günther und J. B. Straub); Heimatmuseum (Di-Fr 16-18, Sa 10-12; Juli-September So 10-12) im Schrödl-Hof aus dem 15./16. Jh.; die Georgskapelle auf dem Weinberg mit außergewöhnlichem Hochaltar und schönen Schnitzfiguren; von dort reizvoller Ausblick auf Dorf und See.

W 58

Vor den Toren von Bad Tölz

Diese Wanderung verläuft im nördlichen Tölzer Land. Sie geht von Kirchbichl aus und führt über Ellbach und durch das Naturschutzgebiet der Kirchseefilze zum Ausgangspunkt zurück. Ihre Markenzeichen sind herrliche Ausblicke auf die Alpen und die reizvolle Tölzer Filzlandschaft.

▶ Strecke ca. 8,5 km ▶ Gehzeit gut 2 St. ▶ Anforderung gering

Ausgangspunkt: Gasthaus Jägerwirt in Kirchbichl, ca. 6 km südlich von Dietramszell

Kurzbeschreibung der Strecke

Abschnitt Kirchbichl – Ellbach (ca. 3 km)
Man verläßt Kirchbichl auf der Teerstraße nach Süden, biegt nach gut 100 m rechts in den Teerweg und geht durch den Forst bis zum jenseitigen Waldrand; dort links in den Waldweg (K 11); der nach Süden verlaufende Weg tritt nach gut 1 km wieder aus dem Wald, eröffnet einen großartigen Blick auf Alpenkette und Tölzer Land und führt später über die links abgehende Schulstraße an die Durchgangsstraße im Ortszentrum von Ellbach.

Abschnitt Ellbach – Kirchbichl (knapp 5,5 km)
Wir gehen gegenüber weiter auf der Reutbergstraße, über die folgende Kreuzung hinweg und an der nächsten Gabel rechts; es folgt nun eine sehr reizvolle Strecke durch Filzlandschaft (K13); an den nächsten beiden Gabeln jeweils links halten und weiter bis Kirchseemoor an der Straße Kirchbichl-Sachsenkam; nun links ab und für gut 1 km auf dieser schwach befahrenen Straße bleiben; in Feichten dann rechts ab und über das Gehöft Hintersberg zu einem Straßenkreuz; von dort aus sind es noch gut 500 m bis zum Jägerwirt in Kirchbichl.

Steigungen	Auf ganzer Strecke nur 0,5 km leichte Steigungen
Wege	Ein Dittel feste Wald- und Feldwege, sonst Teerwege
Verkehr	Zwischen Kirchseemoor und Feichten vor allem an Wochenenden etwas mehr Verkehr; Umgehungsmöglichkeiten schwierig; übrige Strecke fast verkehrsfrei

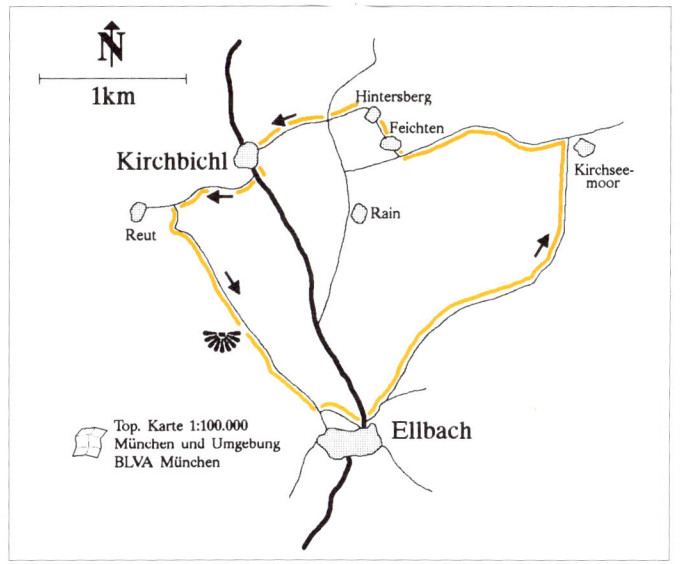

Sonne   Sonneneinstrahlung auf ca. 80 % der Strecke
Einkehr   Kirchbichl: Jägerwirt (Mo), Garten

Besondere Anziehungspunkte

Die Höhepunkte dieser Wanderung liegen in der Natur. Beachtenswert sind vor allem die barocke Landschaft nördlich Bad Tölz mit der Alpenkulisse im Hintergrund sowie die Kirchseefilze zwischen Ellbach und Kirchseemoor mit ihrem typischen Pflanzen- und Baumbestand und ihren schönen Stimmungsbildern. Außerhalb der Strecke empfehlen sich Besuche im 4 km entfernten Bad Tölz (siehe Tour 19) sowie am Kirchsee (3 km von Kirchbichl entfernt), der vor dem Hintergrund der Alpenkette besonders reizvoll in ein Filzgebiet eingebettet ist; an der Nordseite besteht Bademöglichkeit; 1 km östlich liegt Kloster Reutberg mit sehenswerter Kirche und schönem Biergarten mit Alpensicht.
Beachtenswert sind auch die wiederkehrenden Brauchtumsveranstaltungen im Tölzer Land; zu nennen sind beispielhaft: Die Tölzer Leonhardifahrt alljährlich am 6. November, die wohl berühmteste Leonhardifahrt Bayerns; weiter die Leonhardifahrten in Benediktbeuern (November) und Dietramszell (Juli), der Georgiritt in Ascholding (Ostermontag) und die Fronleichnamsprozession in Lenggries.

Von Dietramszell nach Hechenberg

Nach einem Besuch in der berühmten Klosterkirche von Dietramszell steigen wir von Obermühlthal aus über die Höfe Niederreuth, Helfertsried und Reutscherer nach Hechenberg auf. Als Ausgleich für die Mühen bieten sich herrliche Bergblicke und eine deftige Brotzeit im Gasthof Moar.

▶ Strecke ca. 9 km ▶ Gehzeit ca. 2½ St. ▶ Anforderung mittel

Ausgangspunkt: Gasthaus Liegl in Obermühltal, ca. 1 km südwestlich Kloster Dietramszell

Kurzbeschreibung der Strecke

Abschnitt Dietramszell – Hechenberg (ca. 4 km)
Wir laufen zunächst ca. 50 m auf der Straße nach Tölz und biegen dann rechts in einen Feldweg (verdeckt zwischen Gebäuden) ein; es folgt nach 150 m eine Verzweigung, wo wir uns links halten; 200 m danach wählen wir an einer Mehrfachgabelung den mittleren Weg und nach 10 m an dessen Gabelung die rechte Abzweigung durch den Wald hoch; oben führt uns rechter Hand ein Wiesenpfad und später ein Feldweg zum Hof Niederreuth, den wir geradewegs durchschreiten. Hinter dem Hof kommt man an einen querverlaufenden Schotterweg und biegt dort rechts ab (weiter Ausblick Richtung Thankirchen); der Weg mündet nach 500 m in eine Teerstraße ein; hier halten wir uns links und kommen wenige Minuten später nach Helfertsried; man durchquert die Gehöftegruppe in westlicher Richtung und biegt gut 100 m danach links auf einen nach Süden verlaufenden Feldweg ab; er bringt uns bei herrlicher Aussicht auf die Berge und das nördliche Tölzer Land hinunter zum Gehöft Reutscherer; jetzt biegen wir an der querverlaufenden und nur schwach befahrenen Teerstraße rechts ab und nehmen Kurs auf Hechenberg; insgesamt sind dabei ca. 1000 m vorwiegend leichte Steigungen zu überwinden. Man kommt an eine Querstraße, hält sich dort rechts und ist gleich darauf in der Ortsmitte Hechenberg.

Abschnitt Hechenberg – Dietramszell (gut 4 km)
Wir verlassen Hechenberg in nordöstlicher Richtung, passieren nach 400 m die Abzweigung nach Helfertsried und nach weiteren knapp 1,5 km den Hof Walleiten (Alpensicht!) und kommen 400 m danach an den

links abgehenden Schotterweg zurück nach Obermühltal, den wir bereits vom Aufstieg kennen: Gut 500 m weiter direkt vor dem Gehöft Niederreuth wieder links abbiegen und durch das Gehöft gehen; knapp 500 m danach links in den Wald (etwas schwer erkennbar) eintreten und hinunter zum Gasthof Liegl.

Steigungen	Gut 1 km leichte und knapp 1 km stärkere Anstiege
Wege	Die Hälfte der Strecke sind Feld-, Wald- und Wiesenwege (z. T. witterungsanfällig), sonst Teerstraßen
Verkehr	Mitunter Einzelverkehr, sonst meist verkehrsfrei
Sonne	Sonneneinstrahlung auf ca. 90 % der Strecke
Einkehr	Obermühltal: Gasthaus Liegl (Di, Mi), Garten
	Hechenberg: Gasthaus Moar (Di)

Besondere Anziehungspunkte

Klosterkirche Dietramszell: Siehe Tour 20.

Zum romantischen Hackensee

Der kleine Badesee liegt zwischen Dietramszell und Holzkirchen versteckt im Wald. Man erreicht ihn auf dieser Tour von Hartpenning aus. Die Zugaben unterwegs sind ansprechende Landschaftsteile und faszinierende Blicke auf die Berge.

▶ Strecke ca. 8,5 km ▶ Gehzeit ca. 2¼ St.
▶ Anforderung mittel

Ausgangspunkt: Gasthaus Neuwirt in Großhartpenning, ca. 4 km südlich von Holzkirchen

Kurzbeschreibung der Strecke

Abschnitt Großhartpenning – Hackensee (knapp 4 km)
Wir gehen am Gasthaus in die Moosstraße, halten uns nach 50 m an der Gabelung rechts und erklimmen den Hügel; dort sehr schöne Aussicht auf Berge und Vorland; nun laufen wir auf dem Feldweg den Gegenhang hinunter bis zum Teersträßchen und dort links weiter in reizvoller Landschaft bis zur Ortsmitte Kleinhartpenning; ab hier dem Schild »Hackensee« folgen und geradeaus hinunter; nach 800 m erreicht man einen kleinen Parkplatz, dort rechts ab, über den Steg und gleich wieder links direkt am Ufer des Hackensees entlang; dabei sind ca. 300 m etwas schwieriger, aber gehbarer »Wurzelweg«; am Nordwestende des Sees biegen wir links und gut 100 m danach an der nächsten Biegung des Sees rechts ab auf den Pfad, der gleich in einen Waldweg übergeht.

Abschnitt Hackensee – Großhartpenning (ca. 4,5 km)
Der Waldweg trifft auf eine Schotterstraße, dort links ab und am Seeparkplatz vorbei zurück nach Kleinhartpenning Ortsmitte; jetzt biegen wir rechts ab, folgen nach 400 m dem Linksknick des Sträßchens und kommen hinauf nach Asberg; hier hat man örtlich schöne Weitblicke, 500 m nach dem Gehöft aber eine großartige Aussicht auf die Bergkette und das Vorland; man trifft bald auf eine Querstraße und geht rechts nach Großhartpenning zurück.

Steigungen	Ca. 2 km leichte bis stärkere Steigungen
Wege	Gut 40 % Wald- und Wiesenwege, nicht überall witterungsbeständig, sonst Teersträßchen

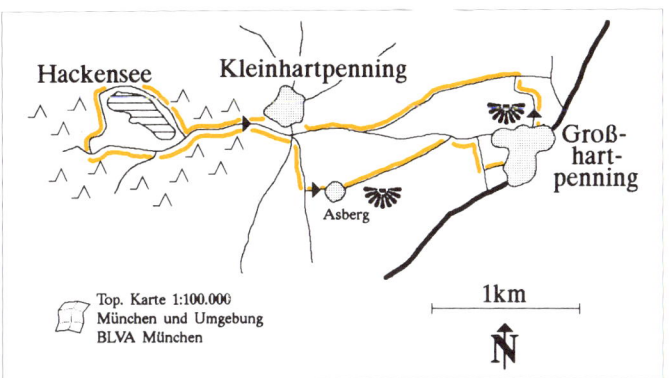

Verkehr Die Strecke ist so gut wie verkehrsfrei
Sonne Ca. 80 % der Strecke liegen in der Sonne
Einkehr Großhartpenning: Gasthaus Neuwirt (Mo), Terrasse;
Gasthaus Altwirt (Di, Mi), Terrasse
Kleinhartpenning: Schreinerwirt (Mo, Di), Garten

Besondere Anziehungspunkte

Hackensee: Kleiner Badesee, ca. 500 m lang und 100 bis 200 m breit;
eingebettet in Wald, Ufer z. T. nicht zugänglich, Wasseroberfläche stellenweise mit Seerosen bedeckt; insgesamt landschaftlich sehr reizvolle
Lage; Bademöglichkeit bei begrenzter Liegefläche.
Weitere Badegelegenheiten abseits der Wanderstrecke (aber nahegelegen) bieten sich am Waldweiher bei Dietramszell (1 km östlich des Klosters), am schönen Kirchsee nahe Kloster Reutberg (siehe Tour 58) sowie in Freibädern in Osterwarngau und Schaftlach.
Sehenswürdigkeiten im näheren Umkreis:
Kloster Dietramszell: Siehe Tour 20.
Wallfahrtskirche St. Leonhard: Nördlich von Dietramszell (2 km); mit
beachtlicher Innenausstattung (Schlüssel für die Kirche beim Pfarrer in
Dietramszell); 1 km südlich des Klosters findet man versteckt im Wald
die katholische Wallfahrtskirche **Maria Elend** von 1690 mit klassizistischem Stuck, Kuppelgemälde und Rokoko-Altar; wenige km südlich des
Hackensees liegt das Franzikanerinnenkloster **Reutberg** mit einer beachtlichen Klosterkirche (Barockaltäre, Kanzel u. a.) und der Klostergaststätte mit aussichtsreichem Biergarten.

Besuch auf Gut Schlickenried

Diese Tour bietet viel Abwechslung: Reizvolle Landschaft, Bergaussicht, beachtliche Kirchen in Linden und Lochen und ein Sportzentrum auf Gut Schlickenried. Nicht zu vergessen einige empfehlenswerte Einkehrmöglichkeiten.

▶ Strecke ca. 10 km ▶ Gehzeit ca. 2½ St.
▶ Anforderung mittel

Ausgangspunkt: Gasthof Baiernrain in Baiernrain, ca. 7 km westlich von Holzkirchen

Kurzbeschreibung der Strecke

Abschnitt Baiernrain – Linden (knapp 6 km)
Gegenüber vom Gasthof geht ein Sträßchen ab und teilt sich nach 30 m: Wir halten uns links und kommen bei sehr schöner Aussicht nach Lochen; zur Hauptstraße im Ort durchgehen, dann links und nach 150 m rechts ab zunächst in die Dietenhausener und nach weiteren 100 m rechts in die Kühbrunner Straße; dieser Weg führt zum Gut Schlickenried; kurz nach dem gleichnamigen Gasthof rechts abdrehen und in angenehmer Landschaft zurück nach Lochen; man trifft dort auf eine Querstraße, biegt rechts und gleich wieder links und an der Lindener Straße noch einmal links ab und kommt nach Linden.

Abschnitt Linden – Baiernrain (ca. gut 4 km)
Kurz nach der Kirche rechts in den Baiernrainer Weg und nach 200 m Entscheidung: Entweder auf dieser wenig befahrenen Straße bei guter Aussicht direkt nach Baiernrain (Gesamtstrecke 2 km kürzer) oder links in den Berger Weg (B 4), durch den Forst und am Teersträßchen danach links an den Südrand von Berg; nun gegenüber in den Feldweg, an der nächsten Gabelung links und am folgenden Quersträßchen rechts abbiegen, später schließlich über den Lehrer-Vogl-Weg nach Baiernrain Ortsmitte zurück.

Steigungen	Knapp 1 km meist stärkere Steigungen
Wege	Ein Viertel der Strecke feste Wald- und Feldwege, sonst Teerwege und -straßen
Verkehr	Nur vereinzelt Fahrzeuge, sonst verkehrsfrei

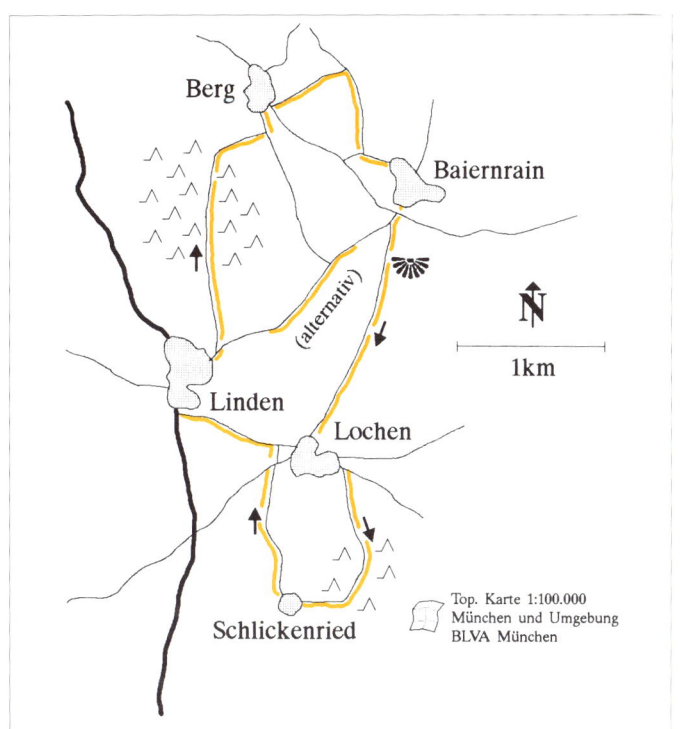

Sonne   Sonneneinstrahlung auf 85 % der Strecke
Einkehr   Baiernrain: Gasthof Baiernrain (Mo, Di, Mi), Garten
                Lochen: Gasthof Andrä (Fr), kleine Terrasse
                Gasthof Gut Schlickenried (Mo, Di bis 16), Terrasse
                Linden: Gasthof Baur (ohne Ruhetag), Garten

Besondere Anziehungspunkte

Lochen: Kirche St. Magdalena von 1520; zweisäuliger Hochaltar aus dem 18. Jh., sonst eine Reihe beachtlicher Einrichtungsstücke aus der Erbauungszeit.
Linden: Kirche St. Maria und Maternus um 1500, Turm Ende 14. Jh.; wertvollster Teil der Kirche ist ein Zyklus mittelalterlicher Wandmalereien um 1400 in bemerkenswerter Vollständigkeit.
Gut Schlickenried: Sportzentrum mit Möglichkeiten zum Reiten sowie mit Schwimm- und Tennishalle.

Auf der Peretshofer Höhe

Es sind vor allem prächtige Ausblicke auf Land und Berge, die diese Wanderung östlich von Wolfratshausen kennzeichnen. Auch der Reiz der Landschaft verdient Erwähnung. Eine ansprechende Gegend abseits der Touristenströme, in der man sich wohlfühlen kann.

▶ Strecke gut 10 km ▶ Gehzeit ca. 2¾ St.
▶ Anforderung mittel

Ausgangspunkt: Aufgang zum Aussichtspunkt in Peretshofen, ca. 5 km westlich von Dietramszell

Kurzbeschreibung der Strecke

Abschnitt Peretshofen – Großeglsee (ca. 6 km)
Nach Besuch der Peretshofer Höhe mit ihrer großartigen Aussicht gehen wir an der Ecke Humbacher Straße nach Süden aus dem Ort und biegen am Ortsende links in den Stockacher Weg; der Weg führt am Südrand des Ortes entlang und dann mit hinreißendem Ausblick auf Berge und Land nach Südosten hinaus; nach 1 km überquert man eine Teerstraße und geht Richtung Bairawies weiter; 500 m danach folgt man bei erneut eindrucksvollem Bergblick dem Linksknick und kommt nach Punding; gut 1 km weiter erreicht man Manhartshofen; dort am Ortsrand links abbiegen Richtung Einöd und 200 m danach in der Linkskurve geradeaus auf dem Teersträßchen bis zur Straße Dietramszell-Humbach; hier links und 30 m danach wieder rechts abdrehen; dieser Weg teilt sich nach 100 m noch einmal: wir nehmen die rechte Abzweigung (Wiesenweg) und kommen nach 600 m an einen Querweg, wo wir links weitergehen und einen Weiher passieren; kurz nach Eintritt in den Wald gelangt man an einen Teerweg, wo wir links einschwenken; wenig später bietet sich ein schöner Ausblick nach Süden; wir erreichen jetzt Großeglsee.

Abschnitt Großeglsee – Peretshofen (gut 4 km)
An der Querstraße in Großeglsee links halten, nach 700 m an der Teerstraße wieder rechts und in Emmerkofen erneut links; man kommt nach 200 m an die Abzweigung Richtung Podling, passiert dieses Gehöft und hält sich an der folgenden Gabel rechts; dieser Weg führt zu einer Querstraße, auf der man links nach Peretshofen zurückkommt.

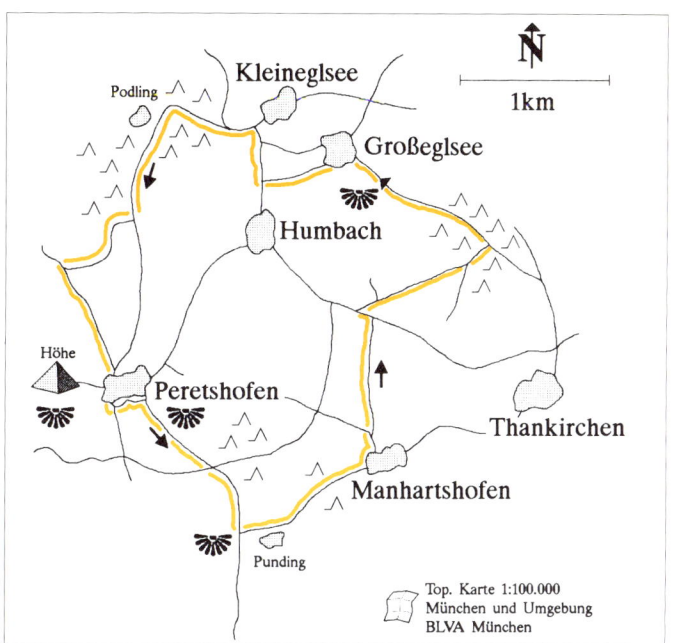

Steigungen	Knapp 2 km Steigungen, ein Drittel stärkeren Grades
Wege	1 km Feld- und Waldwege, sonst Teerbelag
Verkehr	Die Strecke ist überwiegend verkehrsfrei
Sonne	Sonneneinstrahlung auf gut 80 % der Strecke
Einkehr	Peretshofen: Gasthaus Huber (Di, Fr)
	Humbach: Gasthof Geiger (Mo, Di), Garten
	Harmating: Gasthof Holzheu (Di, Mi), Garten

Besondere Anziehungspunkte

Peretshofer Höhe: Hügel (729 m) direkt am Westrand von Peretshofen, auf dem man eine wunderbare Aussicht insbesondere auf das Karwendelgebirge und die Bergzüge beiderseits davon sowie auf das breite Tal mit Isar und Loisach südlich von Wolfratshausen hat. Die Höhe ist einer der bekanntesten Aussichtspunkte im südlichen Umkreis von München.

In den Filzen um Moosham

Der Rundgang führt über Moosham und Schalkofen, passiert einige idyllisch gelegene Weiher und Filzgebiete und gibt mehrfach auch Gelegenheit zu schönen Ausblicken auf das Gebirge.

▶ Strecke gut 9,5 km ▶ Gehzeit ca. 2¼ St.
▶ Anforderung mittel

Ausgangspunkt: Gasthof Neuwirt in Ascholding, ca. 8 km südöstlich von Wolfratshausen

Kurzbeschreibung der Strecke

Abschnitt Ascholding – Moosham (ca. 4,5 km)

Wir gehen ca. 200 m auf der Hauptverkehrsstraße Richtung Egling und biegen nach dem letzten Haus rechts in den Feldweg ab; nach 1 km Einmündung in einen anderen Waldweg, dort links bis zur nächsten Gabel, wo wir uns rechts halten; nachdem wir einen Weiher passiert haben, mündet der Waldweg nach ca. 700 m in einen Pfad, der in nördlicher Richtung durch ein reizvolles Filzgebiet führt und nach 400 m endet; nun ca. 80 m in bisheriger Richtung zur Waldecke, dort Übergang in einen Feldweg, der sich kurz darauf zweiteilt; wir gehen rechts weiter bis zu einem Querweg, an dem linker Hand der Mooshamer Weiher liegt; dort biegen wir rechts ab und wandern durch den Forst; am nächsten Teersträßchen halten wir uns links und kommen hinauf zur Durchgangsstraße in Moosham.

Abschnitt Moosham – Ascholding (gut 5 km)

Jetzt rechts ab nach Schalkofen, dort an der Straße wieder rechts und nach 200 m links Richtung Sägmühle; man gelangt bei herrlicher Aussicht hinunter zum Großen Weiher; wir gehen am Weiher entlang bis zur Einmündung in die Straße nach Humbach, nutzen diese Straße Richtung Ascholding für gut 100 m und biegen dann links in die Schotterstraße ein; sie verläuft an einem Torfwerk vorbei zu einem Querweg mit schönem Ausblick, wo wir rechts nach Ascholding zurückkehren.

Steigungen	Ca. 1 km Steigungen leichter bis stärkerer Art
Wege	Knapp zwei Drittel der Route Feld-, Wald- und Wiesenwege, z. T. nicht witterungsfest, sonst Teerwege

Verkehr	Vereinzelt Fahrzeugverkehr, sonst verkehrsfrei
Sonne	Sonneneinstrahlung auf gut 80 % der Strecke
Einkehr	Ascholding: Gasthof Neuwirt (Di, Mi), Terrasse; Holzwirt (Mo), Terrasse
	Abseits der Wanderstrecke, aber nahe gelegen:
	Feldkirchen: Gasthaus Hansch (Mo), Garten
	Harmating: Gasthaus Holzheu (Di, Mi), Garten

Besondere Anziehungspunkte

Harmatinger Weiher: Ziegelweiher, Mitterweiher und Großer Weiher in reizvoller landschaftlicher Lage hart westlich von Harmating; am Großen Weiher Badegelegenheit; baden kann man auch im Mooshamer Weiher, der ebenfalls malerisch in einem Filzgelände liegt; hingewiesen wird noch auf einen Georgiritt, der am Ostermontag in Ascholding stattfindet und zu der kleinen Kapelle St. Georg auf der Anhöhe südlich des Ortes führt.

W 64
Nach Neufahrn ins preisgekrönte Dorf

Einem offiziellen Wettbewerb zufolge gehört Neufahrn seit Mitte 1991 zu den schönsten Dörfern Bayerns! Was liegt also näher, als sich das »Schmuckstück« näher anzusehen. Diese Wanderung führt in den Ort und bringt uns anschließend im reizvollen Moosbachtal wieder nach Egling zurück.

▶ Strecke ca. 8,5 km ▶ Gehzeit ca. 2¼ St.
▶ Anforderung mittel

Ausgangspunkt: Gasthof zur Post in Egling, ca. 6 km östlich von Wolfratshausen

Kurzbeschreibung der Strecke

Abschnitt Egling – Neufahrn (ca. 2,5 km)
Wir verlassen Egling in Richtung Wolfratshausen, biegen nach gut 400 m links in die Waldstraße und gleich wieder rechts ab zur Kirche St. Sebald hoch; dort folgen wir links dem Waldweg und erreichen nach steilem Aufstieg den Ort Veiglberg; nach Waldaustritt wieder links halten und mit weitem Ausblick zu einem querverlaufenden Schotterweg; wenn man links abbiegt und nach 250 m dem Rechtsknick folgt, kommt man nach Neufahrn.

Abschnitt Neufahrn – Egling (ca. 6 km)
Wir biegen am Maibaum links ab und gehen auf der Hauptstraße nach Süden aus dem Ort; bald darauf Übergang in einen Schotterweg, der nach 2 km in den Talweg Egling-Ascholding einmündet; ca. 600 m weiter südlich das Ausflugslokal Holzwirt, falls eine Einkehr erwünscht ist; wenn nicht, biegt man an dieser Einmündung scharf links ab und geht auf dem Talweg in stellenweise reizvoller Landschaft nach Norden; nach 3 km erreicht man die Straße Egling-Wolfratshausen und ist gleich wieder in Egling.

Steigungen	Ca. 1,3 km Steigungen, zu 2 Dritteln stärkerer Art
Wege	Ca. 5 km feste Wald- und Feldwege, sonst Sträßchen mit Teerbelag
Verkehr	Außerhalb von Egling praktisch verkehrsfrei
Sonne	Sonneneinstrahlung auf ca. 70 % der Strecke

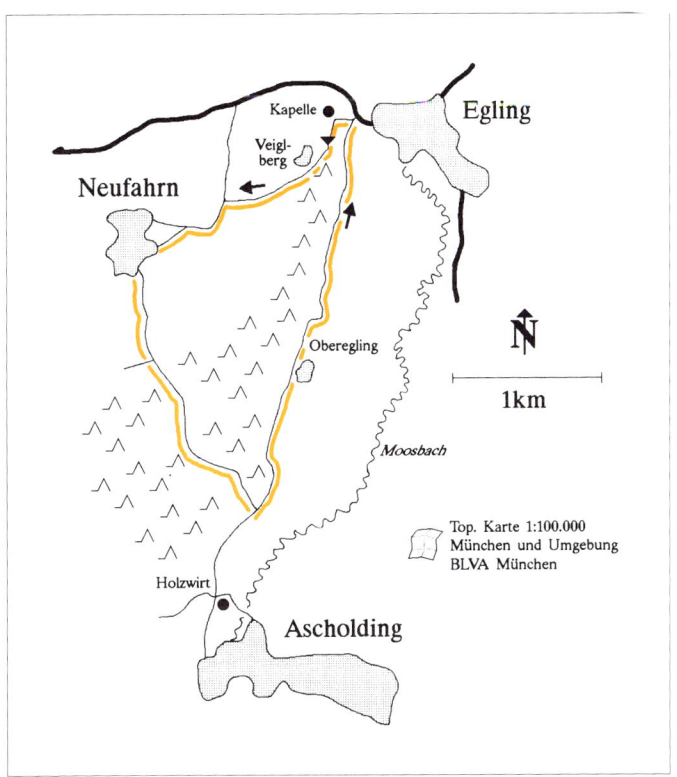

Einkehr   Egling: Gasthof zur Post (Mo)
                  Neufahrn: Gasthof Voglbauer (Di; Mo, Mi-Fr bis 17),
                  Garten
                  Ascholding: Holzwirt (Mo), Terrasse

Besondere Anziehungspunkte

Neufahrn: Das Bayerische Ministerium für Ernährung, Landwirtschaft und Forsten hat einen wiederkehrenden Wettbewerb »Unser Dorf soll schöner werden« ausgeschrieben. Unter 1493 bayerischen Gemeinden, die sich im Jahr 1991 beteiligten, kamen 23 in die entscheidende Runde; Neufahrn war einer der acht Gewinner, die auf Vorschlag der Landesbewertungskommission mit der Auszeichnung in »Gold« bedacht wurden. Damit gehört Neufahrn zu den schönsten Dörfern Bayerns.

Deininger Weiher und Ludwigshöhe

Die zwei besonderen Anziehungspunkte dieser Kurzwanderung. Sie startet am idyllisch gelegenen Deininger Weiher, führt zunächst zur bekannten Ludwigshöhe mit ihrer in dieser Gegend einmaligen Alpenaussicht und bringt uns dann über Deining durch ein reizvolles Filzgebiet zum Weiher zurück.

▶ Strecke ca. 7,5 km ▶ Gehzeit knapp 2 St.
▶ Anforderung gering

Ausgangspunkt: Parkplatz am Deininger Weiher, ca. 10 km westlich von Sauerlach

Kurzbeschreibung der Strecke

Abschnitt Deininger Weiher – Deining (ca. 3,5 km)
Vor dem ersten Haus auf der Westseite des Parkplatzes geht ein Pfad den Waldhang hoch und führt zu einer Teerstraße, wo wir uns links halten und auf Kleindingharting zugehen; direkt nach dem Ortsschild wieder links den Wiesenweg hoch und nach 200 m rechts vor zur Kapelle auf der Ludwigshöhe, dort herrliche Aussicht; es geht weiter bei anhaltend schönem Ausblick das Sträßchen hinunter Richtung Deining; man biegt nach den ersten Häusern links (Schild »Zum Sportplatz«) und 100 m danach wieder rechts ab, passiert den Sportplatz und gelangt nach einem Rechtsknick zur Kirche an der Münchner Straße in Deining.

Abschnitt Deining – Deininger Weiher (ca. 4 km)
Jetzt nach links für gut 100 m auf der Münchner Straße, nach der Sparkasse wieder links und 300 m weiter an der Gabel noch einmal links; dieser Weg macht nach 450 m einen Linksknick, dort setzen wir geradeaus fort auf dem Wiesenweg und über die Wiese bis zum Waldrand, wo wir innen auf dem Schotterweg links abbiegen; auf dieser landschaftlich ansprechenden Strecke kann man nach gut 2 km links auf einen Uferweg übergehen und dann direkt am Deininger Weiher entlang zum Ausgangspunkt zurückkehren.

| Steigungen | Gut 0,5 km Steigungen, zumeist stärkeren Grades |
| Wege | Ca. 60 % der Strecke sind Feld-, Wald- und Wiesenwege, einige Stellen nicht witterungsfest; sonst Teer |

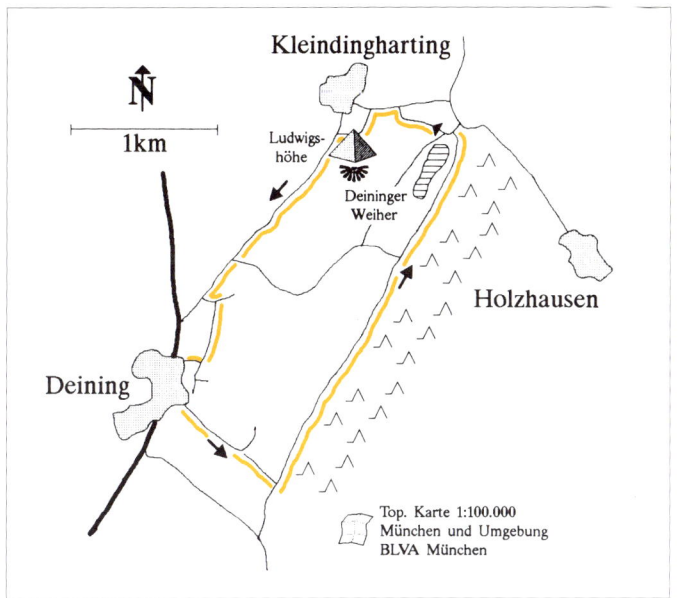

Verkehr	Die Strecke ist überwiegend verkehrsfrei
Sonne	Sonneneinstrahlung auf ca. 80 % der Strecke
Einkehr	Deininger Weiher: Gasthof Deininger Weiher (ohne Ruhetag), Seeterrasse
	Deining: Gasthof zur Post (Di, Mo-Fr bis 16)

Besondere Anziehungspunkte

Deininger Weiher: Ca. 400 x 100 m großer Badeweiher östlich von Kleindingharting in reizvoller Lage mit Gebirgsaussicht; der Weiher enthält moorhaltiges Wasser, die Liegeflächen sind begrenzt; direkt am Weiher der gleichnamige Gasthof mit schöner Sitzterrasse.

Ludwigshöhe: Bekannter Aussichtspunkt am Südrand von Kleindingharting, Höhe ca. 690 m; wunderbare Aussicht auf die Deininger Filze und vor allem auf die Gebirgskette von den Allgäuer Alpen über das Wettersteinmassiv mit der Zugspitze bis zum Karwendelgebirge, an klaren Tagen auch weit in die Zentralalpen; in Deining sollte man auf einige alte Bauernhäuser achten, die z. T. in Blockbauweise des 17. und 18. Jh. errichtet sind.

Im Villenviertel von Grünwald

Ein gut zweistündiger Rundgang durch einige interessante Straßen des Münchner Vorortes. Man bewegt sich in nobler Umgebung, kann viele schöne Anwesen bis hin zu Traumvillen bewundern und spaziert dann von der Burg Grünwald aus auf dem gepflegten Hochuferweg zum Ausgangspunkt zurück.

▶ Strecke ca. 9 km ▶ Gehzeit ca. 2¼ St. ▶ Anforderung gering

Ausgangspunkt: Straßenbahnhaltestelle Robert-Koch-Straße in Grünwald (Linie 25)

Kurzbeschreibung der Strecke

Abschnitt Robert-Koch-Straße – Burg Grünwald (ca. 5,5 km)
Wir gehen auf der Ostseite der Haltestelle in die Graf-Seyssel-Straße, biegen an deren Ende rechts in die Muffatstraße; man erreicht nach etwa 200 m die Gabriel-von-Seidl-Straße; dort biegen wir links ab und machen 200 m weiter einen kleinen Bogen: Zuerst rechts in die Forsthausstraße mit ihren schönen Anwesen, dann links in die Robert-Koch-Straße und schließlich auf der Waldfriedenstraße zurück zur Gabriel-von-Seidl-Straße; wir gehen rechts weiter, kommen nach gut 300 m rechts über den Fortsweg zur Ludwig-Thoma-Straße und biegen dort links ab; nach 400 m folgen wir rechts dem Reinweg und stoßen auf die Adalbert-Stifter-Straße; obwohl sie nach rechts Sackgasse ist, sollte man sich dort die schönen Wohnsitze anschauen; weiter geht es aber nach Süden, über die Ludwig-Thoma-Straße in die Eichleite; nach knapp 1,5 km geht man auf Höhe des Anwesens Nr. 11 links den Wiesenpfad hoch zur Perlacher Straße, biegt oben rechts ab und erreicht nach ca. 500 m über das Postbergl (Fußweg) die Südliche Münchner Straße; wir überqueren sie und kommen auf der Schloßstraße zur Burg Grünwald.

Abschnitt Burg Grünwald – Robert-Koch-Straße (gut 3,5 km)
Jetzt folgt man der Zeiler Straße nach Norden und gelangt zum reizvollen Hochuferweg über dem Isartal mit schönen Ausblicken; gut 1 km weiter heißt es aufpassen: 100 m nach Austritt auf eine Lichtung setzt sich links der Hochuferweg fort; aber bitte nicht verwechseln mit dem hinunter ins Isartal führenden Weg; wir bleiben nun auf dem Hoch-

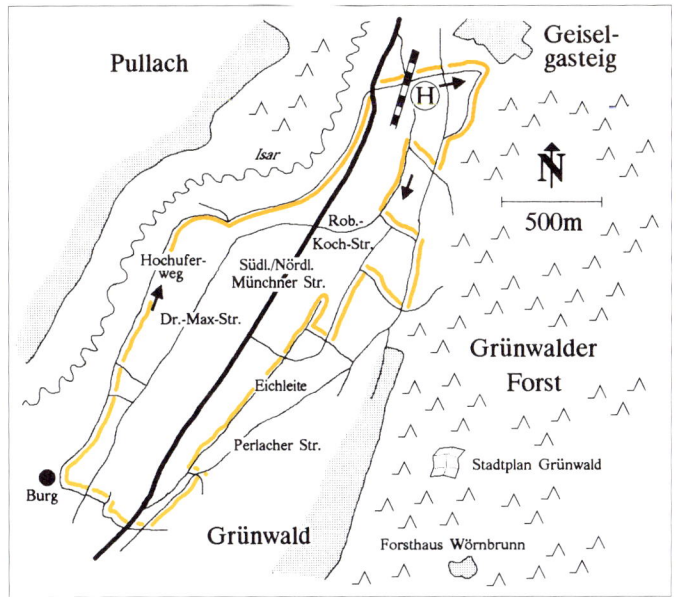

uferweg, bis wir auf die Nördliche Münchner Straße treffen: dort bringt uns schräg gegenüber der Gartenweg zur Straßenbahnhaltestelle zurück.

Steigungen	Der Kurs ist praktisch steigungsfrei
Wege	30 % feste Schotterwege, sonst Teerstraßen
Verkehr	Zumeist Anliegerverkehr, Hochuferweg verkehrsfrei
Sonne	Zwei Drittel der Strecke liegen in der Sonne
Einkehr	Grünwald: Zur Grünwalder Einkehr (Fei), Garten; Auf der Eierwiese (ohne Ruhetag), Garten; Schloßgaststätte (ohne Ruhetag), Garten

Besondere Anziehungspunkte

Schloß Grünwald: Einziger im wesentlichen erhaltener mittelalterlicher Burgsitz in der Umgebung Münchens; Viereckanlage, deren heutiges Aussehen auf den Ausbau im 15. Jh. zurückgeht; Burgmuseum als Zweigmuseum der Prähistorischen Staatssammlung München mit vielseitigem Programm (Mi-So 10-16.30).

Durch Forst Kasten zur Würm

Eine abwechslungsreiche und stadtnahe Kurzwanderung im Südwesten Münchens. Man startet am beliebten Forsthaus Kasten, wandert ab Stockdorf auf einem besonders reizvollen Uferabschnitt der Würm entlang und kommt auf schattigen Waldwegen durch den Forst Kasten zum Ausgangspunkt zurück.

▶ knapp 8 km ▶ Gehzeit ca. 2 St. ▶ Anforderung gering

Ausgangspunkt: Forsthaus Kasten, ca. 3 km östlich von Gauting

Kurzbeschreibung der Strecke

Abschnitt Forsthaus Kasten – Stockdorf (ca. 3 km)
Man geht vom Parkplatz geradewegs durch den Biergarten, biegt am Querweg rechts ab und gelangt zu einem Teersträßchen; dort links weiter und nach knapp 400 m an der Gabel rechts halten; 600 m danach links in das Unter-Stockdorfer-Geräumt abbiegen; wir queren bald den Stockdorfer Weg, gehen an der folgenden Linkskurve geradeaus und treffen auf einen Querweg; dort links und direkt vor der Kirche rechts abbiegen; man geht nun der Reihe nach auf der Ganghoferrstraße, dann rechts auf der Südstraße und schließlich links auf der Bennostraße zur großen Gautinger Straße, überquert sie und erreicht die Würmbrücke; jetzt direkt nach der Würm links in die Zugspitzstraße und 200 m danach nochmals links in die Waxensteinstraße bis zu einem weiteren Würmübergang; wir biegen unmittelbar davor rechts auf den Schotterpfad ab, der uns an der Würm entlangführt.

Abschnitt Stockdorf – Forsthaus Kasten (knapp 5 km)
Wir wandern in reizvoller Flußlandschaft, vorbei an schönen Anwesen direkt an der Würm, halten uns nach 600 m am Zaun rechts und an dessen Ende links und münden in einen Schotterweg; weiter geht es bis Grubmühl und dort am Wegekreuz links; direkt vor der Brücke wieder rechts auf den Würmweg, der sich nach 150 m teilt: wir halten uns links, stoßen später auf die Grubmühlerfeldstraße und überqueren hier die Würm; dieser Weg führt zur Planegger Straße; wir biegen auf der Gegenseite links, am Ende des Friedhofs wieder rechts und direkt am Waldrand erneut links ab; 700 m weiter geht man an der Schotterstraße rechts hoch; oben am Wegekreuz links zum Forsthaus zurück.

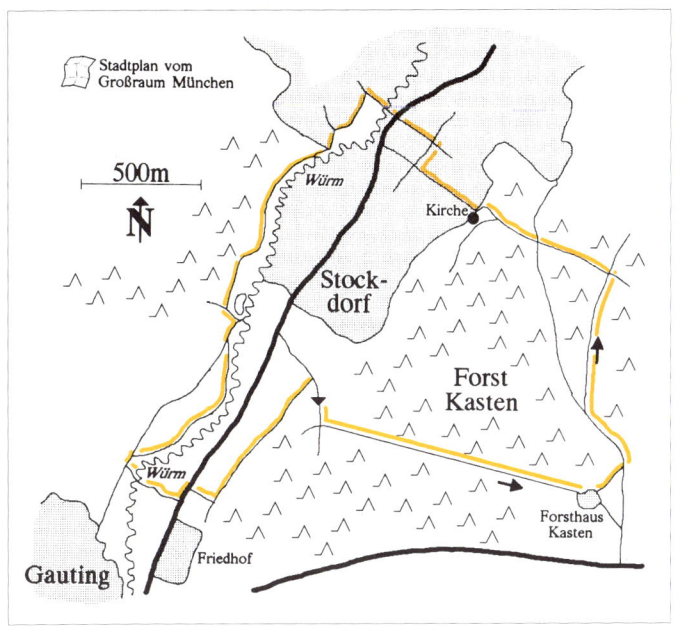

Steigungen	Bis auf eine kurze Steigung praktisch völlig eben
Wege	Ca. 5 km Schotterwege, z. T. nicht witterungsfest, sonst Teerstraßen
Verkehr	Der Kurs ist so gut wie verkehrsfrei
Sonne	Gut 50 % der Strecke liegen in der Sonne
Einkehr	Gauting: Fortshaus Kasten (Mo), Garten

Besondere Anziehungspunkte

Besteht Interesse an einigen Besichtigungen, gibt es in der Nähe zwei Angebote: In **Buchendorf** können die Keltische Viereckschanze (quadratische Form mit 1,20 m hohen Erdwällen) sowie die Kirche St. Michael (romanische Anlage, barockisiert, reiche Ausstattung) angesehen werden. In **Gauting**, dessen Siedlungstradition bis in die Bronzezeit zurückgeht, sind vor allem die Frauenkirche und Schloß Fußberg einen Besuch wert (siehe auch Tour 30).

Auf den Spuren Karls des Großen

Der Sage nach soll Karl der Große im Würmtal zwischen Gauting und Leutstetten geboren worden sein. Wir durchwandern diesen romantischen Talabschnitt von Süd nach Nord und wählen als Rückweg eine stille Route auf dem Westhang des Tales. Naturfreunde werden den Ausflug sicher zu schätzen wissen.

▶ Strecke ca. 8,5 km ▶ Gehzeit gut 2 St. ▶ Anforderung gering

Ausgangspunkt: S-Bahnhof Mühlthal (S 6), ca. 4 km nördlich von Starnberg

Kurzbeschreibung der Strecke

Abschnitt S-Bahnhof Mühlthal – Reismühl (knapp 5 km)

Gegenüber vom Parkplatz am Biergarten Obermühlthal führt ein Fußweg hinunter an die Würm und zur Straße Gauting-Starnberg; dort links und nach 250 m am Forsthaus Mühlthal rechts abbiegen; hier beginnt die Würmwanderung, doch erst nach 300 m führt eine Treppe hinunter direkt ans Ufer; wir halten uns jetzt immer am Ostufer und werden von reizvollen Flußszenen und Stimmungsbildern begleitet; man passiert eine Brücke und ein umzäuntes Areal und tritt nach insgesamt 3,5 km aus dem Wald, mit hübschem Ausblick auf Reismühl; 300 m weiter biegen wir links nach Reismühl ab und kommen am ersten Gebäude zu einer Schranke; dort umgehen wir die Anlage in einer rechts ausholenden Bewegung bis zum Westeingang.

Abschnitt Reismühl – S-Bahnhof Mühlthal (ca. 3,5 km)

Jetzt gehen wir in West-Richtung zur großen Straße Leutstetten-Gauting und drüben auf der Hauser Straße weiter zum hochgelegenen Königswiesen; wir biegen kurz vor der Bahnunterführung links in den St.-Ulrich-Weg und nach 300 m wieder links in den Waldweg ab; er führt als stiller Höhenweg im Zuge der Bahnlinie nach Süden; knapp 3 km danach eine Gabelung, wo wir uns rechts halten und nach weiteren 300 m an der nächsten Gabelung wieder rechts; nun gehen wir direkt auf der Hangkante vom Bahnkörper und dort an den Gleisen entlang nach Süden; man passiert wenig später ein Bahnwärterhäuschen und ist gleich darauf wieder am Gasthaus in Obermühlthal und am S-Bahnhof Mühlthal. Im schönen Biergarten können wir uns dann erholen.

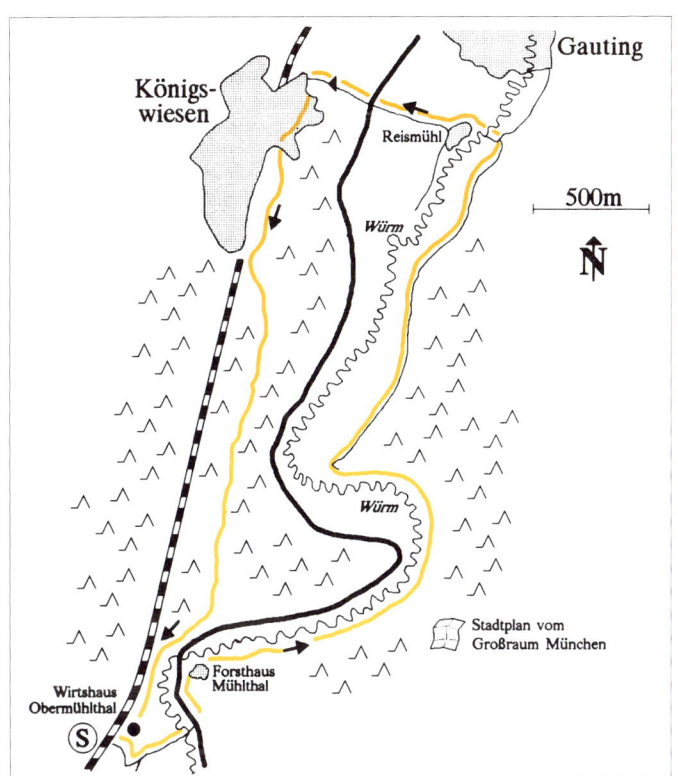

Steigungen	Ca. 0,5 km vorwiegend stärkere Steigungen
Wege	Gut 70 % meist feste Schotterwege, sonst Teer-straßen
Verkehr	Die Strecke ist so gut wie verkehrsfrei
Sonne	Sonneneinstrahlung auf nur 30 % der Strecke
Einkehr	Obermühlthal: Wirtshaus Obermühlthal (Mo), Garten
	Mühlthal: Forsthaus Mühlthal (Mo), Garten

Besondere Anziehungspunkte

Würmtal: Siehe Tour 30.

W 69

Im Naturschutzgebiet Murnau

Diese Gegend zwischen Starnberg und Leutstetten ist eine Filzlandschaft von besonderem Reiz. Sie erwartet ihre Besucher mit malerischen Bildern und schönen Ausblicken. Unser Rundgang berührt
Leutstetten, Percha und Wildmoos und ist 3 km länger, wenn man
vom S-Bahnhof Mühlthal startet.

▶ Strecke ca. 9 km ▶ Gehzeit ca. 2¼ St. ▶ Anforderung gering

Ausgangspunkt: Schloßgaststätte in Leutstetten, ca. 4 km nördlich
von Starnberg

Kurzbeschreibung der Strecke

Abschnitt Leutstetten – Percha (ca. 3,5 km)
Wir verlassen Leutstetten auf der St.-Alto-Straße nach Osten und biegen
gleich rechts in die Wangener Straße ab; 300 m weiter geht rechts der
Moosweg (grüner Ring in weißem Kreis) hinaus; bald darauf bietet sich
in reizvoller Landschaft ein herrlicher Bergblick; danach passiert man auf
gut 500 m einen witterungsanfälligen Holzbohlen- und Wurzelweg,
hält sich dann an einer unscheinbaren Gabelung links und gelangt zu
einem querverlaufenden breiten Waldweg; dort rechts abbiegen und
geradewegs nach Süden; nach 800 m Waldstrecke stößt man auf den
Zaun eines Gestüts, hält sich dort rechts und erreicht wenig später die
Ortschaft Percha.

Abschnitt Percha – Leutstetten (ca. 5,5 km)
Wir folgen kurz nach dem Ortseingang der links abgehenden Heimathshausener Straße, gehen gleich darauf geradewegs durch das Gestüt Heimathshausen hindurch und bleiben auf dem ostwärts hinaus-
führenden Weg; nach Passieren eines Wegekreuzes und einer
Waldstrecke gelangt man in ansprechender Landschaft zur Teerstraße
Wangen-Leutstetten, biegt dort links und gleich wieder links ab und erreicht Wildmoos; dort schwenkt man rechts ab und mündet nach 1 km
erneut in die Straße Wangen-Leutstetten ein. Wenn man der Straße
nach links folgt, ist man in 25 Minuten wieder an der Schloßgaststätte
in Leutstetten.

172

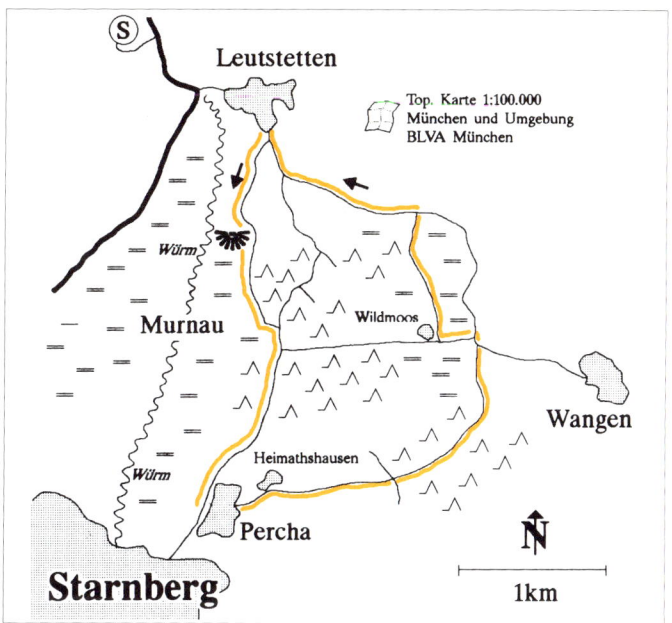

Steigungen	Je knapp 0,5 km leichte und stärkere Steigungen
Wege	Zwei Drittel Feld-, Wald- und Wiesenwege, z. T. nicht witterungsfest, sonst Teerstraßen
Verkehr	Vereinzelt Verkehr vor und in Leutstetten
Sonne	Sonneneinstrahlung auf gut 40 % der Strecke
Einkehr	Leutstetten: Schloßgaststätte (Di), Garten Mühlthal: Wirtshaus Obermühlthal (Mo), Garten; Forsthaus Mühlthal (Mo), Garten

Besondere Anziehungspunkte

Wenn man vor oder nach der Wanderung an Besichtigungen interessiert ist, bieten sich folgende Möglichkeiten:
Leutstetten: Siehe Tour 30.
Starnberg: Siehe Tour 28.
Murnau: Filzgebiet beiderseits der Würm zwischen Leutstetten und Starnberg, nur auf wenigen schmalen Wanderwegen zu begehen; reizvolle Landschaft mit schönen Stimmungen in Farbe und Licht; an mehreren Stellen gute Aussicht bis hin zu den Alpen. Gelegenheit zum Baden am Starnberger See ergibt sich im Strandbad in Percha.

Durch die Maisinger Schlucht

Diese Tour führt zunächst durch Starnberg zum Wasserwerk und dann am Maisinger Bach entlang durch die wildromantische Maisinger Schlucht, wo Wasser, Licht und Bewachsung reizvolle Stimmungen erzeugen. Auch der naturgeschützte Maisinger See ist ein landschaftlicher Höhepunkt.

▶ Strecke knapp 12 km ▶ Gehzeit ca. 3 St.
▶ Anforderung mittel

Ausgangspunkt: S-Bahnhof Starnberg (S 6)

Kurzbeschreibung der Strecke

Abschnitt Starnberg – Maisinger See (knapp 6 km)

Die erste Teilstrecke verläuft geradewegs über Bahnhof- und Söckinger Straße hinauf, dann links in die Maisinger-Schlucht- Straße bis zum Wasserwerk Starnberg; dort weist ein Schild auf den »Fußweg nach Maising und zur Maisinger Schlucht«; man überquert auf teilweise etwas schwergängigem Weg entlang des Maisinger Baches zunächst vier Stege, dann eine Teerstraße und geht geradeaus weiter; nächster Orientierungspunkt ist die große Straßenbrücke, ab der die Maisinger Schlucht beginnt; man wandert nun gut 1,5 km in einem landschaftlich sehr reizvollen Taleinschnitt mit zahlreichen malerischen Abschnitten am Maisinger Bach entlang und kommt dann an ein Teersträßchen; wenn man links und gleich wieder rechts weitergeht, gelangt man in die Ortsmitte Maising; dort führt ein Fußweg nach Südwesten zur Seestraße und weiter zum Maisinger See; konditionsstarken Wanderern wird noch ein Rundgang um den See (ca. 6,5 km) in Mooslandschaft mit schönen Ausblicken auf Berge und Vorland empfohlen; er führt zum Westrand von Maising, dann links bis Jägersbrunn, dort 2 km nach Süden und dann in Ost-Richtung bis vor den Fallbachsteg; hier links zurück zum See.

Abschnitt Maisinger See – Starnberg (knapp 6 km)

Der Rückweg nach Starnberg erfolgt auf gleicher Strecke.

Steigungen	Ca. 1 km Steigungen (ohne See), 30 % stärkerer Art
Wege	Ca. 8 km ungeteerte Wege, z. T. witterungsanfällig
Verkehr	Außerhalb von Starnberg und Maising verkehrsfrei

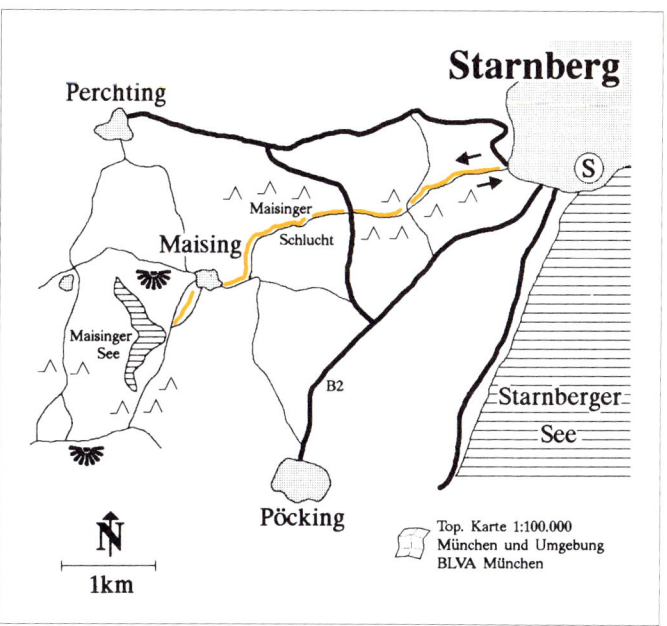

Sonne Sonneneinstrahlung auf ca. 80 % der Strecke
Einkehr Starnberg: Starnberger Alm (So, Mo); Bayerischer Hof (ohne Ruhetag), Garten
Maising: Gaststätte Maisinger See (Mo), Garten

Besondere Anziehungspunkte

Starnberg: Siehe Tour 28.
Maisinger Schlucht: Ein gut 1,5 km langer Taleinschnitt entlang des Maisinger Baches zwischen den Westausläufern von Starnberg und dem Ort Maising; die eigentliche Schlucht beginnt ab der großen Straßenbrücke und ist gekennzeichnet von einer besonders malerischen Flußlandschaft mit romantischen Naturformen und Licht- und Farbspielen; der durch die Schlucht führende Wanderweg ist ohne Schwierigkeiten zu begehen; sehenswert auch der Maisinger See, Naturschutz- und Vogelschutzgebiet mit Badestrand und Seegaststätte; sehr hübsch in einem Filzgebiet eingebettet, z. T. mit prächtigen Ausblicken auf das Alpenvorland und die Berge. Rundwanderweg.

Hoch über dem Starnberger See

Zwei reizvolle, aber unterschiedliche Abschnitte kennzeichnen diese Wanderung: Zunächst der genußvolle Gang am Osthang des Starnberger Sees zwischen Berg und Assenhausen mit weiten Ausblicken auf den See und dann der Rückweg direkt am Seeufer mit nicht minder schönen Eindrücken.

▶ Strecke knapp 8 km ▶ Gehzeit ca. 2 St.
▶ Anforderung mittel

Ausgangspunkt: Parkplatz zwischen Waldstraße und Mühlgasse in Berg; Zufahrt ab Autobahn-Abfahrt Percha über Berger Straße, Münchner Straße und Perchastraße, nach ca. 2,5 km rechts auf die Waldstraße und ca. 1 km hinunter zum Parkplatz.

Kurzbeschreibung der Strecke

Abschnitt Berg – Bismarckturm (ca. 4 km)
An der Ostseite des Parkplatzes geht jenseits der Waldstraße ein Weg (Etztal) nach Osten ab, der nach gut 300 m in die Etztalstraße mündet; dort rechts ab, dann links in die Johannisgasse, über die Grafstraße hinweg und weiter auf dem am Nordrand des Schloßparks verlaufenden König-Ludwig-Weg; 300 m nach Einmündung in die König-Ludwig-Straße geht es rechts in den Wald und nach weiteren 400 m links hinaus zur Assenbucher Straße; dort halten wir uns links und biegen nach 100 m rechts in den Hangweg ab; man trifft 10 Minuten später auf den Schroppweg und hat hier einen herrlichen Seeblick; wir gehen links weiter, um nach 100 m rechts in den Rottmannweg abzubiegen; kurz darauf eine Gabelung, an der wir uns rechts Richtung Assenhausen halten. In Assenhausen Einmündung in die Dürrbergstraße und 400 m weiter am Wegekreuz rechts hinauf zum Bismarckturm. Dort schöner Blick auf Alpen und See.

Abschnitt Bismarckturm – Berg (knapp 4 km)
Vom Turm aus folgen wir dem nach Nord-Nordwest abgehenden Weg; 350 m danach biegt man links in den Schluchtweg ab und kommt nach steilem Abstieg zur Uferstraße; dort nach Norden abschwenken. Wir wandern nun direkt am Seeufer entlang, passieren nach 1 km das Dorinth-Hotel und biegen 500 m danach links in den Parkweg ab. Unmit-

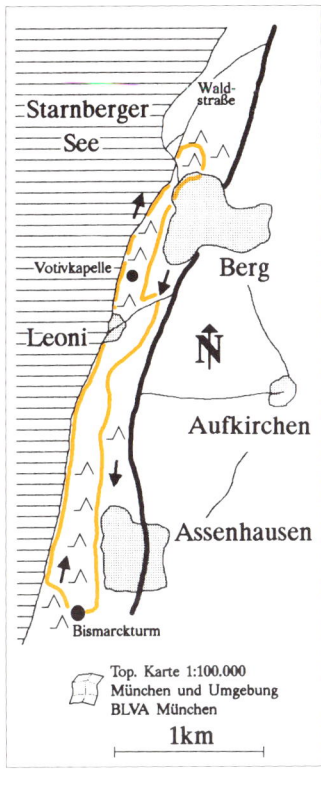

Top. Karte 1:100.000
München und Umgebung
BLVA München

1km

telbar darauf betritt man den Schloßpark, nimmt am Eingang den halblinks abgehenden Parkweg und gelangt so zu einem kleinen Platz unterhalb der Votivkapelle. Auf der linken Seite steht im See das Kreuz zum Gedenken an König Ludwig II. Wir gehen geradeaus weiter, steigen nach 200 m zu dem rechts oben verlaufenden Parkweg auf und kommen links zum Parkausgang und gleich zur Wittelsbacher Straße; 100 m danach führt die Waldstraße geradeaus weiter nach Norden und bringt uns zum Parkplatz zurück.

Steigungen	Insgesamt knapp 1,5 km Steigungen, zu gleichen Anteilen leichter und stärkerer Art
Wege	Gut die Hälfte feste Schotterwege, sonst Teerstraßen
Verkehr	Bis auf Einzelfahrzeuge praktisch verkehrsfrei
Sonne	Sonneneinstrahlung auf ca. 70 % der Strecke
Einkehr	In Berg und am Seeufer diverse Einkehrmöglichkeiten Assenhausen: Waldcafé (Mo, Di), Garten

Besondere Anziehungspunkte

Berg: Bereits 822 urkundlich erwähnt, ab 1571 Sitz einer Hofmark (diese 1676 kurfürstlich); im unteren Teil des Ortes Schloß von 1640, ab 1669 Sommersitz des Münchner Hofes; Votivkapelle zum Gedenken an König Ludwig II.; neuromanischer Zentralbau; an der Unglücksstelle unterhalb der Kapelle ein Gedenkkreuz im See.
Assenhausen: Bismarckturm, 1899 im Auftrag von Münchner Bürgern errichtet; loggienartiger Unterbau, darüber Turm mit Reliefs an der Seite und Adler an der Spitze; vom Turm aus schöne Aussicht; in der Dürrbergstraße schöne Bauernhäuser aus dem 17./18. Jh.

In der Pupplinger Au

Die Pupplinger Au ist Vogelschutz- und Naturschutzgebiet mit Alpenflora sowie ein sehr beliebtes Wandergebiet. Wir durchstreifen sie von Wolfratshausen kommend bis Schleusenwärter, wechseln dann auf das Westufer der Isar und wandern im Zuge von Isar und Loisach nach Süden zurück.

▶ Strecke knapp 11 km ▶ Gehzeit ca. 2³/₄ St.
▶ Anforderung gering

Ausgangspunkt: S-Bahnhof Wolfratshausen (S 7)

Kurzbeschreibung der Strecke

Abschnitt Wolfratshausen – Schleusenwärter (gut 5,5 km)
Wir gehen stadtauswärts zur Kirche Nantwein und dann entweder weiter auf der Sauerlacher Straße oder parallel dazu durch ruhigere Wohngebiete Richtung Isar, überqueren den Fluß und biegen 300 m danach links ab in Richtung Pupplinger Au; 400 m danach an der Gabelung wieder links und hinaus in die landschaftlich reizvolle Pupplinger Au; knapp 3 km weiter erfolgt der Uferwechsel in Schleusenwärter: Man geht zuerst über den Werkkanal und dann im Dachgeschoß der Isarbrücke über die Isar.

Abschnitt Schleusenwärter – Wolfratshausen (gut 5 km)
Am Westufer gleich links in den Uferpfad (Kennzeichen gelbes Dreieck) abschwenken; nach 1,3 km Zusammenfluß von Loisach und Isar; dort rechter Hand die Treppe hoch; 100 m weiter an der Bank schöner Blick auf die zusammenfließenden Gewässer; es folgen danach zwei querverlaufende Wege bzw.Pfade: dort jeweils links halten und weiter zu einem Teersträßchen, das unter der Eisenbahnbrücke hindurch zur Weidacher Hauptstraße führt; dort links über die Loisach und sofort wieder rechts in den Uferweg, den man bis zur Sauerlacher Straße nutzen kann; von dort zurück zum S-Bahnhof Wolfratshausen.

Steigungen	Bis auf einen kurzen Anstieg praktisch völlig eben
Wege	Ein Drittel der Strecke Wald und Uferwege, entlang der Isar und am Hochufer z. T. witterungsanfällig, ansonsten Teersträßchen

178

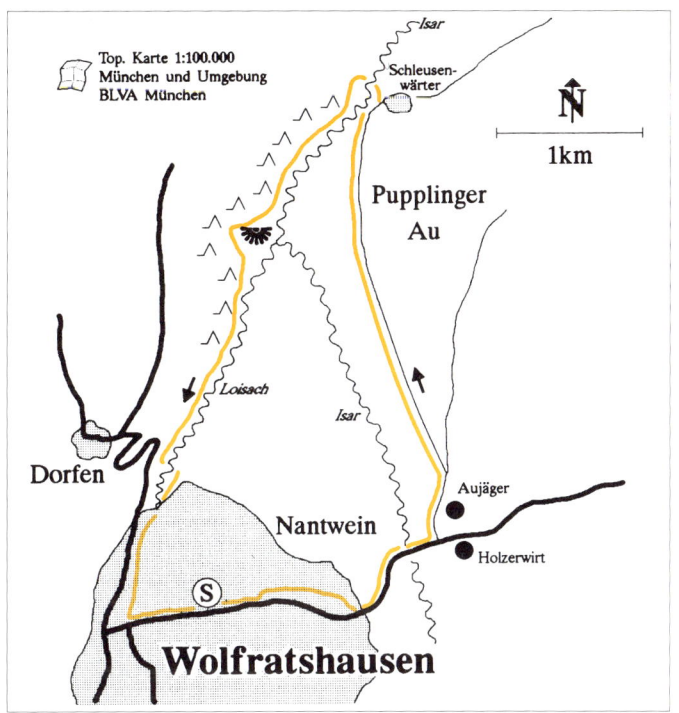

Verkehr	In Wolfratshausen verstärkt, sonst verkehrsfrei
Sonne	Sonneneinstrahlung auf zwei Dritteln der Strecke
Einkehr	Wolfratshausen: Humpelbräu (So abends)
	Puppling: Aujäger (Mo, Di), Garten; Holzerwirt, Garten

Besondere Anziehungspunkte

Pupplinger Au und **Wolfratshausen**: Siehe Tour 23.
Beachtenswert sind auch die wiederkehrenden Brauchtumsveranstaltungen des Münchner Umlandes; hier sind u. a. zu nennen das Grünsinker Fest (Marienwallfahrt) im Juli/August in Weßling, die Leonhardifahrt im Juli in Siegertsbrunn, die Grafinger Leonhardifahrt (über 250 Jahre alt) im Oktober, die Sonnwendfeier im Juni in Ebersberg und die Fürstenfeldbrucker Leonhardifahrt im Oktober/November; 1992 feierte das Kloster Fürstenfeld außerdem seine 650 Jahre Zugehörigkeit zum Markt Bruck.

An der Loisach bei Gelting

73

Das Wandergebiet liegt südlich von Wolfratshausen und zeichnet sich durch anmutige Landschaftsabschnitte und schöne Ausblicke bis zu den Bergen aus. Unser Weg führt zunächst an der Loisach entlang nach Süden bis zur Ziegelei und dann auf dem Damm des Loisach-Isar-Kanals nach Gelting zurück.

▶ Strecke knapp 6,5 km ▶ Gehzeit gut 1½ St.
▶ Anforderung gering

Ausgangspunkt: Kirche in Gelting, ca. 2 km südlich von Wolfratshausen

Kurzbeschreibung der Strecke

Abschnitt Gelting – Ziegelei (knapp 4 km)
Man geht an der Kirche die Herrnhauser Straße hinaus, biegt nach 100 m rechts in den Loisachweg und hält sich nach Überquerung des Loisach-Isar-Kanals gleich wieder links; gut 100 m weiter geht rechts ein Feldweg ab, der in anmutiger Landschaft mit Ausblicken auf die Alpen meist direkt an der Loisach bzw. einem Loisach-Arm entlangführt und nach gut 2,5 km an einer Gabelung vor einer Scheune endet; links kommt man nach 500 m zur Ziegelei.

Abschnitt Ziegelei – Gelting (ca. 2,5 km)
Wir gehen weiter und biegen unmittelbar vor dem Kanal links auf den Dammweg ab; auch hier bieten sich schöne Landschaftsbilder und hübsche Ausblicke, insbesondere auf Gelting; nach knapp 2 km Dammwanderung am Loisach-Isar-Kanal entlang sind wir wieder an der Kanalbrücke in Gelting und gehen rechts in das Zentrum des Ortes zurück.

Steigungen	Die Strecke weist keine nennenswerte Steigung auf
Wege	Zwei Drittel der Strecke sind feste Feld- und Uferwege, alles andere Teersträßchen
Verkehr	Außerhalb von Gelting verkehrsfrei
Sonne	Sonneneinstrahlung auf ca. 90 % der Strecke
Einkehr	Gelting: Landgasthof Zum alten Wirt (Di), Garten; sonst keine Einkehrmöglichkeit an der Strecke

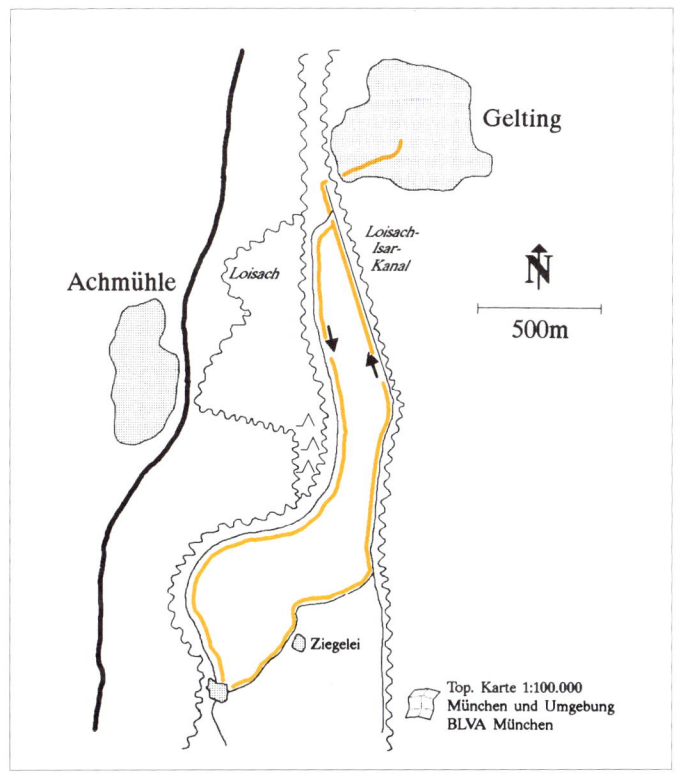

Besondere Anziehungspunkte

Besteht vor oder nach der Wanderung Interesse an Besichtigungen, hat man folgende Möglichkeiten:

Gelting: Kirche St. Benedikt von 1631, u. a. mit qualitätsvollem Hochaltar und bemerkenswert guten Apostelfiguren.

Wolfratshausen: Siehe Tour 23.

Eurasburg: Ehemalige Burg, 1121 erstmals urkundlich erwähnt, im 17. Jh. verfallen; heutiges Schloß von 1630, 1976 bis auf die Außenmauern abgebrannt; ansehnlicher Spätrenaissance-Bau, für Besucher nicht zugänglich.

W 74

Eine Golfrunde in Beuerberg

Der Golfplatz östlich von Beuerberg gehört zu den schönsten dieser Region: Parkartige Anlage und herrliche Aussicht bis zum Gebirge. Unser Spaziergang umrundet den Platz und vermittelt einen Eindruck von der gepflegten Atmosphäre. Aber auch die umgebende Filzlandschaft hat ihren eigenen Reiz.

▶ Strecke ca. 7 km ▶ Gehzeit ca. 1 ³/₄ St.
▶ Anforderung gering

Ausgangspunkt: Parkplatz am Fußballfeld unterhalb von Sterz, ca. 1 km östlich von Beuerberg

Kurzbeschreibung der Strecke

Abschnitt Sterz – Mooseurach (gut 4,5 km)

Wir nehmen das zum Golfclub hochführende Sträßchen, gehen oben rechter Hand durch den Hof und wandern dann auf dem Feldweg zwischen Zaun und Golfplatz hinunter; hier hat man eine sehr schöne Aussicht auf die Berge und auf das gepflegte Golfgelände; ca. 1,5 km nach den Club-Gebäuden auf Höhe des letzten Loches geradeaus Richtung Schranke; am Rechtsknick 300 m danach wiederum geradeaus bis zum birkenbestandenen Schotterweg; jetzt wenden wir uns nach links und wandern auf diesem Weg weiter, bis wir das auf der Höhe gelegene Mooseurach erreichen.

Abschnitt Mooseurach – Sterz (knapp 2,5 km)

Man biegt am Ortseingang links in das Gehöft ein, geht nach 100 m noch einmal links durch die torartige Ausfahrt und kommt so auf eine in nordwestlicher Richtung hinausführende kleine Allee; gut 1 km weiter tritt man aus dem Wald und befindet sich wieder im Bereich der eleganten Golfanlage; wir bleiben auf diesem Weg und erreichen wenig später den Ausgangspunkt in Sterz.

Steigungen	Gut 1 km Steigungen, zumeist nur leichter Art
Wege	90 % der Strecke sind Feld- und Waldwege, größtenteils in festem Zustand; Rest Teersträßchen
Verkehr	Die Strecke ist so gut wie verkehrsfrei
Sonne	Sonneneinstrahlung auf knapp 80 % der Strecke

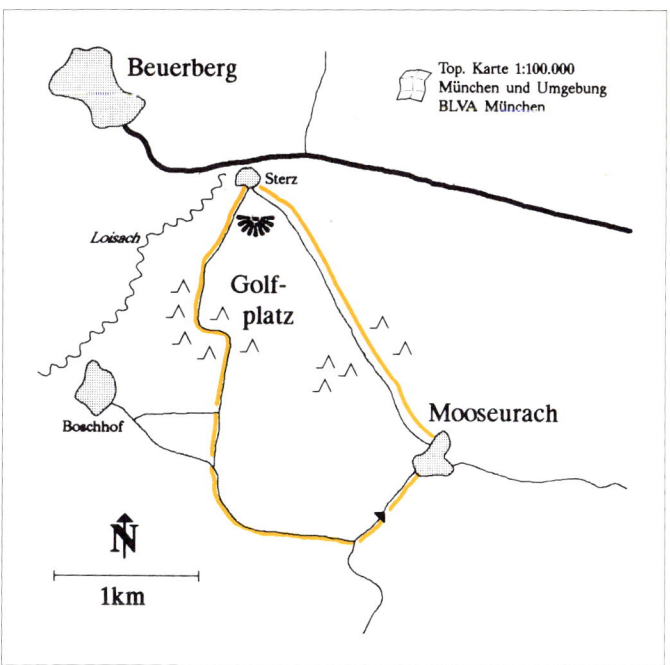

Einkehr   Das Clubhaus ist nur für Mitglieder zugänglich; auch sonst keine Einkehrmöglichkeit am Wege
Gasthäuser abseits der Strecke, aber nahegelegen:
Beuerberg: Zum alten Bahnhof (Mo), Garten
Königsdorf: Zur Post (Mo), Garten
Schwaig: Café Hoisl (Mo, Di), Garten

Besondere Anziehungspunkte

Beuerberg: Anziehungspunkt ist die ehemalige Klosterkirche mit eindrucksvollem Gegensatz von weißer Stuckierung und farbigen Altären im Innenraum.

Königsdorfer Filze: Größtes Hochmoor Oberbayerns; seine Markenzeichen sind schöne Landschaftsbilder, zahlreiche Wanderwege und herrliche Ausblicke auf die Alpenkette.

Königsdorf: Pfarrkirche St. Laurentius, Mutterkirche des Isarwinkels, mit ihrer beachtlichen Ausstattung; kleines Heimatmuseum (September-April So 13-15).

An den Osterseen

Das Gebiet der Osterseen ist bekannt für seine landschaftliche Schönheit. Wasser, Licht und Farben schaffen besonders reizvolle Stimmungen. Wir umrunden bei stellenweise prächtigen Ausblicken einige der größeren Seen und beginnen die große Anziehungskraft dieser Region zu begreifen.

▶ Strecke gut 12 km ▶ Gehzeit ca. 3 St. ▶ Anforderung mittel

Ausgangspunkt: Ostersee-Parkplatz am Westrand von Iffeldorf, ca. 8 km südlich von Seeshaupt

Kurzbeschreibung der Strecke

Abschnitt Iffeldorf – Unterlauterbach (ca. 3,5 km)

Start vom Parkplatz auf dem in nordwestlicher Richtung abgehenden Wanderweg; nach 800 m am Teersträßchen rechts und 600 m danach an der Gabelung noch einmal rechts; die Route verläuft auch nachfolgend in reizvoller Seenlandschaft mit schönen Ausblicken; gut 1 km nach der Rechtsabzweigung kommt erneut eine Gabelung, wo wir uns links halten (der rechte Pfad endet im Klinikgelände); wir erreichen kurz darauf das Quersträßchen in Unterlauterbach.

Abschnitt Unterlauterbach – Iffeldorf (knapp 9 km)

Jetzt rechts ab und 800 m danach erneut rechts auf den »Rundweg Ostersee«; knapp 1,5 km weiter tritt man bei großartigem Blick auf Gebirge und Seen aus dem Wald, passiert eine Info-Tafel und biegt 250 m danach scharf rechts (Badeplatz) und 80 m weiter links (Rundweg Ostersee) ab; nun stößt man gleich auf einen Querweg; dort wenden wir uns nach links, kommen nach 2 km zu einer Verzweigung, an der wir links im Wald hochgehen; wenn man 1 km danach am Wegekreuz rechts abbiegt, kommt man zum Gut Staltach; wir schwenken dort im Hof rechts ab, gehen auf dem Teer- und wenig später Schotterweg geradewegs nach Süden und gelangen auf der Osterseenstraße nach Iffeldorf zurück.

Steigungen	Knapp 1 km Steigungen leichter bis stärkerer Art
Wege	Knapp drei Viertel der Strecke sind ungeteerte Wege, z. T. nach Regenfällen auch aufgeweicht

Verkehr   Die Strecke ist so gut wie verkehrsfrei
Sonne   Sonneneinstrahlung auf ca. 60 % der Strecke
Einkehr   Iffeldorf: Landgasthof Osterseen (Di), Garten; Gast-
haus Post (Mo), Garten; Café Hofmark (Mo), Garten

Besondere Anziehungspunkte

Osterseen: Stimmungsvolle Hochmoorlandschaft südlich des Starnberger Sees mit einer Reihe kleiner, bezaubernd gelegener Seen; Naturschutzgebiet, in dem Bade- und Wandermöglichkeiten bestehen.
Iffeldorf: Kirche St. Vitus, Inneneinrichtung um 1755, u. a. reicher Stuck (F. X. Schmuzer) und schöne Fresken (J. Zeiller); Wallfahrtskapelle Heuwinkl in reizvoller Lage auf einem Hügel mit gotischem Gnadenbild im Hochaltar sowie mehreren Skulpturen.

Im Bernrieder Park

Der Bernrieder Park liegt zwischen Bernried und Seeseiten direkt am Ufer des Starnberger Sees. Er präsentiert sich mit besonders attraktiven Landschaftsbildern und vielen schönen Ausblicken auf See und Berge. Im ersten Teil nutzen wir den Prälatenweg, zurück geht es am Seeufer entlang.

▶ Strecke gut 8 km ▶ Gehzeit ca. 2 St. ▶ Anforderung gering

Ausgangspunkt: Vorplatz an der Kirche St. Martin in Bernried, ca. 5 km südlich von Tutzing

Kurzbeschreibung der Strecke

Abschnitt Bernried – Gasthaus Seeseiten (knapp 4 km)

Wir verlassen den Ort nach Süden auf dem Prälatenweg, biegen an der nächsten Gabelung links und nach 100 m in der Kurve rechts ab und folgen nun weiter der Ausschilderung Prälatenweg; man trifft auf eine Gabelung, dort rechts, und auf ein Wegekreuz, dort geradeaus; nach schönem Seeblick hält man sich am folgenden Wegdreieck links und an der Gabelung danach rechts; 200 m weiter führt die Route rechts in den Wiesenweg, mündet in einen Feldweg und geht 100 m danach in den König-Ludwig-Weg über; diesen Weg nutzen wir für gut 300 m, biegen dann links auf den Uferweg ab und erreichen nach 1,5 km das Gasthaus Seeseiten.

Abschnitt Gasthaus Seeseiten – Bernried (knapp 4,5 km)

Wir folgen zunächst wieder dem Uferweg bis zur Einmündung in den König-Ludwig-Weg, auf dem wir nun bleiben; wir halten uns an der nächsten Gabelung rechts, folgen 200 m danach dem Rechtsknick und treten knapp 700 m weiter aus dem Wald; es folgt jetzt bei reizvollen Ausblicken ein landschaftlich besonders schöner Abschnitt des Bernrieder Parks; nach gut 1 km biegt der Weg am Hang noch einmal rechts ab und führt dann am Ufer entlang zum Landungssteg und zur Ortsmitte von Bernau.

Steigungen	Ca. 500 m Steigungen leichter bis stärkerer Art
Wege	Drei Viertel der Strecke sind Schotterwege, z. T. regenanfällig, sonst Teersträßchen

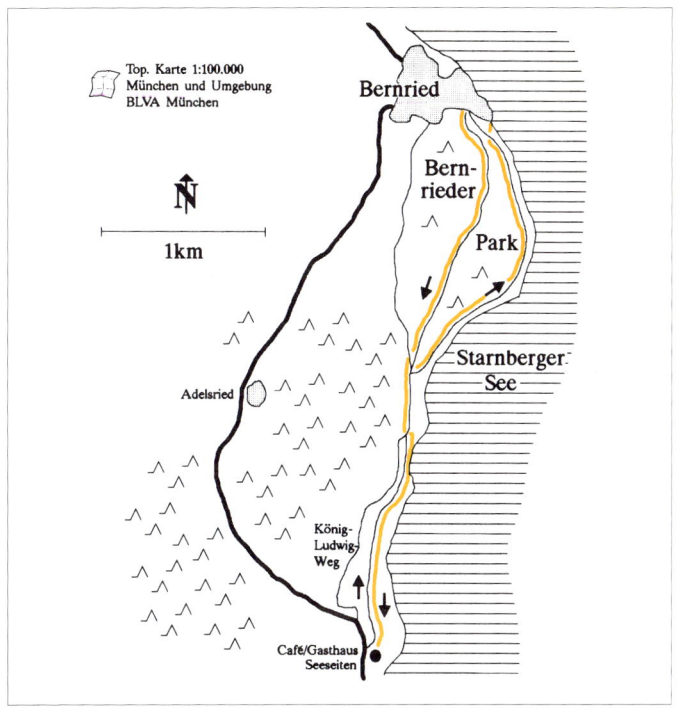

Verkehr	Die Strecke ist verkehrsfrei
Sonne	Sonneneinstrahlung auf gut der Hälfte der Strecke
Einkehr	Seeseiten: Gasthof/Café Seeseiten (Mo), Garten

Besondere Anziehungspunkte

Bernried: Ehemaliges Augustiner-Chorherrenstift, 1120 gegründet; Kirche St. Martin mit beachtlichem Hochaltar und einem Flügelaltar um 1510 an der Südwand; sehenswerte Ausstattung auch in der Kirche St. Mariä Himmelfahrt; südlich des Ortes der Bernrieder Park, auch Bayerischer Nationalpark genannt, gestiftet von einer Deutsch-Amerikanerin; uralter Baumbestand und schöne Lage am See.

Starnberger See: Zweitgrößter See Oberbayerns, ca. 21 km lang und 3 bis 5 km breit; tiefste Stelle 123 m; rund um den See zahlreiche Bademöglichkeiten, Bootsverleihe, Gelegenheiten zu Rundfahrten und zu Besichtigungen; im Sommer ist bei schönem Wetter allerdings Vorsicht geboten: Es herrscht Massenandrang!

Von Tutzing zur Ilkahöhe

Eine landschaftlich besonders abwechslungsreiche Tour! Zuerst durchwandert man die Waldschmidtschlucht, dann führt der Weg über den Deixlfurter See, und schließlich besteigen wir noch die Ilkahöhe mit ihrer prächtigen Aussicht. Ein Bad im Starnberger See könnte diese Wanderung abschließen.

▶ Strecke gut 11 km ▶ Gehzeit ca. 3 St. ▶ Anforderung mittel

Ausgangspunkt: S-Bahnhof Tutzing (S 6)

Kurzbeschreibung der Strecke

Abschnitt Tutzing – Ilkahöhe (gut 7,5 km)
Start auf der Bahnhofstraße und in Verlängerung H.-Vogl-Straße nach Norden, unter der Bahn hindurch, bis zur Traubinger Straße; dort erneut Seitenwechsel und nun auf dem Fußweg der Bahn entlang zur nächsten Unterführung; drüben Am Pfaffenberg ca. 300 m rechts weiter, dann links ab Richtung Waldschmidtschlucht; es folgt der kurze Aufstieg auf einem etwas verwilderten, aber romantischen Schluchtweg über eine Reihe von Stegen; 500 m nach dem letzten Steg an einer Gabelung rechts halten (X 1), dann bei Waldaustritt rechts auf dem Wiesenpfad am Waldrand entlang bis zu einem Feldweg und dort links vor zur Traubinger Straße; nun rechts, nach 250 m wieder links Richtung Deixlfurter See und an der Gabelung 500 m danach geradeaus weiter (X 1); danach folgt man dem Linksknick und kommt an einen Parkplatz; dort links Richtung Ilkahöhe; es folgt eine Teerstraße, wo wir rechts und nach 80 m wieder links in die Bavariastraße abbiegen; nach 1 km erneut eine querverlaufende Teerstraße; hier rechts abdrehen und 100 m danach links den Pfad hoch, der direkt zur Ilkahöhe führt.

Abschnitt Ilkahöhe – Tutzing (gut 3,5 km)
Wir gehen in Süd-Richtung weiter und dann hinunter, biegen am Querweg links ab Richtung Tutzing und halten uns am folgenden Wegekreuz noch einmal links; wir kommen zur Monatshauser Straße und kehren auf ihr nach Tutzing und zum S-Bahnhof zurück.

| **Steigungen** | Ca. 2 km Steigungen leichter bis stärkerer Art |
| **Wege** | Ca. 80 % Schotterwege, sonst Teersträßchen |

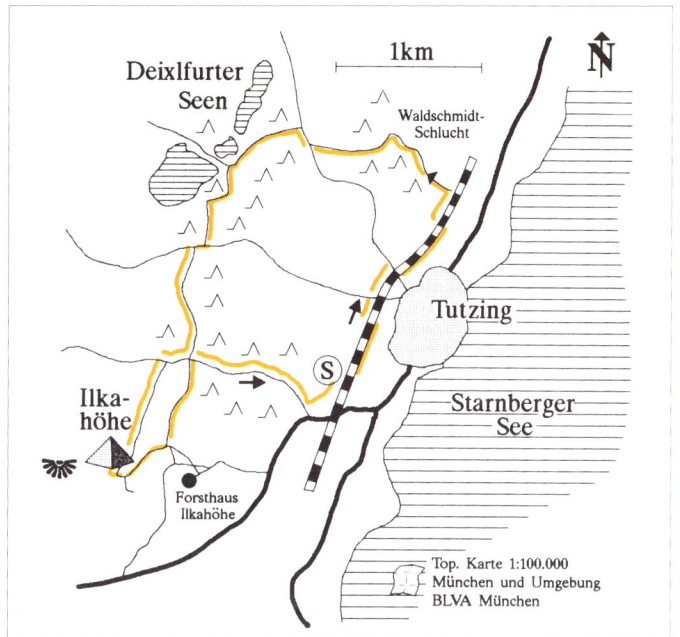

Verkehr	Außerhalb von Tutzing weitgehend verkehrsfrei
Sonne	Sonneneinstrahlung auf ca. 75 % der Strecke
Einkehr	Tutzing: Andechser Hof (Fr), Garten
	Ilkahöhe: Forsthaus Ilkahöhe (Mo), Garten

Besondere Anziehungspunkte

Tutzing: In dem über 1200 Jahre alten Fischerort lohnt es sich, das Schloß (jetzt Evangelische Akademie) mit Park und die Kirchen St. Josef (angeblich schönstes Geläute am See) und St. Peter und Paul anzusehen.

Natursehenswürdigkeiten: Die am Nordrand von Tutzing liegende Waldschmidtschlucht, ein etwas verwilderter, aber romantischer Taleinschnitt im Zuge des Kalkgraben-Baches; die Deixlfurter Seen, eine kleine Seenplatte mit acht mehr oder minder großen Weihern in reizvoller Lage, sowie die 726 m hohe Ilkahöhe gut 2 km südwestlich von Tutzing mit einer prachtvollen Aussicht auf die Alpen und den Starnberger See.

Starnberger See: Siehe Tour 76.

Wallfahrt nach Andechs

Eine Wanderung zum »Heiligen Berg« in Andechs darf natürlich in diesem Buch nicht fehlen. Wir wählen die wohl schönste Route dieser Gegend von Herrsching über den Hörndlweg nach oben und auf der Kientalstraße durch das Kiental nach unten. Kulturgenuß und zünftige Brotzeit auf dem Berg mit eingeschlossen.

▶ Strecke ca. 9 km ▶ Gehzeit ca. 2¹⁄₄ St.
▶ Anforderung mittel

Ausgangspunkt: S-Bahnhof Herrsching (S 5)

Kurzbeschreibung der Strecke

Abschnitt Herrsching – Kloster Andechs (ca. 4,5 km)

Wir gehen vom S-Bahnhof schräg gegenüber in die Fischergasse, biegen an der Mühlfelder Straße links und dann rechts in die Andechser Straße ab; sie führt durch den Biergarten und über den Kienbach; wir halten uns danach links, folgen nach 100 m dem Schild »Fußweg Andechs über Hörndlweg« nach rechts und biegen gleich wieder links in die Leitenhöhe; bei gelegentlichem Seeblick nimmt man an der nächsten Gabelung die linke Abzweigung und biegt knapp 500 m danach erneut links in den Feldweg ab (Orientierung: Telegraphenmast mit Schild »Andechs«); es folgt nach 250 m eine weitere Gabel, dort links; 450 m danach bringt uns links ein Pfad durch Buschwerk auf einen Parallelweg, der in anmutiger Landschaft an den Ortsrand von Andechs führt; links geht ein Fußweg zum Kloster Andechs; vor oder nach dem Besuch des Klosters ist auch ein Rundgang auf dem Landeskulturellen Lehrpfad empfehlenswert; seine Länge beträgt knapp 3 km.

Abschnitt Kloster Andechs – Herrsching (ca. 4,5 km)

Gegenüber vom Kircheneingang verläuft eine Treppe mit dem Hinweis »Fußweg durchs Kiental nach Herrsching« hinunter bis zur Kientalstraße, wo wir rechts abbiegen; dieser Weg führt im romantischen Kiental mit seinen reizvollen Stimmungsbildern auf ca. 3,5 km abwärts und nach Herrsching zurück.

| **Steigungen** | Ca. 2 km Anstiege (ohne Lehrpfad), ²⁄₃ stärkerer Art |
| **Wege** | Knapp 6 km feste Schotterwege, sonst Teersträßchen |

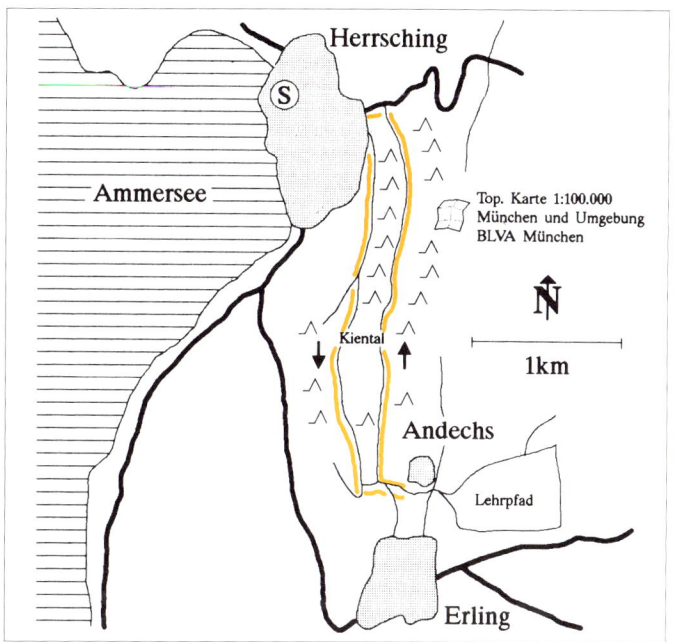

Top. Karte 1:100.000
München und Umgebung
BLVA München

1km

Verkehr	Außerhalb von Herrsching und Andechs verkehrsfrei
Sonne	Sonneneinstrahlung auf ca. 70 % der Strecke
Einkehr	Herrsching: Gasthof zur Post (ohne Ruhetag), Garten
	Andechs: Klostergasthof (ohne Ruhetag), Garten

Besondere Anziehungspunkte

Andechs: Älteste Wallfahrt Bayerns und heute noch als Wallfahrt wie auch als Ausflugsziel hoch angesehen; die Klosterkirche ist eine der schönsten bayerischen Rokokokirchen mit großartigem Inneneindruck; an der Gestaltung der Kirche haben berühmte Künstler mitgewirkt; Aufbewahrung des Reliquienschatzes in der Hl. Kapelle.

Kiental: Ein von Andechs im Zuge des Kienbachs nach Herrsching hinunter verlaufender Taleinschnitt mit landschaftlich reizvollen Stellen und Abschnitten; als Wanderwege im Kiental ist die Kientalstraße am bekanntesten, während der Hörndlweg nicht so oft begangen wird. Weitere Einzelheiten zu Andechs und dem Kiental siehe Tour 32.

Rund um den Weßlinger See

Das landschaftlich ohnehin verwöhnte Fünfseenland hat mit dem kleinen, malerisch gelegenen Weßlinger See ein besonderes Kleinod aufzuweisen. Unsere Route berührt aber auch die berühmte Eichenallee von Delling mit ihrem imposanten Baumbestand.

▶ Strecke knapp 8 km ▶ Gehzeit ca. 2 St.
▶ Anforderung gering

Ausgangspunkt: S-Bahnhof Weßling (S 5)

Kurzbeschreibung der Strecke

Abschnitt Weßling – Delling (ca. 4 km)

Man überquert an der Ostseite des P+R-Platzes die Hauptstraße, biegt am Eingang der Gautinger Straße gleich rechts in die Untere Seefeldstraße und geht nun mit reizvollen Ausblicken auf See und Ort am östlichen Seeufer entlang bis zur Kreuzbergstraße; jetzt links und kurz darauf rechts in die Ettenhofener Straße; nach Passieren von Ettenhofen folgt man bei schöner Aussicht dem Rechtsknick des Weges und kommt zur Mühlstraße in Delling; dort links und nach 400 m rechts in den Turmfeldweg; 100 m danach noch einmal rechts und nach weiteren 250 m ein drittes Mal nach rechts wenden in die eindrucksvolle alte Eichenallee von Delling.

Abschnitt Delling – Weßling (knapp 4 km)

Wir gehen die Allee hoch, überqueren vor der Toreinfahrt links die Haupstraße und wandern drüben auf dem Feldweg in NW-Richtung geradeaus weiter; nach 500 m kommt man an zwei Gabeln: an der ersten hält man sich rechts, an der zweiten links; 600 m weiter biegt man am Querweg entlang der Bahnlinie rechts ab; dieser Weg verläuft nach Weßling zurück; bald unterquert man die Umgehungsstraße und biegt an der Kirche links ab; entlang der West- und Nordseite des Sees gelangt man wieder zum Bahnhof.

Steigungen	Gut 1 km Steigungen, vorwiegend leichter Art
Wege	6 km feste Schotterwege, sonst Teerbelag
Verkehr	Außerhalb von Weßling/Mitte praktisch kein Verkehr
Sonne	Sonneneinstrahlung auf ca. 60 % der Strecke

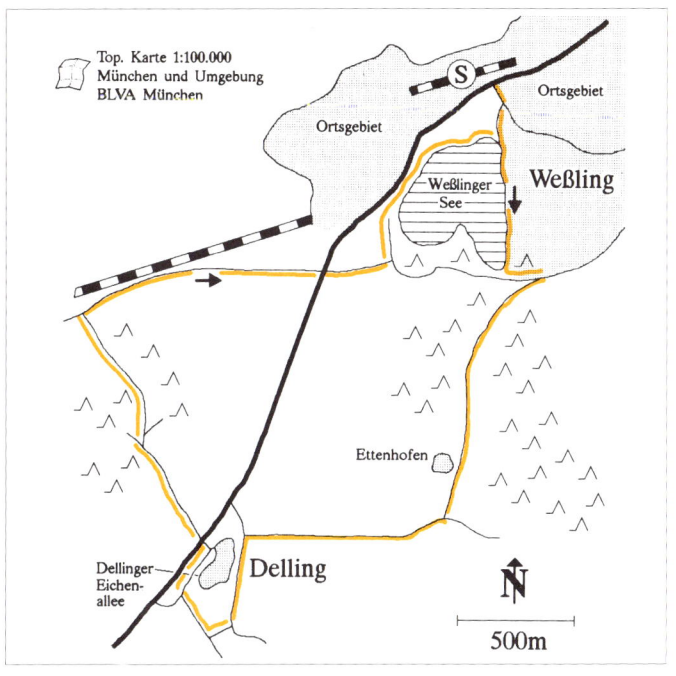

Einkehr   Weßling: Café am See (Di), Seeterrasse
Meiling: Landgasthof zum Sepperl (Mo), Garten

Besondere Anziehungspunkte

Unsere Wanderung verläuft im Fünfseenland; so bezeichnet man ein landschaftlich reizvolles Gebiet, das im wesentlichen Starnberger und Ammersee umschließt, zu dem aber auch die kleineren Seen dazwischen gehören, nämlich Wörthsee, Pilsensee und der Weßlinger See; auch die Osterseen werden dazugezählt; das Fünfseenland ist durch Ablagerung der großen Gletscher entstanden; der Weßlinger See hat nur knapp 19 ha Oberfläche; im Zusammenspiel mit der Ortskulisse von Weßling wirkt seine Lage besonders reizvoll; der See ist fast vollkommen zugänglich und bietet auch Bademöglichkeit.
Dellinger Eichenallee: Gilt als eine der mächtigsten und schönsten Eichenalleen Deutschlands; angelegt im Auftrag des Grafen Anton von Törring zwischen Delling und Seefeld.

Amperwanderung nach Schöngeising

Im ersten Teil der Wanderung verläuft der Weg direkt am Amperufer entlang und eröffnet malerische Flußszenen und Ausblicke. Ab Schöngeising wechseln wir die Seite und kehren durch die stillen Amperleiten zum Kloster Fürstenfeld zurück. Der Besuch der Klosterkirche ist ein »Muß«!

▶ Strecke ca. 11,5 km ▶ Gehzeit ca. 3 St.
▶ Anforderung mittel

Ausgangspunkt: Klosterhof Fürstenfeld in Fürstenfeldbruck; S-Bahnhof (S 4) ca. 1,2 km entfernt

Kurzbeschreibung der Strecke

Abschnitt Fürstenfeldbruck – Schöngeising (ca. 6,5 km)
Man läuft vom Klosterhof vor zur Fürstenfelder Straße und biegt links ab; nach Passieren der Amperbrücke links auf den Uferweg und hinaus entlang der Amper auf dem Wanderweg der Stadt Fürstenfeldbruck; nach 2,5 km berührt man die Hauptstraße, geht aber gleich wieder links den Waldweg hinunter; 500 m danach am Rechtsknick des Weges geradeaus weiter über das Steilufer; nach Einmündung in einen Waldweg nimmt man 40 m weiter den links in die Wiese führenden Pfad und kommt so nach 700 m zur Hauptstraße; dort links abbiegen, nach 700 m gegenüber der Römerstraße wieder links ab in den Feldweg und nach einem Rechtsknick vor zur Amperbrücke südöstlich von Schöngeising, die wir überqueren.

Abschnitt Schöngeising – Kloster Fürstenfeld (ca. 5 km)
100 m weiter überquert man einen Amper-Seitenarm und biegt danach links in den Wiesenpfad, der in die Zellhofstraße mündet; man passiert den gepflegten Zellhof und wandert nun auf einer etwas eintönigen Schotterstraße nach Nordwesten hinaus; Ausweichmöglichkeiten direkt entlang der Amper sind nicht zu empfehlen. 4 km weiter sind wir wieder im Klosterhof Fürstenfeld.

Steigungen	Knapp 500 m Steigungen leichter bis stärkerer Art
Wege	Gut 8 km Schotterwege, teilweise nicht regenfest, ansonsten Teerstraßen

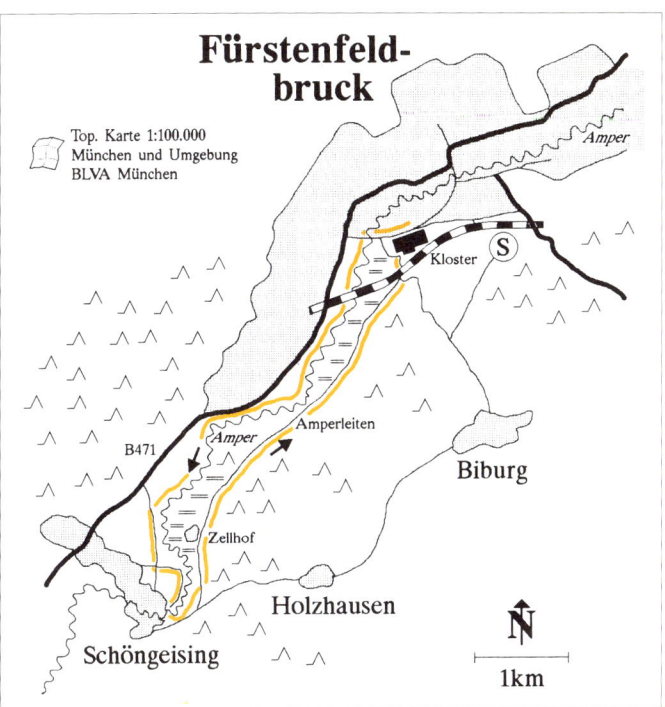

Verkehr   Überwiegend verkehrsfrei, nur vereinzelt stärker
Sonne   Sonneneinstrahlung auf zwei Dritteln der Strecke
Einkehr   Fürstenfeldbruck: Klosterstüberl (Mo), Garten
             Schöngeising: Braumiller (Mi, Do), Garten

Besondere Anziehungspunkte

Kloster Fürstenfeld und **Fürstenfeldbruck**: Siehe Tour 38.
Beachtung verdienen auch die Brauchtumsveranstaltungen dieser Region; zu nennen sind hier beispielsweise in Fürstenfeldbruck im April ein Frühlingsfest,im Juni ein Volks- und Heimatfest und im Oktober/November eine Leonhardifahrt; in Weßling begegt man alljährlich das Grünsinker Fest (Marienwallfahrt) im Juli und im August.

Durch die Amperauen von Olching

81

Der Ortsfremde wird überrascht sein: Eingebettet zwischen Olching und Neuesting erstrecken sich entlang von Amper und Mühlbach landschaftlich reizvolle Flußauen mit wechselnden Bildern und Stimmungen. Wir machen einen Rundgang zwischen den beiden Flüssen und genießen diese grüne Oase.

▶ Strecke knapp 8 km ▶ Gehzeit ca. 2 St.
▶ Anforderung gering

Ausgangspunkt: S-Bahnhof Olching (S 3)

Kurzbeschreibung der Strecke

Man läuft vor zur Hauptstraße, überquert sie und geht auf dem Fußgänger-/Radweg neben den Bahnanlagen geradewegs weiter über den Mühlbach; jetzt rechts, an der nächsten Gabel nochmal rechts (Schotterweg) und hinaus in die Auen am Mühlbach entlang; nach 1,5 km steht man in schöner Auenlandschaft am Zusammenfluß von Amper und Mühlbach, biegt dort scharf links ab und wandert am Südufer der Amper zurück; 1,5 km danach überquert man die Neu-Estinger Straße, in die man 500 m danach endgültig einmündet, wenn man zunächst am Amperufer weitergeht; nach Unterquerung der Eisenbahnbrücke rechts in den Fuß-/Radweg und 40 m danach wieder rechts auf den Wiesenpfad der Amper entlang; bald führt die Route über einen Steg am Vogelpark (offen April-Oktober So, Fei 10-17) vorbei und trifft später auf einen Teerweg; wir bleiben auf dem Uferweg und erreichen die Gewässergabelung Amper/Mühlbach; dort links weiter am Mühlbach entlang, nach 800 m links am Zaun vorbei und wieder 400 m danach über die Neu-Estinger Straße; geradeaus weiter erreichen wir bald wieder die kleine Mühlbachbrücke und gehen rechts zum S-Bahnhof Olching zurück.

Steigungen	Die Strecke weist keine Steigungen auf
Wege	Über 80 % der Strecke sind geschotterte Uferwege (stellenweise regenempfindlich), sonst Teerbelag
Verkehr	Die Route ist so gut wie verkehrsfrei
Sonne	Sonneneinstrahlung auf der Hälfte der Strecke
Einkehr	Olching: Metzgerwirt (Di), Garten; sonst keine Einkehrmöglichkeiten am Wege

Stadtplan vom
Großraum München

Neu-Esting

Mühlbach

Amper

S

Amper | Sport-
anlage

Olching

500m

Mühlbach

N

Besondere Anziehungspunkte

Möchte man sich nach der Wanderung gerne noch etwas in der näheren Umgebung anschauen, empfehlen sich folgende Anlaufpunkte: **Fürstenfeldbruck** mit seiner prächtigen Klosterkirche, eine der glanzvollsten Barockkirchen Bayerns; auch das Heimatmuseum und das Rathaus in Fürstenfeldbruck sind sehenswert; Einzelheiten dazu siehe Tour 38. In **Dachau** kann man sich die Kirche St. Jakob mit ihren lebensgroßen Schnitzfiguren von Christus und den 12 Aposteln und das Schloß mit berühmtem Treppenhaus und Festsaal ansehen. 5 km nördlich von **Olching**, im Dreieck Palsweis-Lauterbach-Bergkirchen, findet man drei kunstgeschichtlich herausragende Kirchen; weitere Informationen dazu und zu Dachau sind in Tour 45 enthalten.
Badegelegenheit im Freien gibt es u. a. in Olching selbst, in Fürstenfeldbruck, Maisach, Eichenau sowie am Germeringer und Langwieder See.

Von Dachau entlang der Amper

Nach Besichtigung der Dachauer Altstadt wandern wir am Nordufer der Amper in ansprechender Flußlandschaft hinaus, überschreiten auf Höhe von Günding die Amper und kommen durch Auenwald und auf Uferwegen nach Dachau zurück.

▶ Strecke knapp 11 km ▶ Gehzeit ca. 2 ³/₄ St.
▶ Anforderung mittel

Ausgangspunkt: S-Bahnhof Dachau (S 2)

Kurzbeschreibung der Strecke

Abschnitt Dachau – Gehöft Am Kalterbach (ca. 6 km)
Erstes Ziel ist die Altstadt von Dachau: man erreicht sie über Frühling- und M.-Huber-Straße, dann die M.-Huber-Treppe hoch und auf der Konrad-Adenauer-Straße links zur St.-Jakob-Kirche; hinunter geht man den Karlsberg und biegt nach Überquerung des Amper-Seitenarms rechts in die Brunngartenstraße ein, an deren Ende ein Fuß-/Radweg beginnt; er führt nach 250 m rechts über den Steg und dann an der Amper entlang zur Ludwig-Dill-Straße; nun drüben auf dem Uferweg weiter, nach 900 m links die Maisach und 800 m danach nochmals links den Seitenarm überschreiten; kurz darauf kommt man links über den Steg zum Naturfreundehaus; jetzt rechts weiter zwischen Kanal und Amper, am Wehr vorbei und vor zur Kanalstraße; dort erreicht man linker Hand nach 500 m den Hof Am Kaltenbach und biegt links Richtung Familienbad Fürstenfeldbruck ab.

Abschnitt Am Kaltenbach – Dachau (knapp 5 km)
Man nimmt 400 m nach dem Hof an der Gabelung die linke Abzweigung, durchwandert erneut die Amperauen und stößt nach Überquerung der Nicolausstraße bald wieder auf die Ludwig-Dill-Straße; nun links über die Brücke und gleich rechts auf den Uferweg, den wir bereits vom ersten Abschnitt her kennen; wenn wir wieder in der Brunngartenstraße sind, gehen wir am besten auf der Münchner und Langhammerstraße zum S-Bahnhof Dachau zurück.

Steigungen	Bis auf den Anstieg zur Altstadt keine Steigungen
Wege	7,5 km meist feste Schotterwege, sonst Teerbelag

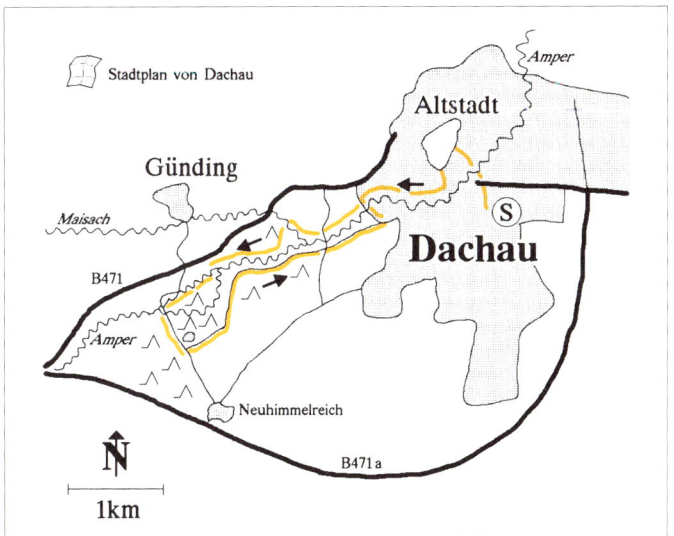

Verkehr	Außerhalb von Dachau so gut wie kein Verkehr
Sonne	Sonneneinstrahlung auf etwa 60 % der Strecke
Einkehr	Dachau: diverse Gasthäuser in der Altstadt, z. B. Zieglerbräu (ohne Ruhetag), Garten; Bräustüberl (Mo), Garten; an der Strecke außerhalb von Dachau keine Einkehrmöglichkeit.

Besondere Anziehungspunkte

Dachau: Siehe Tour 40.

Amperauen: Bemerkenswert sind auch die Amperauen beiderseits von Dachau; die Auenlandschaft ist noch ursprünglich und bildet die Heimat von Tier- und Vogelarten, die man nicht mehr überall antrifft.

KZ-Gedenkstätte (Alte Römerstraße): 1933 errichtete der nationalsozialistische Staat in Dachau das erste Konzentrationslager, seit 1965 als Gedenkstätte eingerichtet; im Dehio-Handbuch wird dazu ausgeführt: »Bedeutend sind hier nicht die noch erhaltenen Gebäudereste und Geländeanlagen wie Wirtschaftsgebäude (jetzt Museum), Lagerarrest und Jourhaus (Torhaus) mit Verwaltungsräumen, Appellplatz, Zäune mit Gräben und Todesstreifen sowie die Fundamente der Baracken, von denen zwei rekonstruiert wurden, sondern der historische Ort des grausigen Geschehens.« Die Gedenkstätte ist täglich offen von 8 bis 18 Uhr.

An der Würm in Obermenzing

Diese schöne Wanderung beginnt in Pasing, verläuft entlang der Würm über Schloß Blutenburg bis zum Gasthof Inselmühle und führt auf gleicher Strecke wieder zurück. Neben reizvoller Flußlandschaft und gepflegten Villenvierteln bildet die Blutenburg einen besonderen Höhepunkt dieser Wanderung.

▶ Strecke ca. 8 km ▶ Gehzeit ca. 2 St. ▶ Anforderung gering

Ausgangspunkt: S-Bahnhof Pasing (S 3 bis S 6 und S 8)

Kurzbeschreibung der Strecke

Abschnitt Pasing – Inselmühle (ca. 4 km)
Wir gehen vom Pasinger Bahnhofsplatz rechts die Kaflerstraße hinunter und biegen nach ca. 300 m direkt vor der Würm rechts ab, um die etwa 100 m lange Bahnunterführung zu durchqueren; in der Folge bleiben wir am Ostufer der Würm, passieren die am Westufer stehende gotische Pfarrkirche St. Wolfgang und erreichen in parkartiger Landschaft die reizvoll gelegene Blutenburg; wenn wir die Anlage besichtigt haben, nutzen wir die kleine Straßenunterführung an der Verdistraße 200 m nordwestlich der Blutenburg und folgen danach dem Schirmerweg in Nord-Richtung; nach 300 m überquert man die Würm und setzt die Wanderung am Westufer fort; man kommt zur Dorfstraße (links das Gasthaus Alter Wirt), geht geradeaus weiter und hält sich 50 m weiter rechts; dieser hübsche Weg führt mit Ausblicken im Zuge des Westufers der Würm direkt nach Untermenzing zur Inselmühle.

Abschnitt Inselmühle – Pasing (ca. 4 km)
Wenn wir uns im schönen Biergarten des Gasthauses Inselmühle direkt an der Würm gestärkt haben, wandern wir auf gleicher Strecke wieder zurück und können dieses attraktive Viertel aus anderem Blickwinkel bewundern.

Steigungen	Die Strecke weist keine nennenswerten Steigungen auf
Wege	Ca. die Hälfte der Strecke sind Schotterwege
Verkehr	Bis auf den Bahnhofbereich überwiegend verkehrsfrei
Sonne	Fast 90 % der Strecke liegen in der Sonne

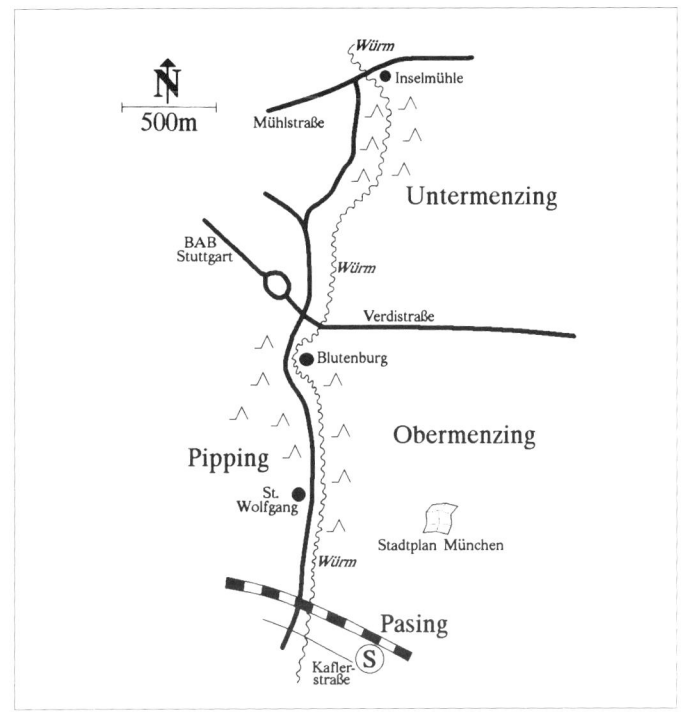

Einkehr Obermenzing: Weichandhof (Sa), Garten; Zum Alten Wirt (Di), Garten
Untermenzing: Inselmühle (So/Fei), Garten

Besondere Anziehungspunkte

Obermenzing: Kirche St. Wolfgang von 1480 mit Ausstattung aus derselben Zeit; bedeutende Kirche durch die einheitliche, fast unveränderte Erhaltung; im Inneren u. a. Wandmalereien von 1479,
Blutenburg: Ehemaliges Jagd- und Lustschloß der Wittelsbacher, 1681 neu erbaut; besonders sehenswert die gotische Schloßkapelle von 1488; sehr gut erhaltener Bau mit hervorragender Ausstattung aus der Zeit der Erbauung, z. B. dreiflügeliger Hochaltar (J. Polack) mit Gemälden und geschnitzter Bekrönung, farbige Glasfenster sowie künstlerisch besonders wertvolle Apostelfiguren an den Seitenwänden (Meister der Blutenburger Apostel).

An der Olympia-Regattastrecke

Diese Stätte der Olympischen Spiele 1972 steht im Mittelpunkt der Wanderung. Wir machen jedoch erst einen Bogen nach Westen bis zum Kalterbach und gelangen dann von Süden her in die Regatta-Anlage. Der Spaziergang entlang der Rennstrecke zu den Tribünen ist von besonderer Faszination.

▶ Strecke ca. 7,5 km ▶ Gehzeit ca. 2 St. ▶ Anforderung gering

Ausgangspunkt: Großparkplatz an der Rückseite der Zuschauertribüne der Olympia-Regattastrecke, ca. 3 km westlich von Oberschleißheim

Kurzbeschreibung der Strecke

Man geht auf der Zufahrtsstraße zum Großparkplatz nach Norden los, umläuft den ganzen Gebäudekomplex der Anlage bis zur Einfahrt an der B 471 und wandert geradeaus auf dem Schotterweg weiter; kurz darauf geht rechts ein Pfad Richtung Karlsfelder See ab, auf dem wir unseren Rundgang fortsetzen; nach 400 m trifft man auf den Schnepfenweg, hält sich links und nach 100 m wieder rechts und gelangt geradewegs an ein Gehöft; 200 m nach dem Hof am Kalterbach links ab, 10 Minuten später über den Regattaweg hinweg und 500 m danach links in die Kuppelfeldstraße, die direkt zur südwestlichen Ecke der Regatta-Anlage führt; dort betreten wir die Anlage und spazieren nun an der Ostseite der eindrucksvollen Regattastrecke in nördlicher Richtung zur Tribüne; kurz davor geht es rechts zum Regatta-Parksee hoch, die Treppe rechter Hand wieder hinunter und am Querweg links; 50 m weiter kann man links durch den Zaun und kommt zum Parkplatz zurück.

Steigungen	Auf ganzer Strecke keine nennenswerten Steigungen
Wege	Ca. 3,5 km Schotterwege, an wenigen Stellen leicht regenanfällig, sonst Teerstraßen
Verkehr	Die Route ist praktisch verkehrsfrei
Sonne	Sonneneinstrahlung auf ca. 80 % der Strecke
Einkehr	An der Strecke nicht möglich, aber nahe gelegen in Oberschleißheim: Schloßwirtschaft (Mo), Garten Dachauer Moos: Mooshäusl (Mo), Garten

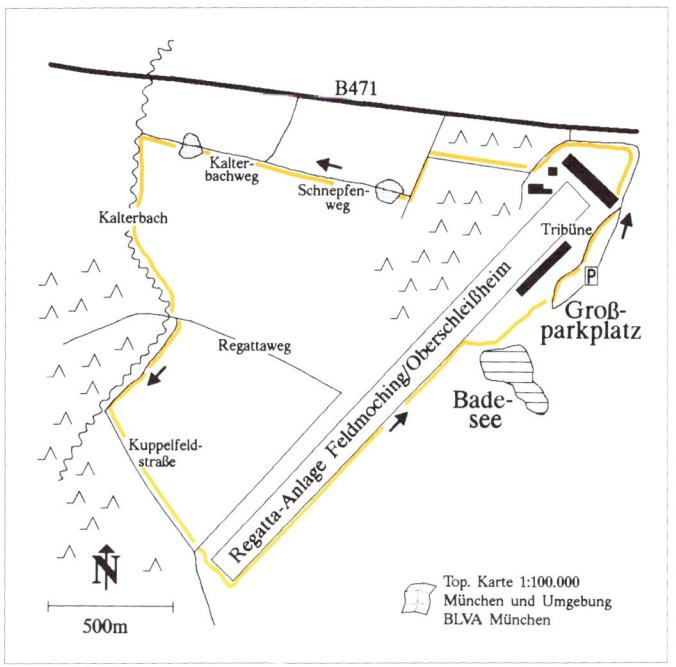

Besondere Anziehungspunkte

Regatta-Anlage Feldmoching-Oberschleißheim: Sie ist zugleich Leistungszentrum München für Rudern und Kanu; die Anlage liegt zwischen Dachau und Oberschleißheim direkt an der B 471; das eigentliche Becken der Rennstrecke ist 2200 m lang, der Start liegt im Südwesten, am Zieleinlauf befindet sich eine Zuschauertribüne.

Dachauer Moos: Nördlich der Anlage breitet sich das Dachauer Moos aus; es ist eine stimmungsvolle weite Landschaft, in der sich je nach Jahres- und Tageszeit eigenwillige Licht- und Farbschattierungen entfalten. Das Moos wird von zahlreichen, z. T. verkehrsfreien Sträßchen und Wegen durchzogen, die man für Radl- und Wandertouren nutzen kann. Im Norden wird das Moos von der Amper und den nicht minder reizvollen Amperauen zwischen Dachau und Haimhausen begrenzt. 4 km nördlich der Regatta-Anlage das Mooshäusl (Einkehr).

W 85

Besuch der Schlösser in Oberschleißheim

Ziel dieses Spaziergangs im Norden Münchens sind die drei Schlösser in Oberschleißheim: Das Alte und das Neue Schloß sowie Schloß Lustheim. Wir erreichen sie vom S-Bahnhof über das Berglholz. Auf einem Schloßrundgang gibt es viel zu sehen, und die Schloßwirtschaft lädt zu einer Rast ein.

▶ Strecke knapp 5,5 km ▶ Gehzeit 1½ St.
▶ Anforderung gering

Ausgangspunkt: S-Bahnhof in Oberschleißheim (S 1)

Kurzbeschreibung der Strecke

Wir starten auf der Ostseite des Bahnhofs und gehen auf der Lehrer-Wittmann-Straße und weiter über Hofmeister- und Föhrenstraße zur Jahnstraße; dort biegen wir links ab Richtung Bergl; nach knapp 600 m schwenken wir rechts auf den Schotterweg Richtung Schleißheim, am folgenden Querweg wieder rechts ab und wandern nun geradewegs weiter bis bis zur B 471; nun gegenüber der Hochmuttinger Straße folgen und am Gasthof Kurfürst rechts zum Schloß Lustheim. Dort ggf. Besichtigung und dann durch den schönen Schloßpark weiter zum Neuen Schloß; auf dem Rückweg nehmen wir die durch das Alte Schloß führende Effnerstraße, die uns rechts zur Freisinger Straße bringt; auf der Gegenseite kommt man in der Mittenheimer Straße und in deren Verlauf zum S-Bahnhof Oberschleißheim zurück.

Steigungen	Die Strecke weist keine nennenswerten Steigungen auf
Wege	Etwa die Hälfte der Straßen sind witterungsbeständige Schotterwege, sonst Teerstraßen
Verkehr	In Oberschleißheim stärker, im Berglholz und im Schloßbereich verkehrsfrei
Sonne	Sonneneinstrahlung auf gut 70 % der Strecke
Einkehr	Berglholz: Gasthaus Bergl (Mi ab 15, Do), Garten Schloßbereich: Schloßgaststätte (Mo), Garten

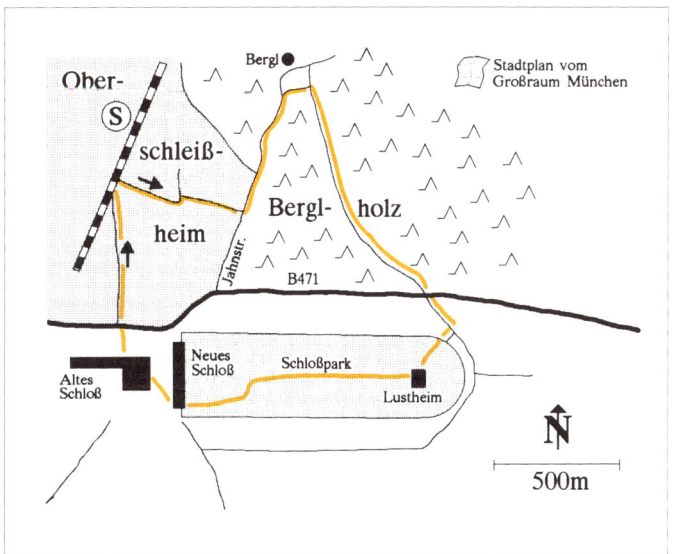

Besondere Anziehungspunkte

Schloßanlage Schleißheim: Bedeutende Schloß- und Parkanlage des Absolutismus, von Herzog Wilhelm V. gegründet. Altes Schloß im Zweiten Weltkrieg zerstört, Wiederaufbau 1974; vom alten Baubestand bedeutend sind die Stalltrakte im Norden (18. Jh.), der Tor- und Ohrenturm (um 1600) und der Hauptbau (1617). Neues Schloß, von Zuccalli 1701 begonnen und ab 1719 von J. Effner zu Ende geführt; prächtige Repräsentationsräume mit reicher, von bekannten Künstlern geschaffener Innenausstattung; besonders erwähnenswert sind u. a. das Haupttreppenhaus als repräsentativer Aufgang zu den Prunkräumen, der Große Saal mit Stuckornament von J. B. Zimmermann, großen Leinwandbildern und einem Deckenfresko, der Viktoriasaal als eigentlicher Audienz- und Speiseraum des Schlosses, die Große Galerie mit hauptsächlich holländischen und flämischen Werken und die Wohnräume des Kurfürstenpaares, u. a. die Prunkschlafzimmer. Schloß Lustheim, ein Gartenschloß von 1689 mit einer umfangreichen Sammlung schönen Meißner Porzellans (Geschirr, Tierfiguren und Tafelaufsätze des 18. Jh.). Neues Schloß und Lustheim können täglich außer Mo besucht werden. Schöne Parkanlage.
Zentrum für die Geschichte der Luft- und Raumfahrt: Außenstelle des Deutschen Museums, Oberschleißheim, Effnerstraße; präsentiert wird an historischer Stätte die Geschichte der Luftfahrt.

Register

Dieses Register enthält in der Regel nur Orte, die innerhalb der Tourenvorschläge kurz beschrieben sind.

207